関西学院大の英語

［第10版］

濱村千賀子 編著

JN046003

教学社

はしがき

　本書は，関西学院大学の英語を攻略するための「道標」たらんとして編集されたものである。2013〜2022年度に出題された一般入試問題を分析し，典型的な4つの出題ジャンルに分類している。これによって，関西学院大学で出題される問題のパターンが明確になり，効率よく試験対策ができるだろう。限られた勉強時間で，少しでも高得点を得たいというのは受験生の切なる願いでもある。本書はそういう願いにも十分応えられるものと思っている。

　まず「傾向と対策」では，2022年度入試の問題構成を参考にして，出題形式を細かく分析している。近年は，入試方式がほぼ現行のもので定着し，大問を構成している設問は，一部を除けば同じような形式になっている場合が多い。その問題形式と出題数や配点，レベルなどを頭に入れておくことで，落ち着いて問題に対処することができ，解答に要する時間の予測もつくだろう。

　続く問題・解答編では，2013〜2022年度に出題された問題を，長文読解，文法・語彙，会話文，英作文という4つのジャンルに分けて配列している。それぞれのジャンルについては，さらに設問形式別に分類できるものは分類し，各設問形式の中では出題年度の新しい順に問題を配列した。類題を数多く解いてみることで，実戦的な学力を身につけることができるだけでなく，解答に必要な知識が何かを的確に知ることもでき，受験勉強の効率が大いにアップするはずである。また，各問題については，出題された年度と入試日程，目標解答時間，配点が付してあるので参考にしてほしい。

　以上のことをふまえて，受験生の皆さんが本書をフルに活用して，全国の優秀な学生が競う入試を勝ち抜き，見事栄冠を手中に収めることができるよう心から祈る次第である。

編著者しるす

CONTENTS

はしがき

第1章　長文読解

選択式

選択式・記述式混合

記述式

第2章　文法・語彙

空所補充

語句整序

第3章　会話文

第4章 英作文

和文英訳

掲載内容についてのお断り

・本書は，2013〜2022 年度の関西学院大学の英語の入試問題のうち，現在の入試
　傾向に照らして有用と思われるものを，できるだけ多く取り上げる方針で編集し
　ています。
・本書に掲載されている入試問題の解答・解説は，出題校が公表したものではありま
　せん。
・2022 年度より，「全学日程」は「全学部日程」に，「関学独自方式日程」は「共
　通テスト併用／英数日程」に名称変更されています。
・ 目標解答時間 は，自習のための目安として，編集部で設定したものです。なお，
　 配点 は，大学公表のものを掲載しています。
・試験科目および試験日程については，最新の入試要項などで必ず確認するように
　してください。

下記の問題に使用されている著作物は，2023 年1月26日に著作権法第67条第1項の裁定を受けて掲
載しているものです。
　第1章：9・17〜19・25
　第3章：51〜58

傾向と対策

入 試 の 傾 向

●入試日程

　関西学院大学の一般入試では，全学部を 7 日間に分けて試験を行う日程別入試が実施されている。7 日間の内訳としては，近年では「全学部日程（2021 年度までは全学日程）が 2 日程，学部個別日程が 4 日程，共通テスト併用／英数日程（2021 年度までは関学独自方式日程）が 1 日程」が定着している。

　英語の問題は試験日ごとに異なる。さらに，全学部日程（全学日程）の国際学部の英・英型では独自問題も出題される。

　しかし，次ページの「問題構成（2022 年度）」を見るとわかるように，英・英型の独自問題を除き，各日程の出題傾向・内容・難易度に大差はないと言ってよいだろう。よって，受験予定とは異なる日程の問題を解くことも，出題傾向に慣れるためには有用であると言える。

●出題形式

　近年では，ほぼすべての日程において，以下のような出題形式となっている。ただし，例外もあるので注意すること。

試験時間：90 分

大 問 数：6 題

内　　訳：長文読解　3 題

　　　　　　文法・語彙　2 題（うち 1 題は英作文とセット）

　　　　　　会話文　1 題

解答方式：おもに選択式。英文和訳や和文英訳など一部で記述式。

　例外としては，国際学部の英・英型試験の独自問題が挙げられ，試験時間は 75 分，大問 2 題，すべて記述式の読解問題である。また，英・英型の独自問題を除く全学部日程の試験は，例年全問選択式であり，英作文問題の出題はなく，他と比べて文法・語彙問題が多いのが特徴と言えるだろう。

●問題構成（2022年度）　　　　　　　　　　　★は記述式。それ以外は選択式。

日程		大問	項目	内容
全学部日程	2/1 全学部	I	長文読解	同意表現，空所補充，内容説明，内容真偽
		II	長文読解	内容説明，同意表現，内容真偽
		III	長文読解	空所補充，内容真偽
		IV	文法・語彙	空所補充
		V	文法・語彙	語句整序
		VI	会話文	空所補充
	2/1 国際学部の英・英型※	I	長文読解	★内容説明，★英文和訳
		II	長文読解	★内容説明，★英文和訳
	2/2 全学部	I	長文読解	空所補充，同意表現，内容真偽
		II	長文読解	空所補充，同意表現，内容真偽
		III	長文読解	同意表現，内容真偽
		IV	文法・語彙	空所補充
		V	文法・語彙	語句整序
		VI	会話文	空所補充
学部個別日程	2/3 文・法学部	I	長文読解	同意表現，内容説明，内容真偽
		II	長文読解	空所補充，同意表現，内容真偽，★内容説明
		III	長文読解	空所補充，同意表現，★英文和訳
		IV	文法・語彙	空所補充
		V	A．文法・語彙 B．英作文	語句整序 ★和文英訳
		VI	会話文	空所補充
	2/4 経済・人間福祉・国際学部	I	長文読解	空所補充，同意表現，内容真偽，★英文和訳
		II	長文読解	空所補充，同意表現，内容真偽，★英文和訳
		III	長文読解	同意表現，内容説明，内容真偽
		IV	文法・語彙	空所補充
		V	A．文法・語彙 B．英作文	語句整序 ★和文英訳
		VI	会話文	空所補充
	2/6 神・商・国際・教育・総合政策学部	I	長文読解	空所補充，同意表現，内容真偽，★英文和訳
		II	長文読解	空所補充，同意表現，内容真偽，★英文和訳
		III	長文読解	同意表現，内容真偽
		IV	文法・語彙	空所補充
		V	A．文法・語彙 B．英作文	語句整序 ★和文英訳
		VI	会話文	空所補充
	2/7 社会・法学部	I	長文読解	同意表現，空所補充，内容説明，★英文和訳
		II	長文読解	同意表現，内容真偽，★英文和訳
		III	長文読解	空所補充，同意表現，内容真偽
		IV	文法・語彙	空所補充
		V	A．文法・語彙 B．英作文	語句整序 ★和文英訳
		VI	会話文	空所補充
共通テスト併用／英数日程	2/5 全学部	I	長文読解	空所補充，同意表現，内容説明，内容真偽，★英文和訳
		II	長文読解	同意表現，内容真偽，★英文和訳
		III	長文読解	空所補充，同意表現，内容真偽
		IV	文法・語彙	空所補充
		V	A．文法・語彙 B．英作文	語句整序 ★和文英訳
		VI	会話文	空所補充

※全学部日程2/1実施分の国際学部の英・英型は，他学部共通問題と国際学部独自問題の両方の解答を必須とする。

出題形式別の傾向と対策

次に，出題される問題をジャンル別に見ていこう。

▌長文読解

　関西学院大学の英語問題で圧倒的な比重を占めるのは長文読解問題である。解答時間の大部分を占めるであろうことから，この分野の傾向と対策を知り，十分に問題演習を重ねておくことは合格への必須条件となる。

　長文読解問題には，空所補充，同意表現，内容真偽，内容説明を中心とした選択式のみの問題と，それらと記述式の英文和訳などが融合した総合問題がある。英文量は300～400 語程度のものもあるが，全体的には 500～800 語程度の比較的長めのものが多い。

　次に挙げるのは 2022 年度に出題された長文読解問題の主題と語数の一覧である。関西学院大学がどのようなテーマと量の読解問題を出題しているかという点で，参考になるだろう。

●長文読解問題の主題と語数（2022 年度）

日程		大問	主題	語数 問題別	語数 合計
全学部日程	2/1	Ⅰ	観察に関するとらえ方	約 720	約 1,550
		Ⅱ	子どもたちのビジネスへの挑戦	約 450	
		Ⅲ	コーヒーの広まりの歴史	約 380	
	2/1 国際学部の英・英型	Ⅰ	ロボットの進化と弱点	約 610	約 1,460
		Ⅱ	大河ドラマが観光客を誘引する理由	約 850	
	2/2	Ⅰ	自転車の歴史と世界への貢献	約 880	約 1,670
		Ⅱ	トウモロコシの起源	約 340	
		Ⅲ	くしゃみをめぐる文化の違い	約 450	
学部個別日程	2/3	Ⅰ	南北アメリカ大陸の歴史	約 780	約 1,790
		Ⅱ	理想的な運動量と現実とのギャップ	約 520	
		Ⅲ	人間の幼児の発達過程	約 490	
	2/4	Ⅰ	アルミニウムという金属	約 700	約 1,660
		Ⅱ	プロパガンダについて	約 540	
		Ⅲ	睡眠不足の影響	約 420	
	2/6	Ⅰ	哲学に関する誤解と真実	約 560	約 1,460
		Ⅱ	傍観者効果とその対処法	約 450	
		Ⅲ	歴史研究の知識の源としての自然	約 450	
	2/7	Ⅰ	良い習慣の日々の積み重ねが大切	約 610	約 1,400
		Ⅱ	家族間の類似の仕組みの解明	約 300	
		Ⅲ	AI の進化がもたらす変化	約 490	
共通テスト併用/英数日程	2/5	Ⅰ	高地が人体に及ぼす影響と人間の適応能力	約 720	約 1,580
		Ⅱ	不確かな状況に対応するには	約 390	
		Ⅲ	人間生態学とは	約 470	

以下でさらに詳しく，主な設問形式別に見ていこう。

■空所補充

> **例題**　本文中の空所に入れるのに最も適当なものを，下記（a～d）の中から1つ
> 選び，その記号をマークしなさい。
> 　a．psychology　　b．barbarism　　c．civilization　　d．technology

　長文読解問題の設問としてまず考えられるのが空所補充である。補充するのは単語
1語の場合から，数語あるいは文になっている場合もある。この形式の問題の選択肢
には次のような種類があることを押さえておこう。
　①前後の関係から考えて，文法的・語法的に正しいかどうかで判断できるもの（動
　　詞の活用，語形変化，前置詞，関係詞，熟語の一部など）。
　②正確な文脈把握が必要で，選択肢に意味が紛らわしい語があるもの。
　③正確な文脈把握が必要で，選択肢は難解な語だが，意味自体はそれぞれ明らかに
　　異なっているもの。
　いずれの場合も，空所の前後だけを見るのではなく，選択肢も見て，出題者がどの
分野の学力を問うているのかを判断すれば，時間のロスを防ぐことができるだろう。

■同意表現

> **例題**　本文中の下線部の文中での意味に最も近いものを，下記（a～d）の中から
> 1つ選び，その記号をマークしなさい。
> <u>took him at his word</u>
> 　a．accompanied him　　　　　b．gave him an order
> 　c．believed what he said　　　d．had an argument with him

　長文読解問題で，空所補充と同じく必ずといってよいほど登場するのが，本文の下
線部言い換えの形をとる同意表現である。以下でその典型的な形と対策を検討してみ
よう。
　まず，この形式の設問を解く際のポイントを挙げておく。
単語・語句単位
　①純粋に語彙・熟語力を問う問題と捉え，選択肢の語（語句）の意味と比べること
　　で判断する。下線部が多義語である場合，特にその意味に注意すること。
　②下線部の意味がわからない場合は，選択肢の語（語句）を順に本文に挿入してい
　　き，文脈に合うのはどれかを判断する。

文単位

　①下線部の英文の主語・述語の関係や，表現に注意し，その文意を過不足なく正確に言い換えた文はどれかを見極める。

　②下線部の前後の文から文脈を正確に読み取り，筆者の言わんとする内容を正しく伝えている文がどれかを判断する。

　文単位の同意表現の場合，元の英文を一言一句正確に訳出・表現していることはほとんどないので，決め手は，**ポイントとなる熟語などの意味が理解できているか**，またそれが正確に言い換えられているかどうかを判断できるかということである。下線部直前のいくつかの文をよく読み，文法や文脈に注意しながら判断すれば，正解に至ることができる。また，選択肢から判断して，**出題者は本文のどの点の理解を問うているのか**を考えるように心がけよう。

■内容真偽

例題　次の英文（ a ～ f ）の中から本文の内容と一致するものを 2 つ選び，その記号を各段に 1 つずつマークしなさい。ただし，その順序は問いません。

　a . Our mothers were suffering secretly from domestic violence caused by political debate.

（中略）

　f . Our lives are now so closely connected with politics that it is impossible to avoid talking politics entirely.

　内容真偽は，5 ～10 個程度の英文選択肢（一部に選択肢が和文の問題もある）から，本文の内容に一致するもの（あるいは一致しないもの）を 1 ～ 4 個程度選ぶ問題が中心である。**選択肢の英文は，基本的には本文の内容の順序で配列されているが，本文に記述のない内容を含むことも多いので注意しよう。**

　解き方の手順としては，まず選択肢を 2，3 個ずつ読んで本文に戻り，関連のある箇所まで読み進めて，選択肢の真偽を判断する根拠となる箇所を特定する。次に，選択肢の英文と該当箇所を 1 個ずつ丁寧に照らし合わせ，正確に内容の真偽を判断する。その際，本文の該当箇所に選択肢の記号をメモしておけばあとで見直しやすくなり，時間を節約することができる。つまり，**該当箇所の正確な特定**がこの形式の問題を解く最大のポイントである。本文全体を読んでから漠然と選択肢の真偽を判断しようとすると，時間をロスするだけでなく，自分のあいまいな記憶に頼って判断を誤ってしまうことにもなりかねない。また，本文に記述がないという点で誤りとなる選択肢については，該当箇所がないだけにかえって解答に手間どることがある。本文の内容に一致するものを特定できた時点で次の設問に移ることも作戦のひとつとなる。

■選択式：内容説明

<英問英答>

例題 次の問いの答えとして最も適当なものを，下記（a～d）の中から1つ選び，その記号をマークしなさい。

What kind of negative aspect does the high-tech world have?

　a．We tend to spend a smaller amount of time thinking.

（中略）

　d．The physical, mental and spiritual dimensions of life have more meaning than technology.

<内容一致英文の完成>

例題 本文の内容と一致するように英文の空所に入れて文を完成させるのに最も適切なものを，下記（a～d）の中から1つ選び，その記号をマークしなさい。

David's story caused the author to（　　　）.

　a．fail to see a big difference in his motivation

（中略）

　d．want his mother and a few others to read his essay

　選択式の内容説明問題は，英問に対する適切な解答を選ぶ問題（英問英答）と，設問文に続く英文や英文の空所に適切なものを選び，本文の内容に合う英文を完成させる問題（内容一致英文の完成）の2種類に大別されるが，近年は英問英答が主流となっている。基本的には内容真偽の解き方と同じであるが，選択肢の英文を正しく理解しないと正解に至らないのは当然である上に，読むべき英文の量も多くなるため，慣れていないと解答にかなり時間がかかってしまうので注意したい。

■記述式：英文和訳・内容説明

①下線部を日本語に訳しなさい。

②下線部を日本語らしい表現で和訳しなさい。

③本文中の二重下線部 so is 'working hard' を，so が示す内容を明確にしながら日本語に訳しなさい。

④本文中の二重下線部 all of the big brands are based in the developed world の内容を，句読点を含めて35字以上50字以内の日本語で，具体的に説明しなさい。

⑤本文中の下線部 the easy problems are hard の具体例を，下線部より後の2つの段落の内容をもとに日本語（110字以上150字以内で，句読点を含む。記号や数字を含む場合は1文字を1マスに記入すること）で説明しなさい。

　記述式の英文和訳・内容説明問題は，学部個別日程および共通テスト併用／英数日程（関学独自方式日程）の長文読解問題３題のうちの２題，全学部日程（全学日程）国際学部の英・英型では２題両方の記述式解答の部分であるが，直近10年の学部個別日程および共通テスト併用／英数日程（関学独自方式日程）では英文和訳の出題となっている。

　和訳問題では熟語・構文・多義語の知識も含めた高い語彙力が必要になる。なおかつ，②のように「日本語らしい表現」という指示が特になくても，つねに日本語として自然な訳出が求められていることを忘れてはならない。また，③のように指示内容や代名詞（it，they，this，that など）の内容を理解した上での和訳を求める問題は，その指示語が前の文のどこからどこまでを指すかの特定がポイントとなるが，比較的短い部分を指す問題がほとんどであり，前文の内容を引用しすぎないよう注意したい。④と⑤は内容説明問題であるが，30〜70字程度（国際学部の英・英型独自問題は80〜200字程度）の字数制限がついている場合が多い。あくまでも内容説明なので，本文をそのまま訳すのではなく，前後（特に直前）の内容をよく理解した上で簡潔にまとめるようにしよう。意訳が過ぎてはいけないが，内容を理解していることをしっかりアピールすることが大切であり，日頃から実際に書く練習をすることが必要である。

文法・語彙

　大問として独立した文法・語彙問題は，各日程で２題出題されるケースが多い。以前は小問の数や設問形式もさまざまであったが，ここ数年は，１題は空所補充のみ，もう１題は語句整序のみか語句整序と英作文のセットで出題される形式が主流となっている。いずれのタイプも問われているのは，文法分野と，語彙・熟語・構文などの語法分野に大別することができる。関西学院大学の場合，語彙・熟語・構文問題に難問が多いのが特徴である。ただし，長文読解や会話文，英作文の解答に時間がかかるので，この部分にあまり時間をかける余裕はない。典型的なパターンとレベルに慣れ，速やかに問題を処理していくことが必要である。以下に典型的な設問形式を挙げるが，いずれの問題も，形式が異なるだけで，問われているのは文法・語彙に関する知識であることを考えれば，どの日程の問題にあたっても，関西学院大学で頻出する文法項目や，要求される語彙・熟語・構文のレベルが明らかになり，効率のよい学習が可能であろう。

■**空所補充**：短文の空所に挿入する語や語句を選ぶ。

■**語句整序**：和文の内容に相当する意味の英文になるように，与えられた語や語句を並べ替え，指定された位置や空所に入れる語や語句を選ぶ。

会話文

　会話文問題はほぼすべての日程で出題されており，空所に対して適切な語句や発言を選択して挿入する問題がほとんどである。過去には，会話文中の英文の言い換え問題や前置詞の挿入といった記述式の問題が加わって総合的な会話文問題となる場合もあったが，近年は空所補充のみとなっている。

　問題の中心は，前後の会話の流れをとらえて適切な語句や発言がどれかを判断するものなので，長文読解問題の一種とも考えられる。ただし，口語表現に関する知識が必要な空所も複数含まれている場合が多く，知っていなければ対処できない。代表的な会話表現をまとめて覚えておくことが必要である。

　空所補充では，会話文の空所ごとに４つの選択肢があり，その中から選ぶ形式が近年の主流である。会話文自体が長い場合も多いので，時間配分に注意しよう。

英作文

　記述式の英作文問題は，各日程とも和文対照の語句整序とセットになった和文英訳の形での出題が主流となっている。また，全学部日程（全学日程）では例年，英作文問題は出題されていない。

　全体を通してみると，短めの和文英訳では和文に対してどんな語句・熟語・構文を使用するかが思い浮かばなければ満足のいく答案が書けないものが多い。たとえそれらが思い浮かばない場合でも，せめて文法的に正しく綴りミスのない英文を書くことが大切である。いずれにせよ，英作文問題の最大のポイントは，**基本的な語彙・熟語・構文・文法の知識をどれだけ正確に使いこなせるか**という点である。日頃，読解問題や文法・語彙問題の英文を読む際にも，「この言い回しは使えるな」などと意識して読み，ノートなどにリストアップして，こまめに暗記する習慣をつけておこう。

　以下，英作文問題の主な設問形式を挙げておく。

■**和 文 英 訳**：与えられた日本文を英訳する問題。英訳文の一部が欠けており，その部分に適切な英文を挿入する形式が多い。

■**自由英作文**：関学独自方式日程での出題がなくなったのに伴い，2011 年度以降出題されていない。

第1章

長文読解

選択式

目標解答時間 15分　**配点** 26点

次の英文を読み，下記の設問（A〜C）に答えなさい。

Ecology is the science of relationships between living organisms and their environment. Human ecology is about relationships between people and their environment. In human ecology, the environment is （　1　） as an ecosystem*. An ecosystem is everything in a specified area—the air, soil,
5　water, living organisms, and physical structures, including everything built by humans. The living parts of an ecosystem—bacteria, plants, and animals (including humans)—are its biological community.

　Although humans are part of the ecosystem, it is useful to think of human-environment interaction as interaction between the human social system and
10　the rest of the ecosystem. The social system is everything about people, their population, and the psychology and social organization that （　2　） their behavior. The social system is a central concept in human ecology because human activities that impact ecosystems are strongly influenced by the society in which people live.

15　Human ecology analyzes the consequences of human activities as a chain of effects through the ecosystem and human social system. Take for example the following story about fishing. Fishing is (ア)directed toward one part of the marine ecosystem, namely fish, but fishing has unintended effects on other parts of the ecosystem. For example, drift nets are nylon nets that are （　3　
20　） in the water. Fish become tangled in drift nets when they try to swim through them. During the 1980s, fishermen used thousands of kilometers of drift nets to catch fish in oceans around the world. In the mid-1980s, it was discovered that drift nets were killing large numbers of dolphins, seals, turtles, and other marine animals that drowned after becoming entangled in
25　the nets.

　When conservation organizations realized what the nets were doing to marine animals, they （　4　） against drift nets and pressured governments to make their fishermen stop using the nets. At first, many fishermen did not want to stop using drift nets, but their governments (イ)forced them to give up. Within a few years the fishermen switched from drift nets to long lines and other fishing methods. Long lines, which feature baited hooks** hanging from a main line often kilometers in length, have been a common method of fishing for many years.

(5), in the 1990s, it was discovered that long lines were killing large numbers of sea birds when the lines were put into the water from fishing boats. Immediately after the hooks were released from the back of a boat into the water, birds flew down to eat the bait on hooks floating behind the boat, near the surface of the water. The birds were caught on the hooks, dragged down into the water, and drowned. Some fishermen started using a cover at the back of their boat to prevent birds (6) reaching the hooks, and others added weights to the hooks to sink them beyond the reach of birds before the birds could get to them. These stories show how human activities can generate a chain of effects that passes back and forth between the social system and the ecosystem. Fishing affected the ecosystem (by killing marine animals and birds), which in turn (ウ)led to a change in the social system (fishing technology).

*ecosystem：生態系
**baited hook：餌をつけた釣り針

設　問

A．本文中の空所（1～6）に入れるのに最も適当なものを，それぞれ下記（a～
　　d）の中から1つ選び，その記号をマークしなさい。

(1)　a．repeated　　　　　　　　b．perceived
　　　c．struggled　　　　　　　d．inclined
(2)　a．forbids　　　　　　　　b．isolates
　　　c．borrows　　　　　　　　d．shapes
(3)　a．impressive　　　　　　b．obsolete
　　　c．invisible　　　　　　　d．sensible
(4)　a．campaigned　　　　　　b．leaned
　　　c．offended　　　　　　　d．provided
(5)　a．As if　　　　　　　　　b．Whether
　　　c．Since　　　　　　　　　d．However

出典追記：Human Ecology by Gerald G. Marten, Routledge

(6)　a．in　　　　　b．of　　　　　c．from　　　　　d．about

B．本文中の下線部（ア～ウ）が文中で表している内容に最も近いものを，それぞれ
下記（a～d）の中から1つ選び，その記号をマークしなさい。

(ア)　directed toward
　　a．turned away
　　b．set aside
　　c．focused on
　　d．bound for

(イ)　forced them to give up
　　a．ordered them to stop
　　b．allowed them to change
　　c．reminded them to identify
　　d．encouraged them to continue

(ウ)　led to
　　a．appeared to
　　b．stemmed from
　　c．accused of
　　d．resulted in

C．次の英文（a～e）の中から本文の内容と一致するものを2つ選び，その記号を
各段に1つずつマークしなさい。ただし，その順序は問いません。

　a．As the name implies, human ecology is a way of thinking that mainly
　　studies people and buildings in the social system.

　b．The social system and the rest of the ecosystem are usually not
　　integrated and should be considered individually.

　c．Looking into fishing as an example of human-environment interaction,
　　we find that drift nets posed a great threat to many kinds of sea
　　creatures.

　d．Long lines were adopted as a new fishing method, but the development
　　took many decades with opposition from environmental groups and
　　governments.

　e．Fishermen are making various efforts to limit damage to the
　　environment.

全訳　≪人間生態学とは≫

　生態学とは，生物とその環境との関係を研究する学問である。人間生態学は，人と環境との関係についてのものである。人間生態学では，環境を生態系として捉える。生態系とは，人間が作ったものを含め，大気，土壌，水，生物，物理的構造物など，特定の地域に存在するすべてのものを指す。生態系を構成する生物であるバクテリア，植物，動物（人間を含む）は，生物群集と呼ばれる。

　人間も生態系の一部だが，人間と環境との相互関係を，人間の社会システムと生態系の他の部分との関係として考えることが有効である。社会システムとは，人間，その集団，そして人間の行動を形成する心理や社会組織に関するすべてのものである。生態系に影響を与える人間の活動は，人間が住む社会の影響を強く受けるため，社会システムは人間生態学の中心的な概念である。

　人間生態学では，人間の活動の影響は，生態系と人間の社会システムが及ぼす一連の影響として分析される。例えば，次のような漁業の話を考えてみよう。漁業は，魚という海洋生態系の一部に関心が向けられるものだが，漁業は生態系の他の部分にも意図せず影響を及ぼしてしまうのだ。例えば，流し網は水中では見えないナイロンでできている。魚が通り抜けようとすると，網に絡まってしまう。1980年代，漁師たちは世界中の海で何千キロメートルもの流し網を使って魚を獲っていた。しかし，1980年代半ばになると，イルカやアザラシ，ウミガメなどの海洋生物が流し網に巻き込まれて溺れ，大量に死亡していることが判明したのだ。

　自然保護団体は，流し網が海洋生物に対して何をしているかに気づくと，流し網反対運動を展開し，漁業者に流し網をやめさせるよう政府に圧力をかけた。当初，多くの漁業者は流し網をやめようとしなかったが，政府が無理やりやめさせた。そして，数年間で，漁師たちは流し網から延縄や他の漁法に切り替えていった。延縄は，何キロもの長さになることも多い道糸に餌をつけた釣り針を垂らすもので，長年にわたる一般的な漁法であった。

　しかし，1990年代，延縄が漁船から海中に投入された際に，大量の海鳥を殺していることが判明した。船の後部から水中に釣り針を放った直後，船の後方の水面近くに浮かんでいる釣り針の餌を食べに，鳥たちが飛んできたのだ。鳥は釣り針に引っかかって水中に引きずり込まれ，溺死した。そこで，船の後ろにカバーをつけて鳥が釣り針に届かないようにしたり，釣り針に重りをつけて鳥が届かない深さまで沈めたりする漁師が現れた。これらの話より，人間の活動が，社会システムと生態系の間を行き来しながら，どのように連鎖的な影響を及ぼしているかがわかる。漁業が生態系に影響を与え（海洋動物や鳥を殺すことで），それが今度は社会システム（漁業技術）に変化をもたらすのだ。

解説

A．空所補充

(1)　正解は b

　　a．「繰り返された」　　　　　　　　b．「理解された」

c.「奮闘された」　　　　　　　　d.「傾けられた」

空所の直後の as に注目する。perceive には perceive A as B の形で「A を B として捉える，A を B だと理解する」という意味があり，これが受動態で用いられた形だと，文脈上も適切なので，b. perceived が正解。

(2)　正解は d

a.「〜を禁止する」　　　　　　　b.「〜を孤立させる」

c.「〜を借りる」　　　　　　　　d.「〜を形成する」

空所の直前の that は関係代名詞で，先行詞は the psychology and social organization「心理や社会組織」であり，直後の their behavior「人間の行動」を目的語としていることから，文脈上適切な d. shapes が正解。

(3)　正解は c

a.「印象的な」　　　　　　　　　b.「時代遅れの」

c.「目に見えない」　　　　　　　d.「分別のある」

空所の直前にある that are は関係代名詞の後に are が続く形。先行詞は nylon nets「ナイロン網」なので，それが水中ではどういう状態かを考えると，文脈上適切な c. invisible が正解。

(4)　正解は a

a.「運動を行った」　　　　　　　b.「傾いた」

c.「怒らせた」　　　　　　　　　d.「供給した」

空所の前にある they は conservation organizations「保護団体」を指し，drift nets「流し網」に対してどういうことをしたのかを考える。空所の直後の against は「〜に反対して」という意味の前置詞であることから，campaign against 〜 であれば「〜への反対運動を行う」という意味になり，文脈上適切なので，a. campaigned が正解。

(5)　正解は d

a.「まるで〜のように」

b.「〜かどうか，〜であろうとなかろうと」

c.「〜なので，〜以来」

d.「しかしながら，だが」

空所の直後にはコンマがあり，さらに，前置詞句を挟んで続く文は一つであることから，空所には接続詞ではなく副詞が入ると判断でき，d. However が正解。

(6)　正解は c

空所の直前の prevent birds と，空所の直後が reaching という動名詞形である点に注目すると，prevent A from *doing* の形で「A に〜させない，A が〜するのを妨げる」という意味になる c. from が正解。

B．同意表現

⑦　正解は　c ────────────────────────

directed toward「〜に向けられて」

　　a．「追い返されて，目をそむけられて」　　　b．「取っておかれて，拒絶されて」

　　c．「〜に焦点がおかれて」　　　　　　　　d．「〜行きの」

　　directed toward の意味は，主語の Fishing「漁業」と，fish とのつながりを考え
ても判断はつく。c．focused on が正解。

⑦　正解は　a ────────────────────────

forced them to give up「彼らに強制的に止めさせた」

　　a．「彼らに止めるよう命じた」　　　　　　b．「彼らに変えることを許可した」

　　c．「彼らに特定することを気づかせた」　　d．「彼らに続けるよう奨励した」

　　force A to do は「A に無理やり〜させる」という意味であり，give up が「止め
る，断念する」という意味であるとわかれば，意味的に近い a．ordered them to
stop が正解。

⑦　正解は　d ────────────────────────

led to 〜「〜につながった，〜という結果になった」

　　a．「〜に現れた」　　　　　　　　　　　　b．「〜から生じた」

　　c．「〜と非難した」　　　　　　　　　　　d．「〜という結果になった」

　　led は lead の過去形で，A lead to B の形で「A は B につながる，A が原因で B
という結果になる」という意味。result in 〜 も同様に「〜という結果になる」と
いう意味のイディオムであり，d．resulted in が正解。

C．内容真偽

正解は　c・e ────────────────────────

a―×「名前が示唆しているように，人間生態学とは，主に社会システムの中にいる
　　人や建物を研究対象とする考え方である」

　　第1段第2文（Human ecology is …）に，人間生態学とは人と環境との関係に
　　関するものだと述べられており，本文の内容に一致しない。

b―×「社会システムと，生態系のそれ以外の部分は，通常統合されておらず，個々
　　に考えるべきだ」

　　第2段第1文（Although humans are …）に，人間は生態系の一部だが，人間
　　と環境との相互関係を人間の社会システムと生態系のそれ以外の部分との相互関係
　　と考えるのが有益だと述べられており，この2つはつながりのあるものと考えるべ
　　きだとわかるので，本文の内容に一致しない。

c―〇「漁業を人間と環境の相互作用の一例として検証すると，流し網が多くの種類
　　の海洋生物に大きな脅威を与えたことがわかる」

　　第3段第2文（Take for example …）に，漁業は海洋生態系の魚以外の部分に
も意図せず影響を及ぼしてしまうと述べられており，同段第3～最終文（Fishing
is directed … in the nets.）では，流し網にイルカなどの海洋生物が引っかかって，
大量に死亡したという具体例も述べられていることから，本文の内容に**一致する**。
d─×「延縄は新たな漁業の方法として取り入れられたが，環境保護団体や政府から
　　の反対があって，その発達には何十年もかかった」

　　第4段第2・3文（At first, many … other fishing methods.）に，漁師たちは政
府から強制的に流し網をやめさせられ，数年間で，延縄や他の漁法に切り替えたと
述べられており，本文の内容に**一致しない**。
e─○「漁師たちは，環境への被害を抑えるために，さまざまな努力をしている」

　　最終段第4文（Some fishermen started …）に，一部の漁師が海に投げ入れた釣
り針に鳥が引っかからないように工夫している例が述べられており，漁が魚以外の
生物の死につながらないようにすることで環境への被害を抑えようとしていること
がわかるので，本文の内容に**一致する**。

●語句・構文 ………………………………………………………………………………

- [ ] *l.* 1　living organism「生物，生命体」
- [ ] *l.* 2　human ecology「人間生態学」
- [ ] *l.* 5　physical structure「物理的構造（物）」
- [ ] *l.* 9　interaction「相互作用，相互関係」
- [ ] *l.*16　take for example ～「～を例にとろう」　take の目的語が後置された形。
- [ ] *l.*18　unintended「意図せぬ，予期せぬ」
- [ ] *l.*19　drift net「流し網」
- [ ] *l.*20　tangled in ～「～に絡まって」
- [ ] *l.*23　seal「アザラシ，オットセイ」
- [ ] *l.*26　conservation organization「保護団体」
- [ ] *l.*30　switch from *A* to *B*「*A* から *B* に切り替える」
　　　　　　long line「延縄」
- [ ] *l.*31　feature「～を特徴とする」
- [ ] *l.*43　pass back and forth「行き来する」
- [ ] *l.*45　～, which in turn「～，そして今度は」　which は前文の内容を先行詞とする用法。

A. (1)─b　(2)─d　(3)─c　(4)─a　(5)─d　(6)─c
B. (ア)─c　(イ)─a　(ウ)─d
C. c・e

解答

2

目標解答時間 20 分　**配点** 48 点

次の英文を読み，下記の設問（A～D）に答えなさい。

In the last few decades, people all over the world have been told that humankind is on the path to equality, and that globalization and new technologies will help us get there sooner. In reality, the twenty-first century might create the most unequal societies in history. Though globalization and the Internet bridge the gap between countries, they threaten to enlarge the ⁵ gap between classes, and just as humankind seems about to achieve global unification, the species itself might divide into different biological types.

Inequality goes back to the Stone Age. Thirty thousand years ago, hunter-gatherer tribes buried some members in grand graves filled with thousands of ivory beads, bracelets, jewels and art objects, while other members had to ¹⁰ (ア)settle for a mere hole in the ground. (　1　), ancient hunter-gatherer tribes were still more egalitarian* than any succeeding human society, because they had very little property. Property is a condition for long-term inequality.

Following the Agricultural Revolution, (イ)property multiplied, and with it inequality. As humans gained ownership of land, animals, plants and tools, ¹⁵ hierarchical** societies emerged, in which small elites monopolized wealth and power for generation (　2　) generation. Hierarchy, then, came to be recognized not just as the model, but also as the ideal. How can there be order without a clear hierarchy between elites and ordinary people, between men and women, or between parents and children?　Authorities all over the ²⁰ world patiently explained that just as in the human body not all parts are equal, so also in human society equality will bring nothing (　3　) disorder.

In the late modern era, however, equality became an ideal in almost all human societies. It was mainly due to the Industrial Revolution, which made the masses more important than ever before. Industrial economies relied on ²⁵ masses of common workers, (　4　) industrial armies relied on masses of common soldiers. Governments invested heavily in the health, education and welfare of the masses, because they needed millions of healthy workers to operate the production lines and millions of loyal soldiers to fight in the wars.

Consequently, the history of the twentieth century revolved around the (　³⁰

5　) of inequality between classes, races and genders. Though the world of the year 2000 still had its share of hierarchies, it was nevertheless a much more equal place than the world of 1900. In the first years of the twenty-first century people expected that the egalitarian process would continue and
35　even speed up. In particular, they hoped that globalization would spread economic growth throughout the world, and that as a result people in India and Egypt would come to enjoy the same opportunities and privileges as people in Finland and Canada. An entire generation grew up on this hope.

　　Now it seems that this hope might not be fulfilled. Globalization has
40　certainly profited large portions of humanity, but there are signs of growing inequality both between and within societies. Some groups increasingly monopolize the (ｱ)fruits of globalization, while billions are left behind. Already today, the richest hundred people together own more than the poorest four billion.

45　This could get (6) worse. The rise of AI (Artificial Intelligence) might eliminate the economic value and political power of most humans. At the same time, improvements in biotechnology might make it possible to (ｲ)translate economic inequality into biological inequality. Soon the super-rich might be able to buy life itself. If new treatments for extending life and for
50　upgrading physical and intellectual abilities prove to be expensive, a huge biological gap might open up between the rich and the poor. By 2100, the rich might be more talented, more creative and more intelligent than the less advantaged. Once a real gap in ability opens between the rich and the poor, it will become almost impossible to close it. If the rich use their superior
55　abilities to enrich themselves further, and if more money can buy them more efficient bodies and brains, with time the gap will only widen. In less than one hundred years from now, the richest one percent might own not merely most of the world's wealth, but also most of the world's beauty, creativity and health.

60　(ⅱ)The two processes together might therefore result in the separation of humankind into a small class of superhumans and a majority comprising useless *Homo sapiens*. Globalization will unite the world horizontally by erasing national borders, but it will at the same time divide humanity vertically. Ruling parties in countries as diverse as the United States and
65　Russia might unite and make common (7) against the rest of humankind.

出典追記：21 Lessons for the 21st Century by Yuval Noah Harari, Spiegel & Grau

*egalitarian：平等主義の
**hierarchical：階層性の

設　問

A. 本文中の下線部（ア〜ウ）の文中での意味に最も近いものを，それぞれ下記（a
〜d）の中から1つ選び，その記号をマークしなさい。

(ア)　settle for
　　a．build up　　　　　　　　　b．be satisfied with
　　c．punch on　　　　　　　　　d．be ordered out of

(イ)　fruits
　　a．desserts　　　b．fairs　　　c．eggs　　　d．benefits

(ウ)　translate
　　a．keep　　　b．turn　　　c．interpret　　　d．hold

B. 本文中の空所（1〜7）に入れるのに最も適当なものを，それぞれ下記（a〜
d）の中から1つ選び，その記号をマークしなさい。

(1)　a．Accordingly　　　　　　　b．Therefore
　　c．Nevertheless　　　　　　　d．Besides

(2)　a．or　　　b．beyond　　　c．later　　　d．after

(3)　a．else　　　b．but　　　c．than　　　d．much

(4)　a．despite　　　b．while　　　c．until　　　d．that

(5)　a．reduction　　　　　　　　b．addition
　　c．increase　　　　　　　　　d．opposition

(6)　a．ways　　　b．deep　　　c．far　　　d．less

(7)　a．cause　　　b．crime　　　c．reason　　　d．people

C. 本文中の二重下線部（i，ii）が文中で表している内容に最も近いものを，それ
ぞれ下記（a〜d）の中から1つ選び，その記号をマークしなさい。

(i)　property multiplied, and with it inequality
　　a．Society became fairer as a result of the increase in home
　　　ownership.
　　b．Biological quality expanded as the gap between rich and poor
　　　widened.
　　c．The prices of real estate were boosted by a lack of inequality.
　　d．Equality decreased as some people possessed more goods and land
　　　than others.

(ii)　<u>The two processes</u>
　　　a. globalization combined with the disappearance of the super-rich
　　　b. development of biotechnology coupled with the rise of AI
　　　c. improvements in biotechnology paired with weakening of the rich
　　　d. the advance of AI matched with the capacity of robots

D.　次の英文（a～h）の中から本文の内容と一致するものを3つ選び，その記号を
　各段に1つずつマークしなさい。ただし，その順序は問いません。

　a. Until the beginning of the twenty-first century, globalization and the
　　development of technology helped to divide humanity.

　b. People in the Stone Age lived in poorer societies compared with people
　　in any other era in history.

　c. During the Industrial Revolution, society needed the power of ordinary
　　people.

　d. The world in the twenty-first century is a wonderful place compared
　　to past societies.

　e. People believed that globalization and economic development would
　　give everybody in the world an equal basis on which to succeed.

　f. The wealthiest one percent of the world population is also the
　　healthiest.

　g. By the end of the twenty-first century, the world's richest people may
　　be able to purchase biologically modified bodies and brains.

　h. The rich people in the United States and Russia will carefully try to
　　become a superior species to people in rural areas.

≪不平等の歴史とグローバル化≫

　この数十年間，世界中の人たちは，人類は平等への道を歩みつつあり，グローバル化や新しい科学技術がそこにもっと早く到達する手助けをしてくれるだろう，と言われてきた。現実には，21世紀はもしかすると歴史上最も不平等な社会を作り出すかもしれない。グローバル化やインターネットは国家間の差は埋めているが，社会階級間の差を広げる恐れがあり，人類がまさに地球規模の統一を達成しようとしているかに思えるのとちょうど同時に，その人類自身が，生物学的なさまざまなタイプへと分かれることになるかもしれないのである。

　不平等は石器時代にさかのぼる。3万年前，狩猟採集部族には，何千もの象牙のビーズやブレスレット，宝石，美術品をぎっしり詰めた大きな墓に埋葬された者たちもいたが，その一方で，地面に穴を掘っただけの墓を甘んじて受け入れなければならない者たちもいた。それでも，古代の狩猟採集部族は，その後に続くどんな人間社会よりもずっと平等主義であった。なぜなら，彼らにはほとんど所有物がなかったからである。所有物が，長期間にわたる不平等の必要条件なのである。

　農業革命のあと，資産が増大し，それにともなって不平等も拡大した。人が土地や動物，植物，道具を持つようになるにつれ，階層社会が出現し，わずかな数のエリートたちが何世代にもわたって富や権力を独占した。そして階層制度がモデルとしてだけでなく，理想的な型としても認識されるようになった。エリートと一般市民の間に，あるいは男性と女性の間に，あるいは親と子供の間に明確な階層がなかったら，どのようにして秩序が存在するのだろうか？　世界中の権力者たちは，人間の身体の中ですべての器官が平等とは言えないのとちょうど同じように，人間の社会でも，平等は無秩序以外の何ものも生み出さない，と根気よく説明した。

　しかし後期近代には，ほとんどすべての人間社会において，平等が理想的な型となった。それは主として産業革命が要因で，それにより一般庶民がそれまで以上に重要なものになったからである。産業経済は多数の一般労働者に依存しており，また，産業軍も多数の一般兵士に依存していた。政府は一般庶民の健康や教育，福祉に莫大な金をつぎ込んだ。それというのも，生産ラインを動かすのには何百万人もの健康な労働者が，戦争で戦うのには何百万人もの忠実な兵士が必要だったからである。

　結果的に，20世紀の歴史は，階級，民族，性別間の不平等の縮小を中心に展開された。2000年の世界は依然として階級社会の一部が存在していたが，それでも1900年の世界よりはずっと平等な場所であった。21世紀の最初のころには，人々は平等主義への道が続き，さらに加速することだろうと思っていた。特に，グローバル化が世界中に経済成長を広げ，結果的にインドやエジプトの人も，フィンランドやカナダの人と同じ機会や恩恵を享受できるようになることを期待していた。世代全体が，このような希望を頼りに育った。

　今では，この希望は実現しないようにも思われる。グローバル化は確かに人類の大部分に利益を与えてきたが，社会間においても社会内においても不平等が広がっている兆候がある。グローバル化の恩恵をますます独占するグループもいる一方，

何十億もの人たちが置き去りにされている。すでに今日では，最も裕福な100人が，最も貧しい40億人よりも多くを所有しているのである。

　この状況は，さらに悪化する可能性がある。ひょっとすると人工知能の進歩が，ほとんどの人間の持つ経済的価値や政治力を失わせるかもしれない。また同時に，生物工学の向上が，経済的不平等を生物学的不平等へと変えることを可能にするかもしれない。そうするとまもなく，超富裕層が生命そのものを買えるようになるのかもしれない。もし寿命を延長したり身体能力・知的能力を向上させたりする新しい治療法が高価なものとなれば，金持ちと貧乏人との間に，非常に大きな生物学的な差が開くことになるのかもしれない。2100年までには，金持ちは，その機会に恵まれない人たちよりもさらに才能を持ち，創造力があり，知的になるかもしれない。ひとたび金持ちと貧乏人との間に能力の差が現実に開けば，その差をなくすことはほとんど不可能であろう。もし金持ちが自分たちをいっそう豊かにするためにその優れた能力を使えば，また，もしもっと多くのお金を使って金持ちがさらに能力の高い身体や脳を手に入れることができるなら，時とともに，その差は広がる一方であろう。今から100年以内に，最も裕福な1パーセントの人たちが，世界のほとんどの富だけでなく，世界のほとんどの美しいものや創造力，健康を所有することになるかもしれないのだ。

　その二つのプロセスが一緒になれば，結果として，人類は数少ない超人の階級と，役に立たないホモサピエンスからなる大衆に分離されることになるかもしれない。グローバル化は，国境を消すことによって世界を水平方向に結び付けはするだろうが，それと同時に，人類を垂直方向に分断することになるだろう。もしかしたら，アメリカ合衆国とロシアのような全く異なる国々の与党が結託し，残りの人類に対抗する共通の大義のために協力することもあるかもしれない。

解　説

A．同意表現

(ア)　正解は　b

settle for ～「(不満ながらも) ～で我慢する，～で満足する」
　a.「～を作り上げる」　　　　　　b.「～で満足する」
　c.「～を殴る」　　　　　　　　　d.「～から出るように命じる」

　settle for の意味がわからなくても，石器時代の墓に見られた不平等の例が述べられた文で，大きな墓に埋葬された例と対照的に，地面に穴を掘っただけの墓でもどうしなければならない人がいたかを考えると，b.be satisfied with が正解とわかるだろう。

(イ)　正解は　d

fruits「(努力などの) 成果，結実」
　a.「デザート」　　　　　　　　　b.「博覧会，展示会」

　c．「卵」　　　　　　　　　　　　　　d．「恩恵，成果，利益」

　　fruit には「果実」から転じて「成果，結果」などの意味があり，選択肢の中で
は意味的に近い d．benefits が正解。

㈡　正解は　b ──────────────────────────────

　translate「〜を翻訳する，〜を言い換える，〜を変換する」

　a．「〜を保持する」　　　　　　　　b．「〜を変える」

　c．「〜を解釈する，〜を通訳する」　　d．「〜を保持する，〜を抱く」

　　translate は translate A into B の形で「A を B に変える」という意味で用いるこ
とができ，turn も同様に，turn A into B の形で「A を B に変える」という意味に
なることから，b．turn が正解。

B．空所補充

⑴　正解は　c ──────────────────────────────

　a．「したがって」

　b．「それゆえに，だから」

　c．「それにもかかわらず，そうはいうものの」

　d．「それに加えて，さらに」

　　空所の前では，狩猟採集部族には埋葬の仕方が豪華な人や，粗末な人がいたこと
が述べられており，空所の後には，古代の狩猟採集部族はその後のどんな人間社会
より平等主義だったと述べられている。空所にはこの2つの相反する内容をつなぐ
副詞が入ると判断でき，c．Nevertheless が正解。

⑵　正解は　d ──────────────────────────────

　　空所を挟んで generation「世代」という語が繰り返されている点に注目する。
after には after の前後に無冠詞の名詞を繰り返すと，反復や継続を表す用法があり，
generation after generation で「何世代にもわたり」という意味になるので，d．
after が正解。他の選択肢の or，beyond，later にはこの用法はないので不適。

⑶　正解は　b ──────────────────────────────

　a．「その他の」　　　　　　　　　　b．「〜以外の，〜を除いて」

　c．「〜より」　　　　　　　　　　　d．「多量の」

　　空所を含む文は「人間の社会でも，平等は無秩序（　　　　）何ももたらさないだ
ろう」という文意。この nothing と disorder をつなぐ語としては，前置詞として
用いることができ，「〜以外の，〜を除いて」という意味で，文脈上も適切な b．
but が正解。

⑷　正解は　b ──────────────────────────────

　a．「〜にもかかわらず」　　　　　　b．「その一方で」

　c．「〜して，ついに…」　　　　　　d．「〜ということ」

　空所の前後の，産業経済は多数の一般労働者に依存していたという内容と，産業軍は多数の一般兵士に依存していたという内容は，産業経済と産業軍を対比する形で述べられている点に注目すると，～, while … の形で「～だが，一方，…」という意味で用いる接続詞の b. while が正解。a. despite は前置詞であり，後ろに文は続かないので不適。c. until は～, until … の形で「～して，ついに…」という因果関係を表す接続詞であり，不適。d. that はこの位置では文意がつながる意味で用いることができず，不適。

(5)　正解は a ────────────────────────────

　　a.「減少」　　　　b.「追加」　　　　c.「増加」　　　　d.「対立」

　第4段には，産業革命を経て，人間社会では平等であることが理想とされるようになった経緯が述べられている。空所を含む文は，Consequently「その結果として」という副詞で始まっており，平等になった結果として考えられるのは inequality「不平等」の何かを考えると，選択肢の中では a. reduction が正解だとわかる。

(6)　正解は c ────────────────────────────

　　a.「方法」　　　　　　　　　　b.「深い」

　　c.「はるかに，大いに」　　　　d.「より少ない」

　主語の This は直前の第6段の内容，特に最終文（Already today, the …）の，グローバル化によって富裕層と貧困層で不平等が極端に広がっている現状を指す。また，空所の直後の2文（The rise of … into biological inequality.）にも，人工知能の進歩や生物工学の向上で，経済的不平等を生物学的不平等へと変える可能性についても言及されていることから，状況はさらに悪化する可能性が高いと判断でき，比較級の意味を強める副詞として用いることのできる c. far が正解。a. ways や b. deep は worse の前に用いることはできず，d. less は文脈上不適。

(7)　正解は a ────────────────────────────

　　a.「動機，原因，目標，理念」　　　b.「犯罪」

　　c.「理由，理性」　　　　　　　　　d.「人々」

　cause か reason かで迷うだろうが，make common cause against ～ は「～に対して提携する，～に対して共同戦線を張る」という意味のイディオムであり，a. cause が正解とわかる。ただし，これはあまり見慣れない表現なので，難問であり，実質的には消去法で解答することになるだろう。

C．同意表現

(i)　正解は d ────────────────────────────

property multiplied, and with it inequality「資産が増大し，それにともなって不平等も拡大した」

　a．「持ち家が増加した結果として，社会が一層公平になった」

　b．「貧富の差が広がるとともに，生物学的な質が拡大した」

　c．「不動産価格は，不平等がないことで押し上げられた」

　d．「一部の人が他の人たちより多くの物や土地を所有するにつれて，平等性は低下した」

　　二重下線部は，この後に multiplied が省略された形であり，この直後の文（As humans gained …）で，人が土地や動物，植物，道具を所有するようになるにつれ，階級社会が出現すると言い換えられていることからも判断できる。したがって，文意が近い，d．Equality decreased as some people possessed more goods and land than others. が正解。

(ii)　正解は b ─────────────────────────────────

The two processes「2つのプロセス」

　a．「超富裕層の消失と同時に発生したグローバル化」

　b．「人工知能の隆盛と連動する生物工学の発達」

　c．「富裕層の弱体化と組み合わさった生物工学の向上」

　d．「ロボットの能力と歩調を合わせた人工知能の進歩」

　　The two processes は定冠詞がついていることから，その内容は直前の第7段に述べられていると判断できる。同段第2・3文（The rise of … into biological inequality.）に，人工知能の進歩にともなう変化と，生物工学の向上にともなう変化が述べられており，この2つの文は At the same time「同時に」という語句でつながっていることから，この2つのプロセスは同時に起こることも読み取れるので，b．development of biotechnology coupled with the rise of AI が正解。coupled with ～ は「～と連動する」という意味。

D．内容真偽

正解は c・e・g ─────────────────────────────────

a－×「21世紀が始まるまで，グローバル化と科学技術の進歩は人類の分断を助長した」

　　第1段第1文（In the last …）には，この数十年間，グローバル化や新たな科学技術によって人類が平等になるのに役立つと言われてきたと述べられており，人類を分断するとは述べられていないので，本文の内容に一致しない。

b－×「石器時代の人たちは，歴史上の他のどんな時代の人々と比べても，貧しい社会に暮らしていた」

　　第2段第2文（Thirty thousand years …）に，石器時代でも，豪華な墓に埋葬された人の存在が述べられている。空所（　1　）を含む第3文でも，この時代の人たちは，その後のどの人間社会よりも平等主義だったと述べられているが，それ

は全員が貧しい暮らしをしていたという意味ではないので，本文の内容に**一致しな
い**。

c—〇 「産業革命の間，社会は普通の人たちの力を必要としていた」

　　第4段第2・3文（It was mainly … of common soldiers.）に，産業革命によって，
一般庶民がそれまで以上に重要になり，産業経済は一般の労働者に依存していたと
述べられているので，本文の内容に**一致する**。

d—✕ 「21世紀の世界は，過去の社会に比べて，素晴らしい場所となっている」

　　第5段第3文（In the first …）に，21世紀の最初のころは，人々は平等主義へ
の道がさらに進むと思っていたと述べられているが，第6段第1文（Now it
seems …）に，この希望は実現しそうにないとも述べられているので，本文の内容
に**一致しない**。

e—〇 「人々は，グローバル化と経済の発展が，世界のすべての人たちに成功するた
めの平等な基盤を与えてくれるものと信じていた」

　　第5段第4文（In particular, they …）に，人々はグローバル化が世界中に経済
成長を広げ，結果的に，インドやエジプトの人も，フィンランドやカナダの人と同
じ機会や恩恵を享受できるようになると期待していた，と述べられており，本文の
内容に**一致する**。

f—✕ 「世界の人口の最も裕福な1パーセントの人たちは，最も健康な人たちでもあ
る」

　　第7段最終文（In less than …）に，100年以内に，最も裕福な1パーセントの
人たちが，世界のほとんどの富や美しいもの，想像力，健康を持つことになるかも
しれないと述べられてはいるが，最も健康な人たちだとは述べられておらず，本文
の内容に**一致しない**。

g—〇 「21世紀の終わりまでに，世界で最も裕福な人たちは，生物学的に改良され
た身体や脳を購入できるようになるかもしれない」

　　第7段第4～6文（Soon the super-rich … the less advantaged.）に，超富裕層
は生命そのものを買えるようになり，身体能力や知的能力を向上させ，貧困層との
間に生物学的な差が開くかもしれず，2100年までに，つまり，21世紀の終わりま
でにそうなるかもしれないとも述べられているので，本文の内容に**一致する**。

h—✕ 「アメリカ合衆国とロシアの金持ちたちは，農村地域の人たちよりも優れた人
種になることに慎重に取り組むだろう」

　　最終段最終文（Ruling parties in …）に，アメリカ合衆国とロシアのようにまっ
たく異なる国々の与党が結束し，その他の人類に対抗するため協力するかもしれな
いと述べられているが，農村地域の人たちに関する言及はなく，本文の内容に**一致**
しない。

●語句・構文 ……………………………………………………………………

- ☐ *l.* 3　in reality「実際には」
- ☐ *l.* 5　threaten to *do*「〜するおそれがある」
- ☐ *l.* 8　hunter-gatherer tribe「狩猟採集部族」
- ☐ *l.*17　hierarchy「階層制度，階級型組織，支配層」
- ☐ *l.*20　authority「権力者，官庁，当局」
- ☐ *l.*24　due to 〜「〜が原因で，〜に起因して」
- ☐ *l.*35　in particular「特に」
- ☐ *l.*37　privilege「恩恵，特権」
- ☐ *l.*40　large portions of 〜「〜の大部分」
- ☐ *l.*46　eliminate「〜をなくす，〜を消去する」
- ☐ *l.*52　the less advantaged「（才能や収入などに）あまり恵まれない人たち」
- ☐ *l.*61　comprise「〜から成る」
- ☐ *l.*62　horizontally「水平に，水平方向に」
- ☐ *l.*64　vertically「垂直に，垂直方向に」
  　　　　ruling party「与党」

A. (ア)—b　(イ)—d　(ウ)—b

B. (1)—c　(2)—d　(3)—b　(4)—b　(5)—a　(6)—c　(7)—a

C. (i)—d　(ii)—b

D. c・e・g

解答

3

目標解答時間　15 分　**配点**　35 点

次の英文を読み，下記の設問（A〜C）に答えなさい。

　　"Multitasking" is a term (ア)adopted from the computer world; it describes a technique by which a computer splits up its work into many processes or tasks. This allows us to, say, run a word-processing software program while downloading something from the Internet. Most of us think our brains can
5　(1)work in the same way. Indeed, multitasking has become a (イ)feature of the modern workplace. Gloria Mark, a professor at the University of California, who studies multitasking in the workplace, recently conducted a field study of employees at a company on the West Coast. She and a colleague watched as the workers (ウ)went about daily tasks at their desks; they noted every time the
10　workers switched from one activity to another. They found that the workers were frequently (エ)interrupted—on average, about twenty times an hour. This means the employees were, on average, able to focus on one task for no more than about three minutes.

　　But multitasking is one of the great myths of the modern age. Although we
15　think we are focusing on several activities at once, our attention is actually jumping back and forth between the tasks. In reality, a single-core computer processor cannot truly multitask either; it actually switches back and forth between tasks several thousand times per second, thus giving us the illusion that everything is happening simultaneously.

20　　Our minds provide us with the same illusion, but not, unfortunately, the same results. There is no such thing as dividing attention between two conscious activities. Under certain conditions we can be consciously aware of two things at the same time, but we never make two conscious decisions at the same time—
(2)no matter how simple they are. Sure, you can walk and chew gum at the same
25　time. And you can drive and talk to a passenger at the same time, too—but only after so much practice that the underlying activity (walking or driving) becomes almost automatic. But we don't practice most of our day-to-day activities nearly enough for them to become automatic. The next time you're at a restaurant, for example, try carrying on a conversation with your dinner
30　guests while trying to (オ)figure the tip on the bill.

Indeed, (3)the gains we think we make by multitasking are often illusions. That's because the brain slows down when we try to perform two mental tasks simultaneously. In one experiment, researchers asked students to identify two images: colored crosses and shapes like triangles. When the students saw colored crosses and shapes at the same time, they needed almost a full second of reaction time to respond—and even then they often made mistakes. But if the students were asked to identify the images one at a time—that is, the crosses first, then the shapes—the process went almost twice as quickly.

From WHY WE MAKE MISTAKES: HOW WE LOOK WITHOUT SEEING, FORGET THINGS IN SECONDS, AND ARE ALL PRETTY SURE WE ARE WAY ABOVE AVERAGE by Joseph T. Hallinan, Broadway Books

設　問

A．本文中の下線部（ア〜オ）の文中での意味に最も近いものを，それぞれ下記（a〜d）の中から1つ選び，その記号をマークしなさい。

(ア)　adopted

　　　a．removed　　　b．gone　　　　c．taken　　　　d．lent

(イ)　feature

　　　a．distribution　　　　　　　b．characteristic

　　　c．information　　　　　　　d．gap

(ウ)　went about

　　　a．worked on　　　　　　　b．packed up

　　　c．avoided　　　　　　　　d．overwhelmed

(エ)　interrupted

　　　a．broken out　　　　　　　b．broken even

　　　c．disturbed　　　　　　　　d．sustained

(オ)　figure

　　　a．mention　　　b．divide　　　c．prove　　　d．calculate

B．本文中の二重下線部（1〜3）が文中で表している内容に最も近いものを，それぞれ下記（a〜d）の中から1つ選び，その記号をマークしなさい。

(1)　work in the same way

　　　a．do more than one task at the same time

　　　b．function in tune with each other

　　　c．be physically divided into several parts

　　　d．store a large amount of information

(2)　no matter how simple they are
 a ．whether they are simple or not
 b ．even if they are very simple
 c ．unless they are simple enough
 d ．because they are too simple

(3)　the gains we think we make by multitasking are often illusions
 a ．we think we can work slower when multitasking, but it is not true
 b ．we think we can benefit from multitasking, but it is often unlikely
 c ．we think we should do multitasking in order to gain more profit
 d ．we think we should often create illusions that make multitasking appear easy

C ．次の英文（ a 〜 f ）の中から本文の内容と一致するものを 2 つ選び，その記号を各段に 1 つずつマークしなさい。ただし，その順序は問いません。

 a ．Multitasking is a technique that is said to allow a computer to do several jobs at the same time.
 b ．Professor Mark and her colleague found that workers at a company took a break every twenty minutes.
 c ．The single-core computer processor's ability to do many things at the same time is not real.
 d ．There is no denying the fact that we can divide our attention between two conscious activities.
 e ．Rather than slowing them down, multitasking actually makes our brains speed up.
 f ．In the experiment, the students who were shown two images simultaneously performed as fast and accurately as the students who were shown the images one at a time.

≪マルチタスキングの効果≫

全訳

　「マルチタスキング」とは，コンピュータの世界から借用された用語である。それは，コンピュータが仕事を多くの過程や作業に分割する技術を表すものだ。これによって，たとえばインターネットから何かをダウンロードしながら，ワープロソフトを作動させておくことができる。ほとんどの人が，人間の脳も同じように機能できると思っている。実際に，マルチタスキングは最近の仕事場の特徴になっている。カリフォルニア大学の教授で，職場におけるマルチタスキングを研究しているグロリア＝マークは，最近アメリカ西海岸のある会社の従業員を対象に現地調査を行った。彼女と共同研究者は，従業員たちがデスクで日常業務を行う様子を観察して，ある作業から別の作業に切り替えるたびにメモを取った。従業員たちが仕事を頻繁に，平均して1時間に約20回中断されるということがわかった。これは，その従業員たちが一つの作業に集中できた時間は，平均でたったの約3分だったということを意味している。

　しかし，マルチタスキングは現代における大いなる神話の一つである。私たちは同時にいくつかの作業に集中していると思っていても，実際には私たちの注意はその作業間を行ったり来たりしているのである。実は，シングルコアプロセッサーを搭載したコンピュータも本当は複数の作業を同時にできるわけではない。実際は複数の作業間を1秒あたり数千回行ったり来たりしているために，すべてのことが同時に行われているという錯覚を私たちに与えているのである。

　私たちの頭脳も，私たちに同じ錯覚を抱かせるが，残念ながら同じ結果はもたらさない。二つの意識的な活動の間で注意を分けているなどということはないのだ。特定の状況の下では，同時に二つのことを意識的に注意することはできるが，その決断がどれほど単純なものであっても，同時に二つの意識的な決断を下すことは決してない。たしかに，歩きながら同時にガムを噛むことはできる。また，運転をしながら同時に乗客と話すこともできる。しかし，それは根底にある活動（歩くこと，または運転をすること）がほとんど無意識にできるくらい多くの訓練をした後でのみできることだ。しかし私たちは，日常の活動のうちほとんどのことは，無意識にできるほど十分には訓練をしない。たとえば今度レストランに行ったときに，勘定のチップの金額を計算しながら食事相手と会話をしてみるとよい。

　実際に，マルチタスキングによって得られると私たちが思っている利益は，たいていは幻想である。それは，私たちが同時に二つの頭脳作業を行おうとするときには脳の動きが遅くなるからである。ある実験において，研究者は学生に二つの画像を識別するように求めた。色のついたバツ印と三角形などの図形だ。色のついたバツ印と図形を同時に見せられると，学生は返答するのにほぼ丸々1秒の反応時間を要した。さらに，それにもかかわらず，たびたび間違えた。しかし，まずバツ印，次に図形というように，学生たちに一度に一つの画像を識別するように求めると，その過程は2倍近く速く進んだ。

解　説

A．同意表現

(ア)　正解は　c

adopted「借用された」

　a．「取り除かれた」　　　　　　　　b．「去った」

　c．「取られた，借用された」　　　　d．「貸された」

　　adopted 以下は直前の term を修飾する過去分詞句となっている。adopt には「～を採用する，（外国語など）を借用する」などの意味があり，本文では adopt *A* from *B*「*B* から *A* を借用する」という意味で用いられている。同様に，take にも「（言葉など）を取ってくる」という意味があり，c．taken が正解。d．lent は，その反意語である borrowed「借用された」であれば同様の意味を持つ。混同しないこと。

(イ)　正解は　b

feature「特徴」

　a．「配分」　　　　　　　　　　　　b．「特徴」

　c．「情報」　　　　　　　　　　　　d．「格差，隔たり」

　　feature の意味を知らなくても，文脈から，multitasking という用語が最近の仕事場の何になっているのかを考えると，消去法でも b．characteristic が正解と判断できる。

(ウ)　正解は　a

went about「～に取り組んだ，～をこなした」

　a．「～に取り組んだ」　　　　　　　b．「～を荷作りした，～をやめた」

　c．「～を避けた」　　　　　　　　　d．「～を圧倒した」

　　go about ～には「（仕事など）に取りかかる，（仕事など）をこなす」などの意味があるが，daily tasks「日々の作業，日常業務」を目的語としていることから，文脈から判断して，a．worked on が正解。

(エ)　正解は　c

interrupted「（一時的に）中断された，邪魔をされた」

　a．「壊して取り出された」　　　　　b．「損得なしにされた」

　c．「邪魔をされた，妨げられた」　　d．「持続された，維持された」

　　下線部を含む文は the workers were frequently interrupted という受動態となっており，従業員が頻繁にどういうことをされたのかを考える。直後の第1段最終文（This means the …）で，「これは従業員が，平均してたったの約3分しか一つの作業に集中できなかったということだ」と述べられていることから判断して，この interrupted は「中断された，邪魔をされた」という意味だとわかり c．disturbed

が正解。

(オ)　正解は　d ────────────────────────────

figure「〜を計算する」

a.「〜に言及する」　　　　　　b.「〜を分ける」

c.「〜を証明する」　　　　　　**d.「〜を計算する」**

　動詞として用いる figure には「〜を計算する，〜と考える，〜を理解する，〜を表す」などの意味がある。ここでは食事の相手と会話をしながら行っていることであり，目的語が the tip「チップ」であることから，「〜を計算する」という意味だと判断でき，**d. calculate** が正解。

B. 同意表現

(1)　正解は　a ────────────────────────────

work in the same way「同じように機能する」

a.「同時に二つ以上の作業をする」

b.「互いに調和して機能する」

c.「物理的にいくつかの部分に分けられる」

d.「大量の情報を記憶する」

　前文では multitasking の具体例として「インターネットから何かをダウンロードしながら，ワープロソフトを作動させておくことができる」と述べられており，これと同じような機能について述べた**a. do more than one task at the same time** が正解。

(2)　正解は　b ────────────────────────────

no matter how simple they are「それらがどれほど単純なものであっても」

a.「それらが単純であろうが，なかろうが」

b.「たとえそれらがとても単純であっても」

c.「それらが十分に単純でない限り」

d.「それらがあまりにも単純なので」

　they は two conscious decisions を指す。no matter how 〜は「どれほど〜であっても」という意味であり，これと同様に譲歩を表す接続詞の even if 〜「たとえ〜だとしても」で始まる**b. even if they are very simple** が内容的に近い。a. whether they are simple or not は「単純ではない」場合も想定する表現であり，不適。c. unless they are simple enough の unless は「〜でない限り，もし〜でなければ」という意味で，「単純ではない」ことが条件になってしまうので，不適。

(3)　正解は　b ────────────────────────────

the gains we think we make by multitasking are often illusions「マルチタスキングによって得られると私たちが思っている利益は，たいていは幻想である」

a.「私たちは，マルチタスキングをしているときのほうがゆっくり仕事ができると思っているが，それは本当ではない」

b.「私たちは，マルチタスキングによって得をすると思っているが，多くの場合，その可能性は低い」

c.「私たちは，より多くの利益を得るために，マルチタスキングをすべきだと思っている」

d.「私たちは，マルチタスキングを簡単に思わせる幻想をたびたび作り出すべきだと思っている」

　まず，下線部の構造は，we think we make by multitasking の部分は the gains を先行詞とする関係代名詞節で，関係代名詞が省かれていることを理解する。the gains は make の目的語であり英文の主語，illusions「幻想」が補語となっている。この構造が理解できれば，内容的に近い b．we think we can benefit from multitasking, but it is often unlikely が正解とわかる。

C．内容真偽

正解は a・c

a─○「マルチタスキングは，コンピュータに同時にいくつかの作業をさせることができると言われている技術である」

　第1段第1〜3文（"Multitasking" is a …）に，マルチタスキングはコンピュータの世界から借用された用語で，この技術のおかげで，コンピュータが複数の仕事を同時に行っているという具体例が述べられていることから，本文の内容に一致する。

b─×「マーク教授と共同研究者は，ある会社の従業員たちが20分ごとに休憩をとるとわかった」

　第1段第6文（She and a …）以降に，彼女と共同研究者たちは，従業員たちが仕事を平均して1時間に約20回中断されるとわかったと述べられており，本文の内容に一致しない。

c─○「シングルコアプロセッサーを搭載したコンピュータは同時に多くのことをすることができるというのは本当ではない」

　第2段第3文（In reality, a …）に，シングルコアプロセッサーを搭載するコンピュータも本当は複数の作業を同時にできるわけではないと述べられており，本文の内容に一致する。

d─×「二つの意識的な活動の間で注意を分けるということができるという事実を否定することはできない」

　第3段第2文（There is no …）に，二つの意識的な活動の間で注意を分けているなどということはないと述べられており，本文の内容に一致しない。

e ―×「マルチタスキングは，実は，脳の動きを遅くするというよりむしろ速くする」

　最終段第2文（That's because the …）に，私たちが同時に二つの頭脳作業を行おうとするときには脳の動きが遅くなると述べられており，本文の内容に**一致しない**。

f ―×「実験において，同時に二つの画像を見せられた学生たちは，一度に一つの画像を見せられた学生たちと同じくらい，速く正確に作業をした」

　最終段第4～最終文（When the students …）に，実験では，二つの画像を同時に見せられた学生たちは時間がかかり，しかもたびたび間違えたのに対し，一度に一つの画像を見せられた学生たちは2倍速く作業ができたという内容が述べられており，本文の内容に**一致しない**。

●語句・構文……………………………………………………………………………………
- □ *l.* 2　split up ～「～を分割する，～を切り離す」
- □ *l.* 3　say, ～「たとえば，～」
- □ *l.* 7　field study「現地調査，実地調査」
- □ *l.*11　on average「平均して」
- □ *l.*12　focus on ～「～に集中する，～に重点を置く」
　　　　no more than ～「わずか～，たった～」
- □ *l.*15　at once はここでは「同時に」。
- □ *l.*16　jump back and forth「前後に跳ぶ」
　　　　in reality「実は，実際には」
- □ *l.*19　simultaneously＝at the same time「同時に」
- □ *l.*21　There is no such thing as ～「～というようなものはない」
- □ *l.*37　at a time「一度に」

A. (ア)―c　(イ)―b　(ウ)―a　(エ)―c　(オ)―d
B. (1)―a　(2)―b　(3)―b
C. a・c

4

目標解答時間 20 分　**配点** 32 点

次の英文を読み，下記の設問（A～C）に答えなさい。

Over the centuries, philosophers investigating knowledge have (ｱ)revealed some strange puzzles and paradoxes, and have also developed advanced solutions to these problems. Knowledge is sometimes portrayed as a free-flowing resource : it is stored in databases and libraries, and exchanged through
5 "the knowledge economy," as information-driven commerce is sometimes called. Like many resources, knowledge can be acquired, used for various purposes, and lost—sometimes at great expense. But knowledge has a closer connection to us than resources like water or gold. Gold would continue to exist even if the whole of humanity were wiped out in a disaster ; on the other hand,
10 (1)the continued existence of knowledge depends on the existence of someone who possesses that knowledge.

　It's reasonable to identify knowledge with facts, but not every fact is an item of knowledge. Imagine shaking a sealed cardboard box containing a single coin. As you put the box down, the coin inside the box has landed on either (ｲ)heads or
15 tails : that's a fact. But as long as no one looks into the box, this fact remains unknown ; it is not yet within the area of knowledge. Nor do facts become knowledge simply by being written down. If you write the sentence "The coin has landed on heads" on one note of paper and "The coin has landed on tails" on another, then you will have written down a fact on one of the notes, but you still
20 won't have gained knowledge of the (ｳ)outcome of the coin toss.

　(2)Knowledge demands some kind of access to a fact on the part of someone. Without a mind to access it, whatever is stored in libraries and databases won't be knowledge, but just ink marks and electronic traces. In any given case of knowledge, this access may or may not be (ｴ)unique to an individual : the same
25 fact may be known by one person and not by others. Common knowledge might be shared by many people, but there is no knowledge that remains (ｵ)unattached to any subject. Unlike water or gold, knowledge always belongs to someone.

　More precisely, we should say that knowledge always belongs to some
30 individual or group : (3)the knowledge of a group may go beyond the knowledge

of its individual members. There are times when a group counts as knowing a fact just because this fact is known to every member of the group ("The orchestra knows that the concert starts at 8 pm"). But we can also say that the orchestra knows how to play Beethoven's entire Ninth Symphony, even if individual members know just their own parts. Or we can say that a developing ³⁵ nation knows how to launch a rocket into space even if there is no single individual of that nation who knows even half of what is needed to manage the launch. Groups can combine the knowledge of their members in remarkably productive (or destructive) ways.

From Knowledge : A Very Short Introduction by Jennifer Nagel, Oxford University Press

設　問

A．本文中の下線部（ア〜オ）の文中での意味に最も近いものを，それぞれ下記（a 〜 d）の中から 1 つ選び，その記号をマークしなさい。

(ア)　revealed
　　　　a．concealed　　　b．protected　　　c．discovered　　　d．required

(イ)　heads or tails
　　　　a．one side or the other　　　　b．downside up
　　　　c．every way around　　　　　d．inside out

(ウ)　outcome
　　　　a．steps　　　　　　　　　　b．calculation
　　　　c．fortune　　　　　　　　　d．result

(エ)　unique to
　　　　a．familiar with　　　　　　b．exclusive to
　　　　c．common from　　　　　　d．indifferent to

(オ)　unattached to
　　　　a．associated with　　　　　b．not satisfied with
　　　　c．not far away from　　　　d．not connected to

B．本文中の二重下線部（1 〜 3）の文中での意味に最も近いものを，それぞれ下記（a 〜 d）の中から 1 つ選び，その記号をマークしなさい。

(1)　the continued existence of knowledge depends on the existence of someone who possesses that knowledge
　　　　a．we should gain knowledge so that we can confirm our existence
　　　　b．in order to exist, knowledge needs people who hold it
　　　　c．the existence of knowledge is supported by those who have natural

resources

d．we are related to knowledge by the importance of existence

(2) Knowledge demands some kind of access to a fact on the part of someone.

　　a．Some living things play an essential part in changing knowledge into a fact.

　　b．A fact requires some living subject to store knowledge to access it.

　　c．We are requested to access a fact in the form of knowledge.

　　d．It is necessary for humans in search of knowledge to access a fact.

(3) the knowledge of a group may go beyond the knowledge of its individual members

　　a．a group can have greater knowledge than some of the individuals' knowledge

　　b．a group is inferior to its individual members in quality of knowledge

　　c．only a part of a group has to get knowledge to inform all the members of it

　　d．it is impossible that the knowledge of a group overwhelms that of each member

C．次の問い（1，2）の答えとして最も適当なものを，それぞれ下記（a～d）の中から1つ選び，その記号をマークしなさい。

(1) Which of the following is true about the example of the coin toss？

　　a．It is inevitable that putting down the facts about heads or tails means knowledge.

　　b．Gaining the knowledge about the coin toss is related to acquiring the facts about it.

　　c．We can acquire the knowledge about the coin toss with the box sealed.

　　d．We cannot draw knowledge from the coin toss in spite of our efforts.

(2) Which of the following does the author say in the text？

　　a．Knowledge can be compared to resources, like water or gold.

　　b．We can in most every case identify knowledge with data.

　　c．Whenever a fact becomes knowledge, two or more persons must access it.

　　d．Half of the population in the nation needs to cooperate to launch a rocket.

≪事実が知識になるには≫

全訳

　何世紀にもわたって，知識を研究している哲学者たちは，いくつかの奇妙な難問や矛盾を明らかにしてきたし，また，これらの問題への高度な解決法を作り出すこともしてきた。知識は時には，自由に流れていく一つの資源だと表現されることがある。つまりそれは，データベースや図書館に蓄えられていて，「知識経済」（情報主導型商取引のことを時々そう呼ぶ）を通じて交換されるからである。多くの資源と同じように，知識は獲得され，さまざまな目的に使われ，時には大きな犠牲を払って失われる可能性がある。しかし知識は，水や金のような資源よりも私たちに密接なつながりがある。たとえ災害で人類全体が全滅したとしても，金なら存在し続けるだろうが，その一方，知識が継続的に存在するかどうかは，その知識を所持している人が存在するかどうかにかかっている。

　知識を事実と同一視することは妥当なことである。しかし，すべての事実が知識の一項目であるとは限らない。コインが一つ入り封印された段ボール箱を振ることを想像してみてほしい。箱を下に置くと，箱の中のコインは表か裏のどちらかを下にして止まる。それは，事実である。しかし，箱の中を誰ものぞき込まない限り，この事実はわからないままで，まだ知識という領域の中には入っていない。また，事実は書き留められるだけでは知識になることもない。もし，あなたが「そのコインは表を下にして止まった」とメモ用紙に書き，また別のメモには「そのコインは裏を下にして止まった」と書くとすると，あなたはどちらかのメモに事実を書き留めたことになるだろう。しかし，コイントスの結果という知識は依然として手に入っていないことになる。

　知識は，人間の側に，ある事実に対して何かしらのアクセスを求める。アクセスする人がいなければ，図書館やデータベースに蓄えられているどんなものも知識にはならず，インクの染みや電子記録にしかならないだろう。知識に関するどんな特定の場合においても，このアクセスは一人の個人だけのものであるかもしれないし，そうでないかもしれない。つまり，同じ事実が，ある人には知られるかもしれないが，別の人には知られないかもしれないのだ。共通の知識なら，ひょっとしたら多くの人に共有されるのかもしれないが，どの対象（主体）とも関係のないままの知識などない。水や金とは違い，知識は常に誰かが持つものなのである。

　もっと正確に言えば，知識というのは常に誰か個人か集団のものだと言うべきであり，ということは，ある集団が持つ知識が，個々のメンバーが持つ知識以上のものになるかもしれない。集団がある事実を，その全メンバーがこの事実を知っているという理由だけで，それを知っているとみなす場合もある（たとえば，「オーケストラはコンサートが午後 8 時に始まることを知っている」というように）。しかし，たとえ一人一人のメンバーが自分のパートだけしか知らなくても，オーケストラはベートーベンの交響曲第九番全体の演奏の方法を知っていると言うこともできる。あるいは，ロケットを打ち上げるのに必要なことの半分でも知っている国民が，たとえ誰一人としていなくても，ある開発途上国が，ロケットを宇宙に打ち上げる方法を知っていると言うこともできる。集団というのは，そのメンバーの知識を非常に生産的な方法で（あるいは破壊的な方法で）組み合わせることができるのである。

解 説

A. 同意表現

㋐ 正解は c ────────────────────

revealed「明らかにした，示した」

a.「隠した」 b.「保護した」

c.「発見した」 d.「要求した」

　知識を研究している哲学者たちが奇妙な難問や矛盾をどうしてきたかを考えると，文脈から判断して意味的に近い c . discovered が正解。

㋑ 正解は a ────────────────────

heads or tails「表か裏か」

a.「（2面のうちの）ある側か別の側か」

b.「下側が上に，逆さまに」

c.「あらゆる方面に，いたるところ隅々に」

d.「内側が外に，裏表に」

　コインを箱に投げ入れ，それが箱の底に落ちたときの状況を思い浮かべるとよい。head と tail はコインの「表」と「裏」のことであり，意味的に近い a . one side or the other が正解。

㋒ 正解は d ────────────────────

outcome「結果」

a.「段階」 b.「計算」 c.「運，財産」 d.「結果」

　コインの表が上か，裏が上かという知識はコイントスの結果としてわかるものであることから，outcome の意味は推定でき，意味的に近い d . result が正解。

㋓ 正解は b ────────────────────

unique to「～に特有の，～にとって唯一の」

a.「～をよく知っていて」 b.「～に限られた，～にしかない」

c.「(common のみで) 共通の」 d.「～に無関心な」

　この unique to はここではある人だけのものという意味で用いられていると考えられ，意味的に近い b . exclusive to が正解。

㋔ 正解は d ────────────────────

unattached to「～に関係のない，～に属していない」

a.「～と関連していて，～を連想させる」

b.「～に満足していない」

c.「～から遠く離れてはいない」

d.「～とつながりのない，～に関係のない」

　この直後には下線部を含む文を言い換える形で，知識は必ず誰かに属している

（誰かが持つものだ），という内容が述べられていることから判断して，この un-attached to any subject はどの対象（主体）にもつながっていないという意味だと判断でき，意味的に近い d．not connected to が正解。

B．同意表現

⑴　正解は　b ————————————————————

the continued existence of knowledge depends on the existence of someone who possesses that knowledge 「知識が継続的に存在するかどうかは，その知識を所持している人が存在するかどうかにかかっている」

a．「私たちは，自分の存在を確認できるように知識を得るべきだ」

b．「知識は，存在するためには，それを保持する人たちが必要である」

c．「知識の存在は，天然資源を持っている人たちによって支えられている」

d．「私たちは，存在の重要性によって知識と関係づけられている」

　　depend on ～は「～にかかっている，～次第だ」という意味で，直訳すると「知識の継続的な存在はその知識を保持する人の存在にかかっている」となるが，内容としては，知識が存在するためにはその知識を持っている人が存在する必要があるという意味だと判断でき，文意が近い b．in order to exist, knowledge needs people who hold it が正解。

⑵　正解は　d ————————————————————

Knowledge demands some kind of access to a fact on the part of someone. 「知識は，人間の側に，ある事実に対して何らかのアクセスを求める」

a．「生き物の中には，知識を事実に変えるのに必要不可欠な役割を果たすものもいる」

b．「事実は，それにアクセスするためには何らかの生きた主体が知識を蓄えることを求めている」

c．「私たちは，知識の形での事実にアクセスすることを求められている」

d．「知識を探し求めている人間は，事実にアクセスすることが必要である」

　　some kind of ～は「何らかの～，ある種の～」，on the part of ～は「～の側の」という意味で，知識は人間に，ある事実にアクセスすることを求める，つまり，事実が知識となるには，人が何らかのアクセスをする必要があるという内容だと判断でき，これに近い英文としては，d．It is necessary for humans in search of knowledge to access a fact が正解。in search of ～「～を探し求めて」

⑶　正解は　a ————————————————————

the knowledge of a group may go beyond the knowledge of its individual members 「ある集団が持つ知識が，個々のメンバーが持つ知識以上のものになるかもしれない」

　a.「集団は，個々の人たちの知識の一部よりももっと大きな知識を持つ可能性が
　　ある」

　b.「集団は，知識の質において，その個々のメンバーよりも劣っている」

　c.「集団の一部の人だけが，メンバー全員に知らせるために知識を手に入れなけ
　　ればならない」

　d.「集団が持つ知識が，各メンバーが持つ知識を圧倒することはあり得ない」

　　the knowledge の後の of は所有を表す用法。go beyond ～は「～を超える，～以
上になる」という意味であり，二重下線部は，集団として持っている知識が，その
集団の構成員たちが持つ知識より大量になる可能性があるという内容になるので，
文意が近い　a.a group can have greater knowledge than some of the
individuals' knowledge が正解。

C.英問英答

(1)　正解は　b ────────────────────────────────

「コイントスの例について正しいのは次のどれか」

　a.「コインの裏表に関する事実を書き留めるということが知識を意味するのは，
　　当然のことである」

　b.「コイントスに関する知識を手に入れることは，コイントスに関する事実を手
　　に入れることと結びついている」

　c.「箱に封をした状態で，コイントスについての知識を手に入れることは可能だ」

　d.「私たちの努力にもかかわらず，そのコイントスからは知識を引き出すことは
　　できない」

　　第2段第2文（Imagine shaking a …）から最終文にかけてのコイントスの例は，
コインを入れて封をした箱を振ってから箱を降ろすと，コインは表か裏のどちらか
が上になっているわけだから，一枚には表が上，もう一枚には裏が上とメモに書き
留めればどちらかは事実を書き留めたことになるが，箱を開けないとどちらが事実
かという結果は誰にもわからないから，知識とはならないという内容である。した
がって，知識を手に入れることと事実を手に入れることとの関連について述べてい
る，b.Gaining the knowledge about the coin toss is related to acquiring the
facts about it.が正解。

(2)　正解は　a ────────────────────────────────

「本文の中で筆者が述べているのは次のどれか」

　a.「知識は水や金のような資源にたとえることができる」

　b.「ほぼどの場合でも，私たちは知識をデータと同一視することができる」

　c.「事実が知識となるときはいつでも，二人以上の人が事実にアクセスしなけれ
　　ばならない」

d.「ロケットを打ち上げるには，その国の全住民の半分が協力する必要がある」

　第1段第2文（Knowledge is sometimes …）に，知識は時には，自由に流れていく一つの資源だと表現されることがあると述べられており，第4文（But knowledge has a …）には，知識が資源としての水や金より私たちに密接なつながりがあるという言い方で，その比較も述べられていることから，a. Knowledge can be compared to resources, like water or gold. が正解。b については，本文中にデータに関する言及はないので不適。c については，本文中に事実にアクセスする人数に関する言及はないので不適。d については，最終段第4文（Or we can …）にロケットの打ち上げに関する言及はあるが，どれだけの人数の国民の協力が必要かという言及はないので不適。

●語句・構文……………………………………………………………………………………………
- □ *l.* 2　paradox「矛盾，逆説」
- □ *l.* 3　be portrayed as ～「～と表現される」
- □ *l.* 5　information-driven「情報主導型の，情報駆動型の」
　　　　　commerce「商取引」
- □ *l.* 9　be wiped out「絶滅する，壊滅する」
- □ *l.*12　identify A with B「A を B と同一視する」
- □ *l.*13　cardboard box「段ボール箱」
- □ *l.*15　as long as S V「S が V する限り，S が V でさえあれば」
- □ *l.*22　without a mind to access の mind はここでは「人，人間」のこと。
- □ *l.*23　in any given case「どんな特定の場合でも」
- □ *l.*29　more precisely「もっと正確に言えば」
- □ *l.*31　count as ～「～と見なす」
- □ *l.*34　Beethoven's entire Ninth Symphony「ベートーベンの交響曲第九番全体」
- □ *l.*36　launch「～を打ち上げる，～を発射する」

A.　㋐— c　㋑— a　㋒— d　㋓— b　㋔— d
B.　(1)— b　(2)— d　(3)— a
C.　(1)— b　(2)— a

解答

5

次の英文を読み，下記の設問（A ～ C）に答えなさい。

　Worldwide, the gap between the wealthiest individuals and the poor is widening. Many factors are driving this gap, including economic philosophies and practices (ア)widespread in the United States. (　1　), many economists and others assume that free-market capitalism has contributed to this gap, which is
5 guided by the philosophy that income inequality will be eased if we leave the economic system unrestricted by government intervention and regulation. As a result, many Americans believe that wealth and success are the direct result of hard work. (　2　), in spite of these types of beliefs and practices, we have been experiencing increasing numbers of people living in poverty.

10 　Over the past several decades, a small percentage of Americans have been able to (イ)pile up huge fortunes from profits and salaries, which can be reinvested, resulting in even larger fortunes. Corporate profits are growing, (　3　) workers' salaries are shrinking, and inherited wealth is growing faster than the economy, concentrated mostly among a small percentage of people.

15 　This phenomenon, together with others such as the economic downturn in 2008, (ウ)poses a threat to the survival of the middle class, and it has many health, social, political, and other implications. The wealthiest 10 % of Americans possess over half of the nation's income, and an economist at the Paris School of Economics predicted (　4　) the richest 1 % of the population might hold
20 about half of the nation's income in the (エ)not-too-distant future.

　The technological and other advances made in recent decades have been astonishing, and many Americans can benefit from these advances—but the American middle class has not gained greater economic security in the same time span, and its standard of living has (　5　) decreased. A study by the U. S.
25 Department of Commerce suggests that double-income families making $81,000 in 2008 would have a more difficult time living a middle-class lifestyle (for example, owning a home, taking a vacation, and paying for college and retirement) than a middle-class family in 1990.

From Human Behavior in the Social Environment : Perspectives on Development and the Life Course by Anissa Taun Rogers, Routledge

設　問

A．本文中の空所（1〜5）に入れるのに最も適当なものを，それぞれ下記（a〜d）の中から1つ選び，その記号をマークしなさい。

(1)　a．So to speak　　　　　　　b．Even though
　　　c．For example　　　　　　d．Let alone
(2)　a．Granting　　　　　　　　b．However
　　　c．Otherwise　　　　　　　d．Supposing
(3)　a．whatever　b．which　　c．while　　d．whose
(4)　a．that　　　b．what　　　c．when　　d．why
(5)　a．actually　b．clinically　c．hardly　　d．scarcely

B．本文中の下線部（ア〜エ）の文中での意味に最も近いものを，それぞれ下記（a〜d）の中から1つ選び，その記号をマークしなさい。

(ア)　widespread
　　　a．hidden　　　　　　　　b．excluded
　　　c．common　　　　　　　d．complicated
(イ)　pile up
　　　a．break　　b．gain　　　c．scatter　　d．tackle
(ウ)　poses
　　　a．breaks　　b．creates　　c．insists　　d．pretends
(エ)　not-too-distant
　　　a．near　　　b．previous　　c．remote　　d．unknown

C．次の英文（a〜g）の中から本文の内容と一致するものを2つ選び，その記号を各段に1つずつマークしなさい。ただし，その順序は問いません。

a．The gap between economists and philosophers is a worldwide problem these days.
b．A lot of Americans believe in the close connection between hard work and becoming wealthy and successful.
c．The survival of the middle class is threatened due to the gap between the rich and the poor.
d．The richest 1% of the population of America hold almost all the nation's income.
e．Technological advances in the U.S. have prevented the gap between the wealthiest and the poor from widening.
f．In the U.S., having a middle-class lifestyle is much easier now than in 1990

because of social reforms.

g. The standard of living of the American middle class has improved recently.

全 訳

≪中流階級の存続を脅かす貧富の格差≫

　世界中で，最富裕層と貧困層の間の格差が広がっている。この格差が加速している要因は多いが，その中にはアメリカにおいて広く行きわたっている経済的価値観と慣行が含まれる。たとえば，もし経済システムを政府の介入と規制による制限を受けないままにしておけば，収入の不平等は緩和されるだろうという原理から導かれる自由市場資本主義がこの格差の一因であると考える者は，多くの経済学者をはじめ他にもいる。その結果，多くのアメリカ人が富と成功は勤勉の直接の結果であると信じている。しかしながら，このように信じていろいろやってきたにもかかわらず，貧困の中で生活している人の数が増加していることは我々が経験しているところである。

　過去数十年にわたり，ごく一部のアメリカ人が運用益や給料から巨大な財産を築き上げ，それを再運用することでさらに大きな財産を得る結果になっている。会社の収益が上がっているその一方で，労働者の給料は減少し，相続財産は経済全体よりも速いペースで増え続け，ほとんどがごく一部の人たちに集中している。

　この現象は，2008 年の経済悪化などの他の現象とあいまって，中流階級の存続を脅かすものとなっている。また，多くの健康的，社会的，政治的その他の影響を与えるものとなっている。アメリカ人の最も富裕な 10％が国全体の収入の半分以上を所有しており，パリ経済学校のエコノミストは，人口の最も富裕な 1％が国全体の収入のおよそ半分を所有する日もそう遠くないと予測している。

　ここ数十年の工業技術などの進歩にはめざましいものがあり，多くのアメリカ人がこの進歩によって利益を得ることができている――しかし，アメリカの中流階級は，この同じ時期に，より大きな経済安全保障を得るようになってはおらず，生活水準は実質的に下降した。アメリカ商務省による研究の示唆するところでは，2008 年に 81,000 ドルの所得があった共稼ぎの家庭が，中流階級のライフスタイル（家を所有し，休暇を取り，子どもを大学にやり，老後に備えるなど）で生活することは，1990 年の中流階級の家庭よりも難しいのである。

解 説

A．空所補充

(1)　正解は　c

　　a．「言わば」　　　　　　　　　b．「たとえ～だとしても」
　　c．「たとえば」　　　　　　　　d．「～は言うまでもなく」

　空所は直後のコンマ（,）から判断して，副詞（句）が入ると考えられる。直前の文で，貧富の格差の拡大を加速している要因は多いと述べられていることから，この後にはその具体例が挙がっていると判断できるので，c．For example が正解となる。

⑵　正解は　b

　　a．「仮に〜だとしても」　　　　　　b．「しかしながら」
　　c．「さもなければ」　　　　　　　　d．「もし〜ならば，〜と仮定して」
　　　この部分も直後のコンマ（,）から判断して，副詞（句）が入ると考えられる。
この直後の in spite of … practices から判断して，空所の直前の文と，後続文は逆
接の関係でつながっていると判断できるので，b．However が正解となる。

⑶　正解は　c

　　　空所の前後には文の要素がすべてそろった文があることから，空所にはこの2つ
の文をつなぐ接続詞か，継続用法の関係副詞が入ると考えられる。while であれば
「だがその一方で」という意味で，前後の2文を対比させる接続詞として用いるこ
とができ，文脈上も適切なので，c．while が正解となる。

⑷　正解は　a

　　　空所の後には文の要素がすべてそろった文が続いており，空所以下は名詞節で，
predicted「〜を予想した」の目的語となっていることがわかる。空所を含む文の
前半で，アメリカ人の最富裕層が国全体の収入の半分以上を所有している現状が述
べられていることから，この後ではそれほど遠くない将来の予測が述べられている
と判断でき，「〜ということ」という意味で名詞節を導く接続詞の a．that が正解
となる。c の when は後続文中の in the not-too-distant future という語句に合わな
い。d の why は理由を予想しているというわけではないので不適。

⑸　正解は　a

　　a．「実質的に，実のところ」　　　　b．「臨床的に」
　　c．「ほとんど〜ない」　　　　　　　d．「ほとんど〜ない」
　　　所得格差が広がっている現状を述べている文であることから，生活水準は下がっ
ているはずであり，選択肢の中でこの文脈に合う，a．actually が正解となる。

B．同意表現

㋐　正解は　c

widespread「広く行きわたった」
　　a．「隠された」　　　　　　　　　　b．「除外された」
　　c．「一般的な」　　　　　　　　　　d．「複雑な」
　　　格差が拡大している現状から，その要因となる経済的価値観や慣行はアメリカで
広まっていたはずであり，widespread「広く行きわたった」に近い意味を持つ語
としては，c．common「一般的な，普及して」が正解となる。

㋑　正解は　b

pile up「〜を積み重ねる」
　　a．「〜を壊す」

b.「～を得る」

c.「～をばらまく，～をまき散らす」

d.「～に取り組む，～に対処する」

　　所得格差が拡大してアメリカ人の一部が，目的語である huge fortunes「巨額の財産」をどうすることになるかを考えると，意味的に近いのは，b．gain だと判断できるだろう。

㋒　正解は b ─────────────────────────────

poses「～を引き起こす，～をもたらす」

a.「～を壊す」　　　　　　　　　　b.「～を作り出す，～を引き起こす」

c.「～と主張する」　　　　　　　　d.「～のふりをする，～だと偽る」

　　この pose は pose a threat to ～ の形で「～にとって脅威となる」という意味となっており，選択肢の中でこの意味の pose と置き換えることができる，b．creates が正解となる。

㋓　正解は a ─────────────────────────────

not-too-distant「それほど遠くない」

a.「近い」　　　b.「以前の」　　　c.「遠くの」　　　d.「未知の」

　　not-too がついていることから，この語は distant「遠い」と逆の意味を持っているはずであり，a．near が正解となる。

C．内容真偽

正解は b・c ─────────────────────────────

a－×「経済学者と哲学者とのかい離は，最近世界的な問題となっている」

　　本文では経済学者と哲学者との関係は問題にされておらず，一致しない。

b－○「多くのアメリカ人が，勤勉であることと豊かになり成功することの間には密接な関係があると信じている」

　　第1段第4文（As a result, …）に，多くのアメリカ人が富と成功は勤勉の直接の結果であると信じていると述べられており，本文の内容に一致する。

c－○「中流階級の存続は，富裕層と貧困層の格差のために脅かされている」

　　第3段第1文（This phenomenon, together …）で，「この現象」と述べられているのは，第2段に述べられているように，富裕層がますます豊かになり，労働者の給料が下がっているという格差の拡大現象のことであり，それが中流階級の存続を脅かすものとなっていると述べられていることから，本文の内容に一致する。

d－×「アメリカの最も富裕な1％が国全体の収入のほぼすべてを所有している」

　　第3段最終文（The wealthiest 10％ …）の後半部に，あるエコノミストの予測として，アメリカの人口の最も富裕な1％が国全体の収入の半分を所有する日もそう遠くないと述べられており，またそれはまだ予測の域を出ないので，本文の内容

に一致しない。

e － × 「アメリカの技術の進歩が最富裕層と貧困層との格差の拡大を防いできた」

　　最終段第1文（The technological and …）に，アメリカで工業技術などは進歩
したが，中流階級の生活水準は実質的に下降したと述べられており，第2段に述べ
られている格差拡大の現状から判断しても，本文の内容に**一致しない**。

f － × 「アメリカでは，中流階級のライフスタイルを送ることは，社会改革のおかげ
で1900年よりも現在のほうがずっと楽になっている」

　　最終段最終文（A study by …）に，2008年の中流階級のライフスタイルで生活
するのは1990年の中流階級よりも難しいと述べられており，本文の内容に**一致し
ない**。

g － × 「アメリカの中流階級の生活水準は最近改善している」

　　最終段第1文（The technological and …）にここ数十年の間に，アメリカの中
流階級の生活水準は実質的に下降したと述べられており，本文の内容に**一致しない**。

●語句・構文……………………………………………………………………………

□ *l.* 2　drive「～を推進する」
□ *l.* 4　free-market capitalism「自由市場資本主義」
　　　　contribute to ～「～の一因となる」
　　　　～, which is …　この which の先行詞は free-market capitalism。
□ *l.* 5　ease「～を緩和する」
□ *l.* 6　intervention and regulation「介入と規制」
□ *l.*12　reinvest「～を再投資する，～を再運用する」
□ *l.*15　together with ～「～とあいまって，～とともに」
　　　　downturn「下降，悪化」
□ *l.*17　implication「（引き起こされるであろう）影響，結果，意味合い」
□ *l.*24　the U.S. Department of Commerce「アメリカ商務省」
□ *l.*26　have a difficult time *doing*「～するのに苦労する」

A. (1)―c　(2)―b　(3)―c　(4)―a　(5)―a
B. (ア)―c　(イ)―b　(ウ)―b　(エ)―a
C. b・c

6

次の英文を読み，下記の設問（A～C）に答えなさい。

　　In the UK, about ten people per year die (ア)as a result of a food allergy. Most die from eating peanuts or tree nuts, the (イ)remainder from allergy to dairy products or seafood. In population surveys, about one-third of respondents say that they are allergic to one kind of food or another. But the real prevalence of allergy is much lower than this, affecting about five to seven per cent of children and one to two per cent of adults in the UK. People who think they suffer from food allergy may in fact have a food intolerance rather than an allergy, or simply a strong dislike of a (ウ)particular food. True allergy depends on the immune system and can mean that even (エ)minute doses of a food can be very dangerous, while intolerance is not dependent on the immune system.

　　The prevalence of food allergy in the UK is increasing: for instance, peanut allergy, and furthermore, new allergies to foods, such as kiwi fruit, sesame seeds, and gooseberries, are appearing. No one knows why food allergies are on the increase. (1)The reason why they are increasing is unlikely to be a result of any genetic change, because the increase in prevalence has occurred over a few decades.

　　One idea is called the "hygiene hypothesis." It states that when we grow up in conditions that are too clean, our immune system does not develop well. There is some evidence that supports this idea. First, (2)allergy is much less prevalent in developing countries where hygiene standards are lower and children are exposed to many infections when they are young. Second, some studies have indicated that children in larger families in traditional rural communities are exposed to more infections and are less likely to develop allergies. The hygiene hypothesis is sometimes summarized as "a little bit of dirt does you no harm."

　　Another idea is that (3)early exposure to a food could cause the immune system to react against the proteins in the same kind of food later on in life. The UK Department of Health used to advise pregnant women with a history of any kind of allergy in the family against eating peanuts during pregnancy or during breastfeeding. However, some studies have indicated that exposure to peanuts in early life can actually reduce later allergy, so the advice has been

(カ)withdrawn.

Food allergies also interact with other allergies. (3)<u>There is no doubt that repeated exposure to an allergen increases the immune system's response</u>, so that allergy builds up over time, but the way in which exposure in early life
35 interacts with immune response in the hygiene hypothesis is still not clear. Equally, it is not clear why children have a higher prevalence of allergy than do adults. We still have much to learn about food allergies.

From FOOD : A VERY SHORT INTRODUCTION by John Krebs (2013) : Chapter 3 :
When food goes wrong by permission of Oxford University Press

設　問
A．本文中の下線部（ア〜カ）の文中での意味に最も近いものを，それぞれ下記（a
　〜d）の中から1つ選び，その記号をマークしなさい。

(ア)　<u>as a result of</u>
　　　a．in spite of　　　　　　　　b．according to
　　　c．because of　　　　　　　　d．with regard to
(イ)　<u>remainder</u>
　　　a．extra　　　　b．output　　　c．prompt　　　d．rest
(ウ)　<u>particular</u>
　　　a．delicious　　b．natural　　c．precise　　d．specific
(エ)　<u>minute doses</u>
　　　a．clear differences　　　　　b．quick reactions
　　　c．small amounts　　　　　　d．tasty distinctions
(オ)　<u>early exposure to a food</u>
　　　a．getting exposed to a food as little as possible
　　　b．getting exposed to a food that is not ripe
　　　c．getting exposed to a food early in the morning
　　　d．getting exposed to a food at a young age
(カ)　<u>withdrawn</u>
　　　a．advocated　　b．removed　　c．introduced　　d．revealed

B．本文中の二重下線部（1〜3）の文中での意味に最も近いものを，それぞれ下記
　（a〜d）の中から1つ選び，その記号をマークしなさい。
(1)　<u>The reason why they are increasing is unlikely to be a result of any
　genetic change</u>
　　　a．Food allergies may be declining since genetic research has made

　　　progress

　　b．Food allergies are increasing partly because genetic change has
　　　occurred

　　c．Genetic issues are probably not related to the reason why food
　　　allergies are increasing

　　d．Genetic issues arise as a consequence of the increase in food allergies

(2)　allergy is much less prevalent

　　a．allergy damages by far a larger number of people

　　b．allergy can be curable for more and more people

　　c．much fewer people know about allergy

　　d．the number of people with allergies is far smaller

(3)　There is no doubt that repeated exposure to an allergen increases the
immune system's response

　　a．There is no question that exposure to an allergen repeatedly
　　　destroys the immune system

　　b．It is certain that the immune system's reaction intensifies due to
　　　repeated exposure to an allergen

　　c．Repeated exposure to an allergen is often criticized because it
　　　promotes allergies

　　d．It is not certain that the immune system keeps reacting to an allergen
　　　repeatedly

C．次の問い（1，2）の答えとして最も適当なものを，それぞれ下記（a～d）の
　中から1つ選び，その記号をマークしなさい。

(1)　Which of the following is true about a food allergy?

　　a．It is a food intolerance.

　　b．It is a strong dislike of a particular food.

　　c．It is dependent on the immune system.

　　d．It is simply a food that is dangerous.

(2)　What is the "hygiene hypothesis"?

　　a．It states that children do not need to be exposed to infections as they
　　　grow up.

　　b．It states that hygiene standards are getting lower so that allergies
　　　are increasing.

　　c．It states that living in dirty conditions is required to develop food
　　　allergies.

d．It states that the immune system does not develop properly in conditions that are too clean.

≪食物アレルギーはなぜ起こるのか≫

全訳

　イギリスでは，年間 10 人ほどの人が食物アレルギーの結果亡くなっている。ほとんどの人はピーナッツや木になるナッツ類を食べて亡くなっており，残りは乳製品や魚介類のアレルギーによって亡くなっている。人口調査では，回答者の約 3 分の 1 が何らかの食物アレルギーがあると答えている。しかし，実際にはアレルギー患者の割合はこれよりはるかに低く，イギリスの子どもの 5 〜 7 パーセント，成人の 1，2 パーセントがアレルギーを持っている。自分が食物アレルギーであると思っている人が実はアレルギーではなく食物不耐性である場合もあり，あるいは特定の食べ物がすごく嫌いなだけであることもある。本当のアレルギーは免疫機構が原因で起きるために，ごく微量の食べ物でもきわめて危険なこともありうるが，不耐性は免疫機構が原因ではないのだ。

　イギリスではたとえばピーナッツアレルギーなどの食物アレルギーが多くなりつつあるうえに，キウイフルーツ，ゴマ，スグリなどの新たな食物アレルギーも出てきている。なぜ食物アレルギーが増えつつあるのかは誰にもわかっていない。増えている理由が何らかの遺伝的な変化の結果である可能性は低い。というのは，増えたのはこの数十年のことだからだ。

　一つの考えは「衛生仮説」と呼ばれるものだ。それによれば，あまりに清潔すぎる環境で成長すると，免疫機構がうまく発達しないというのである。この考えを裏づける証拠はある程度存在する。まず，衛生水準が低く子どもが幼い頃に多くの感染症にかかる発展途上国ではアレルギーがずっと少ない。さらに，いくつかの研究によると伝統的な田舎の地域社会にいる大家族の子どもはより多くの感染症にかかっており，アレルギーを発症することが少ないということがわかっている。衛生仮説は「少しくらい汚くても害にはならない」とまとめられることがある。

　もう一つの考えは，幼い頃にある食べ物を食べると，成長してから同じ種類の食べ物に含まれるタンパク質に免疫機構が反応することがありうるというものだ。イギリスの保健医療省は以前，どんなものであれアレルギーの家族歴がある妊婦に対して，妊娠中や授乳期にピーナッツを食べないようにと警告していた。しかし，幼い頃にピーナッツを食べるとむしろ成長してからアレルギーになりにくいという研究も出てきているので，この警告は撤回されている。

　食物アレルギーはまたほかのアレルギーと相互に影響を及ぼしあう。アレルゲンに繰り返しさらされると免疫機構が反応しやすくなることには疑いの余地がなく，その結果アレルギーは時とともに激化するのだが，衛生仮説においては，幼い頃にアレルゲンに触れることが免疫反応とどのように影響しあうかはいまだに明らかではない。同様に，成人よりも子どものほうにアレルギーが多い理由も明らかではない。食物アレルギーにはまだわかっていないことも多いのである。

解　説

A．同意表現

⑦　正解は　c ―――――――――――――――――――――――

as a result of「〜の結果として」

　a ．「〜にもかかわらず」　　　　　　b ．「〜によると」

　c ．「〜のために，〜のせいで」　　　d ．「〜に関しては」

　　食物アレルギーの結果として亡くなる，という文脈であり，食物アレルギーは死亡原因にあたるので，c ．because of が意味的に近い。

⑴　正解は　d ―――――――――――――――――――――――

remainder「残り」

　a ．「余分なもの，追加のもの」　　　b ．「生産（高），排出（量）」

　c ．「刺激，促進」　　　　　　　　　d ．「残り」

　　直前の Most die from 〜「ほとんどの人は〜で亡くなっており」に続いており，(and) the remainder (die) from 〜 のように，補って考えるとわかりやすい。Most との対比から remainder は d ．rest が意味的に近いと判断できるだろう。

⑨　正解は　d ―――――――――――――――――――――――

particular「特定の，個別の」

　a ．「おいしい」　　　　　　　　　　b ．「自然の，天然の」

　c ．「正確な」　　　　　　　　　　　d ．「特定の」

　　直前の strong dislike「大嫌い」という語句との関連から particular food が「特定の食べ物」という意味であると判断はつくだろう。d ．specific が意味的に近い。

⑴　正解は　c ―――――――――――――――――――――――

minute doses「ごくわずかの量」

　a ．「明白な違い」　　　　　　　　　b ．「素早い反応」

　c ．「わずかの量，少量」　　　　　　d ．「おいしそうな特徴」

　　この minute は形容詞で「ごくわずかの，微細な」という意味であり，dose は「（薬や毒などの）一回分（の量）」を指すことから，c ．small amounts が意味的に近い。

⑷　正解は　d ―――――――――――――――――――――――

early exposure to a food「幼い時期にある食べ物を食べること」

　a ．「できるだけ少量，ある食べ物を食べること」

　b ．「熟していない食べ物を食べること」

　c ．「朝早く，ある食べ物を食べること」

　d ．「幼い年齢で，ある食べ物を食べること」

　　この early は「幼い時期の」の意味で用いられており，exposure to 〜 は get

〔be〕exposed to ～「～にさらされる，～に触れる」という表現が，名詞形で述べられた形。ここでは exposure や exposed は食べ物に「触れる」というより直接「食べる」という意味で用いられていると考えられ，d．getting exposed to a food at a young age が意味的に近い。

(カ) 正解は b ─────────────────────────

withdrawn「撤回されて」

a．「推奨されて，支持されて」　　b．「撤回されて，取り除かれて」
c．「導入されて，紹介されて」　　d．「明らかにされて」

　妊娠中や授乳期は食物アレルギーの原因となる食べ物をとらないようにというアドバイスが，幼い頃に食べていたほうがアレルギーを発症しにくいという研究が出てきて，後に撤回されたという文脈であり，b．removed が意味的に近い。

B．同意表現

(1) 正解は c ─────────────────────────

The reason why they are increasing is unlikely to be a result of any genetic change「それらが増えている理由が，何らかの遺伝的な変化の結果である可能性は低い」

a．「遺伝研究が進歩してきたので，食物アレルギーは減りつつあるかもしれない」
b．「食物アレルギーが増えつつある理由の一つは，遺伝的変化が生じたためである」
c．「遺伝の問題は，おそらく食物アレルギーが増えつつある理由とは関係ないであろう」
d．「食物アレルギーが増えた結果として，遺伝の問題が生じる」

　二重下線部の they は food allergies を指す。be unlikely to ～は「～の可能性は低い」という意味であり，食物アレルギーの増加と遺伝的な変化との因果関係を打ち消すような内容であることから，c．Genetic issues are probably not related to the reason why food allergies are increasing が意味的に近い。

(2) 正解は d ─────────────────────────

allergy is much less prevalent「アレルギーははるかに少ない」

a．「アレルギーははるかに多くの人を苦しめている」
b．「ますます多くの人がアレルギーを治療できるようになる可能性がある」
c．「アレルギーについて知っている人ははるかに少ない」
d．「アレルギーを持つ人の数ははるかに少ない」

　prevalent は「流行している，広まっている」という意味の形容詞。less は形容詞の意味を比較級の形で否定する場合，直前に置いて用いる。much「はるかに，ずっと」は比較級を強める副詞であることから，「アレルギーははるかに流行していない」，つまり「アレルギー（にかかる人）ははるかに少ない」という意味とな

っており，d．the number of people with allergies is far smaller が意味的に近い。

(3)　正解は　b

There is no doubt that repeated exposure to an allergen increases the immune system's response「アレルゲンに繰り返しさらされると，免疫機構が反応しやすくなることは疑いの余地がない」

a．「アレルゲンに何度もさらされることで，免疫機構が破壊されることは疑いがない」

b．「アレルゲンに繰り返しさらされることによって，免疫機構の反応が強まるのは確実である」

c．「アレルゲンに繰り返しさらされることは，アレルギーが促進されるという理由で非難されることが多い」

d．「免疫機構が，アレルゲンに繰り返し反応し続けることははっきりとわかってはいない」

There is no doubt that ～ は「～ということは疑問の余地がない，～ということは間違いない」という意味の構文であり，increase the immune system's response「免疫機構の反応を増す」ということは「免疫機構が反応しやすくなる」という意味。この意味に近いのは，intensify「～を強める」という動詞が用いられている b．It is certain that the immune system's reaction intensifies due to repeated exposure to an allergen である。

C．英問英答

(1)　正解は　c

「食物アレルギーについて正しいのは次のどれか」

a．「それは食物不耐性である」

b．「それは特定の食べ物が大嫌いなことである」

c．「それは免疫機構が原因で起きる」

d．「それは危険な食べ物にすぎない」

第1段最終文（True allergy depends …）の前半には，本当のアレルギーは免疫機構が原因で起きると述べられており，c．It is dependent on the immune system. が正解となる。depend on ～ は「～による」という意味だが，ここでは「～が原因で起きる」という意味だと判断できる。後半には食物不耐性は免疫機構が原因ではないと述べられていることから，aは不適。bについては，第1段第5文（People who think …）に，アレルギーではないものの例として，食物不耐性とともに挙げられており，不適。dについては本文に記述がない。

(2)　正解は d ────────────────────────────────

「『衛生仮説』とは何か」

　a.「それは，成長過程で子どもはさまざまな感染症にさらされる必要はないというものである」

　b.「それは，衛生水準が低下しているので，アレルギーが増えているというものである」

　c.「それは，汚い環境で生活することが，食物アレルギーを発症するのに必要だというものである」

　d.「それは，清潔すぎる環境では，免疫機構がきちんと発達しないというものである」

　第 3 段第 2 文（It states that …）に，衛生仮説の説明として，清潔すぎる環境で成長すると，免疫機構がうまく発達しないと述べられており，これとほぼ同じ内容の d．It states that the immune system does not develop properly in conditions that are too clean. が正解となる。

●語句・構文‥‥‥‥‥‥‥‥‥‥‥‥‥‥‥‥‥‥‥‥‥‥‥‥‥‥‥‥‥‥‥‥‥‥

□ *l.* 2　dairy products「乳製品」

□ *l.* 3　respondent「回答者」

□ *l.* 4　one kind of food or another「何らかの（種類の）食べ物」
　　　　prevalence「患者の割合，有病率」

□ *l.* 7　food intolerance「食物不耐性」：特定の食べ物を体内で消化するのが困難となる症状のことで，その食べ物を食べるとさまざまな体調不良症状が起きる。「非アレルギー性食物過敏症」ともいう。

□ *l.* 13　gooseberry「西洋スグリ」
　　　　on the increase「増加中で」

□ *l.* 19　support「〜を裏づける」

□ *l.* 24　do 〜 no harm「〜に害はない」

□ *l.* 26　later on in life「後年，成長してから」

□ *l.* 27　advise 〜 against *doing*「〜に…しないよう助言する」

□ *l.* 34　build up「高まる，増大する」

□ *l.* 37　We still have much to learn about 〜「〜についてはいまだ学ぶべきことはたくさんある，まだわかっていないことも多い」

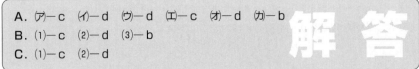

A.　㋐─c　㋑─d　㋒─d　㋓─c　㋔─d　㋕─b
B.　(1)─c　(2)─d　(3)─b
C.　(1)─c　(2)─d

解答

7

【目標解答時間】 15 分　【配点】 30 点

次の英文を読み，下記の設問（A，B）に答えなさい。

Some years ago David, a former student of mine who was then working for a bank, dropped in at my office. During the conversation he told me that earlier that year he had spent ten weeks on a presentation for a forthcoming project. He had worked （　ア　） on analyzing data, and he had often stayed in the office past midnight polishing his presentation slides. He was delighted with the ⁵ outcome and happily e-mailed the presentation to his boss, who was going to make the presentation at an extremely important meeting.

His boss e-mailed him back a few hours later: "Sorry, David, but just yesterday we learned that the project was canceled. I did look at your presentation, and it is an impressive and fine piece of work. Well done." David ¹⁰ realized that his presentation would never see the light of day but that this was nothing personal. He understood that his work （　イ　）, because his boss was not the kind of person who gave undeserved compliments. Yet, despite the praise, he was upset with the outcome. The fact that all his effort had served no ultimate purpose created a great gap between him and his job. All of a sudden ¹⁵ he didn't care as much about the project in which he had invested so many hours. In fact, this experience of "working to no end" seemed to have colored David's overall approach to his job and his attitude toward the bank. He'd quickly gone from feeling useful and happy in his work to feeling （　ウ　）.

After David left my office, I started thinking about his disappointment. The ²⁰ lack of an audience for his work had made a big difference in his motivation. What is it aside from a payment that makes work meaningful? As for me, I truly enjoy the research I do. I am excited to tell you about how I have spent the last twenty years of my life. I am almost sure my mother will read this essay, and I am hoping that at least a few others will as well. But what if I knew for ²⁵ sure that no one would ever read it? What if I knew that my editor would decide to put this essay in a drawer, pay me for it, and （　エ　）? Would I still be sitting here late at night working on this chapter? No way. Much of what I do in life, including writing my blog posts, articles, and these pages, is driven by ego motivations that link my effort to the meaning that I hope the readers of these ³⁰ words will find in them. Without an audience, I would have（　オ　）to work as hard as I do.

From The Upside of Irrationality by Dan Ariely. Copyright © 2010 by Dan Ariely. Reprinted by permission of HarperCollins Publishers.

設　問

A．本文中の空所（ア〜オ）に入れるのに最も適当なものを，それぞれ下記（a〜d）の中から1つ選び，その記号をマークしなさい。

(ア)　a．effortlessly　　　　　　　　b．very hard
　　　 c．by no means　　　　　　　　d．against his will

(イ)　a．froze　　　　　　　　　　　b．spoke
　　　 c．shone　　　　　　　　　　　d．woke

(ウ)　a．serious and intelligent　　　b．endless and exhausting
　　　 c．strong and energetic　　　　d．dissatisfied and useless

(エ)　a．never publish it　　　　　　b．later sell it to interested readers
　　　 c．carefully read it aloud　　　d．slightly edit it

(オ)　a．every single right　　　　　b．very little motivation
　　　 c．a good reason　　　　　　　d．most typical experiences

B．本文の内容と一致するように次の英文（1〜5）の空所に入れて各文を完成させるのに最も適切なものを，それぞれ下記（a〜d）の中から1つ選び，その記号をマークしなさい。

(1)　David was happy when he sent the presentation to his boss because（　　　　）.

　　　a．David was going to make the presentation at the important meeting
　　　b．his boss praised him for making nice presentation slides
　　　c．he had no longer to work on the project
　　　d．he had done a satisfying job in preparing the presentation

(2)　David's boss told him that（　　　　）.

　　　a．someone else was going to make the presentation at the meeting
　　　b．the cancellation of the project was not anything personal
　　　c．he never pays a compliment to anyone who does not deserve one
　　　d．the presentation slides would not be used, but they were good

(3)　After David read the e-mail from his boss,（　　　　）.

　　　a．he was angry because he would not be paid for his hard work
　　　b．there was a sudden shift in the way he faced his job

ｃ．he decided to carry out, by himself, the project that he cared about so much

ｄ．doing meaningless work seemed to him to be a virtue in the long run

(4)　David's story caused the author to (　　　).

ａ．fail to see a big difference in his motivation

ｂ．wonder what makes people find meaning in work

ｃ．enjoy the research very much and be excited to talk about it

ｄ．want his mother and a few others to read his essay

(5)　It can safely be said about the author that (　　　).

ａ．the author's motivation to work hard depends on having an audience

ｂ．the author usually does not get paid for writing essays

ｃ．the author's essay will be put in the editor's drawer and be read by no one

ｄ．the author wants to put as little effort as possible into writing for an audience

≪仕事へのやる気を起こさせるもの≫

全訳

　数年前，私の元学生の，当時銀行で働いていたデイビッドが，私の研究室にひょっこり訪ねて来た。彼は会話の中で，その年の初め，間近に迫った事業計画の発表に10週間費やしていたと私に話した。彼は資料分析に懸命に取り組み，発表用スライドの仕上げのため，夜中を過ぎても会社にいたこともたびたびあった。彼はその出来上がりに喜び，非常に重要な会議でその発表をする予定だった上司にその発表資料をメールで上機嫌で送ったのだ。

　彼の上司は2，3時間後に彼にメールを送り返してきた。「すまん，デイビッド。昨日，その事業計画が取り止めになると知らされたところなんだ。君の発表資料をこの目で見たが，実に素晴らしい労作だよ。よくやったぞ」　デイビッドは自分の発表が決して日の目を見ないこと，しかし今回のことは，個人がどうこういえるものではないこともわかっていた。上司は不相応な賛辞を与えるような人ではなかったので，彼は自分の労作は優れていたのだと解釈した。しかし，その賛辞にもかかわらず，彼はその結果に動転した。彼の全努力が最終的に何の役にも立たなかったという事実は，自分と仕事の間に大きな溝を生んだのだ。不意に，彼はとても長い時間を注ぎ込んできた事業計画のことがどうでもよくなった。実際，このような「無益に働く」という経験は，デイビッドの仕事への取り組み全般とその銀行に対する彼の姿勢に影響を与えたように思えた。急速に彼は，仕事で役に立っており幸せだという気持ちから，不満足で役に立っていないという気持ちになっていったのだ。

　デイビッドが私の研究室を去った後，私は彼の落胆について考え始めた。彼の労作を見聞きしてくれる人がいなかったことが，彼のモチベーションに大きな影響を及ぼしていたのだ。仕事を有意義なものにするのは，報酬を別にすれば，一体何だろう？　私の場合は，自分のしている研究を本当に楽しんでいる。自分の人生のこの20年をどのように過ごしてきたかについて諸君に伝えることにわくわくしている。母がこのエッセーを読んでくれるだろうとほぼ確信し，少なくとも，その他数名の人たちも同様に読んでくれるものと期待している。だが，誰一人それを決して読んでくれないことがはっきりわかったら，どうなるのか？　担当編集者がこのエッセーを引き出しの中にしまい込み，報酬は払うが出版は決してしないと決めることを知れば，どうなるのか？　それでもまだ私はこの章に取り組んで，ここで夜遅くまで座っているだろうか？　絶対にない。ブログへの投稿，論説やこの数ページを書くことを含めて，人生で私がすることの多くは，自分の努力と，これらの文章を読んでくれる人たちが願わくばこれらの言葉の中に見出してくれるであろう意味とを結びつける，自己満足的なモチベーションに動かされているのだ。読者がいなければ，私には今現在ほど懸命に仕事をするモチベーションはごくわずかしかないことだろう。

解 説

A. 空所補充

㋐ 正解は b

a.「苦もなく」　　　　　　　　b.「一生懸命に」
c.「決して～ない」　　　　　　d.「意に反して」

　後続文に，夜中過ぎまで会社にいたこともあったと述べられており，デイビッドが事業計画の発表の準備に一生懸命取り組んでいたことがわかるので，b. very hard が正解となる。

㋑ 正解は c

a.「凍りついた」　　　　　　　b.「話した」
c.「優れていた，異彩を放っていた」 d.「目覚めた」

　後続の because 以下の文で，上司はお世辞を言うような人物ではないと述べられており，第2段冒頭（His boss e-mailed …）で上司がデイビッドの仕事を褒めているのは本心のようだと判断できるので，c. shone が正解となる。

㋒ 正解は d

a.「真面目で頭がよい」　　　　b.「果てがなくひどく疲れさせる」
c.「強くて精力的な」　　　　　d.「満足がいかず役に立たない」

　懸命に取り組んだ仕事が日の目を見ず，feeling useful and happy からどういう感情に変化したかを考えると，useful and happy と反対の意味の語である d. dissatisfied and useless が正解となる。

㋓ 正解は a

a.「決してそれを出版しない」　b.「後で興味を抱いた読者にそれを売る」
c.「注意深くそれを音読する」　d.「少しそれを編集する」

　空所の直前に，編集者がこのエッセーを引き出しにしまい込むことにしたらという場合が述べられていることから判断して，a. never publish it が正解となる。

㋔ 正解は b

a.「各々の権利」　　　　　　　b.「ごくわずかな動機」
c.「もっともな理由」　　　　　d.「最も典型的な経験」

　最終段第7文（But what if …）以降で，筆者は繰り返し，自分の書いたものを読んでくれる人がいるからこそ，頑張って書いているという内容を述べている。もし読者がいなければ，という条件に続く内容としては，一生懸命やろうという動機をなくすという内容であろうと判断でき，b. very little motivation が正解となる。

B．内容一致英文の完成

(1) **正解は d** ———————————————————————

「デイビッドは上司に発表資料を送ったとき，（　　　）ので，うれしかった」

　a．「デイビッドは重要会議で発表をする予定だった」

　b．「上司は彼が素晴らしい発表用のスライドを作成したことを褒めてくれた」

　c．「自分はもはやその事業計画に取り組む必要がなくなった」

　d．「自分が発表資料を準備するのに，満足のいく仕事をやり遂げた」

　　第1段最終2文（He had worked …）に，デイビッドは何度も夜中まで働いて，発表用の準備をして，出来上がったものに満足したことが述べられており，d. he had done a satisfying job in preparing the presentation が正解となる。a については，第1段最終文（He was delighted …）に発表する予定なのは上司であると述べられており，不適。b は，第2段第1文（His boss e-mailed …）からわかるように，上司が褒めてくれたのはデイビッドが資料を送ってから数時間後なので，不適。c は，上司からの返事が来るまで，事業計画が白紙になったことは知らなかったので，不適。

(2) **正解は d** ———————————————————————

「デイビッドの上司は彼に（　　　）と言った」

　a．「誰か他の人が会議で発表する予定だ」

　b．「その事業計画の中止はまったく個人がどうこういえるものではない」

　c．「自分は称賛に値しない人は誰も決して褒めない」

　d．「発表用のスライドが使われることはないだろうが，上出来だ」

　　第2段第1～3文（His boss e-mailed …）で，上司は事業計画が取り止めになったことを伝え，デイビッドのスライドは上出来だったと褒めているので，d. the presentation slides would not be used, but they were good が正解となる。a については本文に記述はなく，b と c については，第2段第4・5文（David realized that …）から，いずれもデイビッド自身の考えだとわかるので不適。

(3) **正解は b** ———————————————————————

「デイビッドは上司からのメールを読んだ後，（　　　）」

　a．「頑張った仕事が報われないだろうから腹を立てた」

　b．「自分の仕事に対する向き合い方に，突然の変化が起こった」

　c．「彼はとても気にかけていた事業計画を，一人で実行しようと決心した」

　d．「無意味な仕事をすることは，長い目で見れば価値があると彼には思われた」

　　第2段第8文（All of a …）から最終文にかけて，彼は事業計画のことを気にかけなくなり，仕事への取り組み方や，銀行に対する態度まで影響を受けたと述べられており，b. there was a sudden shift in the way he faced his job が正解となる。a については，腹を立てたという記述はなく，c と d も本文に記述がないので不適。

(4)　正解は　b ────────────────────────────

「デイビッドの話で，筆者は（　　　　）なった」

a．「彼のやる気に大きな差を見出せなく」

b．「どういうことで人は仕事に意味を見出すのだろうかと思うように」

c．「大いに研究を楽しみ，それについて語ることをわくわくするように」

d．「母や他にも何人かの人に，自分のエッセーを読んでもらいたく」

　最終段第1～3文（After David left …）に，筆者がデイビッドの失意をきっかけに，仕事を意味あるものにしているのは何かを考えるようになった様子が述べられており，**b．wonder what makes people find meaning in work** が正解となる。aは最終段第2文（The lack of …）に一致しない。cとdは最終段第4～6文（As for me, …）に記述はあるが，デイビッドの話がきっかけではないので不適。

(5)　正解は　a ────────────────────────────

「筆者については（　　　　）と言ってもよい」

a．「筆者の懸命に働こうという動機は，読者がいるかどうかに左右される」

b．「筆者は普通，エッセーを書いて報酬を得ていない」

c．「筆者のエッセーは，編集者の引き出しに入れられ，誰にも読まれないだろう」

d．「筆者は読者のために書くことに，できるだけ力を入れたくないと思っている」

　最終段最終文（Without an audience, …）に，読者がいなければ現在のように仕事に励もうという動機はごくわずかしかないだろうと述べられており，**a．the author's motivation to work hard depends on having an audience** が正解。cは，最終段第8文（What if I …）に仮定の話として述べられているだけなので不適。

●語句・構文⋯⋯⋯⋯⋯⋯⋯⋯⋯⋯⋯⋯⋯⋯⋯⋯⋯⋯⋯⋯⋯⋯⋯⋯⋯⋯⋯⋯⋯⋯⋯⋯

☐ *l.* 2　drop in「立ち寄る」

☐ *l.* 9　I did look の did は動詞の意味を強調する用法。

☐ *l.*10　Well done.「よくやった」

☐ *l.*11　see the light of day「日の目を見る」

☐ *l.*14　serve no ultimate purpose「最終的に何の意味もない，最終的に何の役にも立たない」

☐ *l.*21　make a big difference「大きな差となる，大きな影響を与える」

☐ *l.*22　as for me「私はどうかと言えば，私の場合」

☐ *l.*25　what if ～?「もし～だとすればどうだろう」

☐ *l.*28　No way.「絶対にない」

```
A．(ア)─b　(イ)─c　(ウ)─d　(エ)─a　(オ)─b
B．(1)─d　(2)─d　(3)─b　(4)─b　(5)─a
```
解答

8

次の英文を読み，下記の設問（A，B）に答えなさい。

Touch is the only sense we cannot live without. A child will die without touching and being touched. This was the conclusion of a report in 1920 by Dr. Henry Chapin, a New York pediatrician[*], on the death rate among infants in ⟨ア⟩<u>institutions</u> across the United States. These infants received adequate food
5　and shelter; what was (　1　) for these babies was caring touch. Chapin concluded that being handled, carried, kissed, and caressed was necessary for life. Experiments continue to support Dr. Chapin's conclusions. Research indicates that in animals and humans (　2　), the behavior of those who receive caring touch is strikingly different from that of those who don't. All
10　animals including humans who received large quantities of caring touch were relaxed, cooperative, had strong immune systems^{**}, possessed an overall better functioning physiology^{***}, were friendly, and were better able to handle all forms of stress. The animals who did not receive adequate touch were ⟨イ⟩<u>timid</u>, apprehensive, and nervous. They were frequently tense, hyper-
15　resistant, impulsive, anxious, irritable, and aggressive. With youth violence rising and social skills declining, one cannot (　3　) but wonder about the relationship between the time assigned for caring touch and current educational and parenting practices.

　　When I conduct workshops with parents, touch is an ⟨ウ⟩<u>integral</u> aspect of the
20　experience. Often I sense the participants' ⟨エ⟩<u>discomfort</u>. "I could do this easily with my children. I just find it difficult with another adult," they frequently say. These comments are usually made by women. Many men simply refuse to engage in the activities at all. We have created many ⟨オ⟩<u>rationalizations</u> to explain why we are not to touch one another, to the extent that it is becoming
25　much easier to shop and buy presents for one another than to give or receive a hug. Young infants are placed in infant seats to be carried, in car seats to be transported, and in baby buggies to sleep. We are becoming trained to touch babies (　4　) when they demand our attention. With time the commodity most sought by modern parents, a quiet baby who is willing to entertain itself in
30　the infant carrier frees parents to attend to life's other demands, but perhaps at

the risk of neglecting one of our most basic human needs.

From I Love You Rituals by Becky A. Bailey, William Morrow and Company. Copyright © 2000 by Becky A. Bailey. Reprinted by permission of HarperCollins Publishers.

　[*]pediatrician：小児科医
　^{**}immune systems：免疫システム
^{***}physiology：生理機能

設　問

A．本文中の空所（1〜4）に入れるのに最も適当なものを，それぞれ下記（a〜d）の中から1つ選び，その記号をマークしなさい。

(1)　a．missing　　　b．sufficient　　c．clear　　　　d．surprising

(2)　a．both　　　　b．alike　　　　c．besides　　　d．beyond

(3)　a．wish　　　　b．expect　　　c．imagine　　　d．help

(4)　a．since　　　　b．only　　　　c．scarcely　　　d．formerly

B．本文中の下線部（ア〜オ）の文中での意味に最も近いものを，それぞれ下記（a〜d）の中から1つ選び，その記号をマークしなさい。

(ア)　institutions

　　　a．established customs

　　　b．organizations dedicated to culture

　　　c．places for care of the weak

　　　d．people firmly associated with a place

(イ)　timid

　　　a．shy　　　　b．fearless　　　c．determined　　d．excessive

(ウ)　integral

　　　a．single　　　b．entire　　　c．artificial　　　d．essential

(エ)　discomfort

　　　a．anxiety　　　　　　　　b．awareness

　　　c．satisfaction　　　　　　d．destruction

(オ)　rationalizations

　　　a．spectacles　　　　　　b．descriptions

　　　c．responsibilities　　　　d．reasons

≪身体の接触の重要性≫

全訳

　身体の接触は，それなしでは私たちが生きていけない唯一の感覚だ。触れたり触れられたりすることがなければ，子どもは死んでしまうだろう。これがニューヨークの小児科医であるヘンリー＝シェイピン博士が1920年に出した，合衆国全土のさまざまな施設にいる幼児の死亡率に関する報告の結論だ。これらの幼児は十分な食事と保護を受けていたが，彼らにとって欠けていたのは思いやりのある接触だった。手で触れてもらい，抱いてもらい，キスしてもらい，なでてもらうことは生きるために必要だ，とシェイピンは結論づけた。いろいろな実験がシェイピン博士の結論を立証し続けている。動物でも人間でも同じように，思いやりのある接触を受けるものの行動は，受けないものとはっきり異なっていることを研究が示している。人間も含めて，思いやりのある接触をたっぷり受けた動物はすべて，落ち着いていて協力的で，強い免疫システムがあり，全体的により優れた生理機能をもち，友好的で，あらゆるストレスにより上手に対処できた。十分な接触を受けなかった動物はおどおどしていて，怖がりで，神経質だった。彼らは緊張し，極めて反抗的で，衝動的で，不安げで，いらいらし，攻撃的なことが多かった。若者の暴力が増え，人づきあいがうまくできなくなっている今，思いやりのある接触に向けられる時間と，現在の教育と育児のやり方との関係について思いをめぐらさないではいられない。

　私が親たちとワークショップを行うときは，接触がそこでの体験の必須の要件だ。しばしば私は参加者がきまり悪そうにしているのを感じ取る。「自分の子どもとだったらすぐできます。他の大人とは，しにくいだけなんです」と彼らはよく言う。こういったことを言うのは，たいていは女性だ。多くの男性は，そもそもこの活動に加わるのをきっぱり拒む。抱きしめたり抱きしめられたりするより，買い物に行ってお互いに贈り物を買うほうがずっと楽になりつつあるほどにまで互いに触れ合うことができない理由を説明するために，私たちは多くの理屈を作り上げてきた。幼児は子ども用の椅子に座らされて運ばれるし，車での移動はチャイルドシート，眠るのはベビーバギーの中だ。私たちは赤ん坊が関心をもってほしいときだけ，赤ん坊に触れるように慣らされつつある。時がたつにつれて，現代の親が最も求めている便利なもの，つまりベビーキャリアの中で喜んで一人で楽しんでくれるおとなしい赤ん坊のおかげで，親は自由になって生活の他の必要事に専心することができる。しかし，ことによると，それは私たちの人間としての最も基本的な必要なものの一つをないがしろにする危険を冒しているのかもしれないのだ。

解 説

A．空所補充

(1) **正解は a**

 a．「欠けていて，不足していて」 b．「十分な，足りている」
 c．「明らかな」 d．「驚くべき，意外な」

 第1段第1文（Touch is the …）にあるように，身体の接触なしでは生きていけないという文脈で，施設にいる幼児の死亡率の話になっており，空所の直前に幼児たちは十分な食事と保護は受けていたとあることから，caring touch「思いやりのある接触」が「欠けていた」と判断できるので，a．missing が正解となる。

(2) **正解は b**

 a．「両方の，両方ともに」 b．「同様に」
 c．「そのうえ，さらに」 d．「〜を超えて」

 直前の animals and humans に注目する。A and B alike で「A も B も」という意味になるので，b．alike が正解となる。a．both だと both A and B の形が正しい。

(3) **正解は d**

 a．「〜を切望する，〜を願う」 b．「〜を期待する，〜を予期する」
 c．「〜を想像する」 d．「〜を避ける，〜を制する」

 直前の cannot と直後の but に注目すると，cannot help but do の形で「〜しないではいられない」という慣用表現だと判断でき，d．help が正解となる。

(4) **正解は b**

 a．「〜以来」 b．「ただ〜だけ」
 c．「ほとんど〜ない」 d．「以前は」

 第2段では，幼児を専用の席に座らせてあまり触れないようになっている，という現代の風潮が述べられており，空所の後の「赤ん坊が関心をもってほしいとき」という文と，空所の前の「私たちは赤ん坊に触れるように慣らされつつある」という文のつながりを考えると，「〜というときだけ」となる b．only が正解となる。

B．同意表現

(ア) **正解は c**

institutions「施設，養護施設」

 a．「既存の習慣」 b．「文化に尽力している組織」
 c．「弱者の世話をする場所」 d．「ある場所に強い関連のある人々」

 合衆国全土で，幼児たちがいるところなので，この institutions は「施設」の意味で用いられており，c．places for care of the weak が意味的に近い。

(イ) 正解は a ─────────────────────────────

timid「臆病な，内気な」

a．「内気な」　　　　　　　　　　b．「怖いもの知らずの」

c．「断固とした，決心した」　　　d．「過度の」

　十分な接触を受けてこなかった動物の性質を述べており，後続の apprehensive 「不安そうな，恐れている」や nervous「神経質な」という語との関係からも，timid「臆病な，内気な」は，a．shy が意味的に近いと判断できる。

(ウ) 正解は d ─────────────────────────────

integral「不可欠の，必須の」

a．「ただ一つの，単独の」　　　　b．「全体の」

c．「人工の，人為的な」　　　　　d．「不可欠な，必須な，本質的な」

　本文の主旨から，筆者は身体の接触の重要性を体験させるためにワークショップを行っていると判断でき，接触はそこでは必須のことだとわかる。integral はここでは「不可欠の，必須の」という意味であり，d．essential が意味的に近い。

(エ) 正解は a ─────────────────────────────

discomfort「不快感，戸惑い」

a．「不安，心配」　　　　　　　　b．「目覚め，自覚」

c．「満足」　　　　　　　　　　　d．「破壊，破滅」

　この直後に，ワークショップへの参加者の発言として，自分の子どもとなら簡単に接触できるが，他の大人とでは難しいとあることから，参加者に見て取れた discomfort「不快感，戸惑い」と意味的に近いのは，a．anxiety である。

(オ) 正解は d ─────────────────────────────

rationalizations「合理化，正当化」

a．「光景，眼鏡」　　　　　　　　b．「記述，描写」

c．「責任」　　　　　　　　　　　d．「理由，根拠」

　rationalization は rational「合理的な」に -ization「～化」という語尾がついて，「合理化」という意味だが，ここでは to explain why …「なぜ…かを説明するための」という修飾語句がついていることから判断して，d．reasons が意味的に近い。

●語句・構文‥‥

☐ *l.* 1　live without ～「～なしで生きていく，～なしですませる」

☐ *l.* 5　shelter「住まい，保護，避難所」　ここでは「保護」の意味。
　　　　caring「思いやりのある，優しい」

☐ *l.* 6　caress「～を愛撫する」

☐ *l.* 9　strikingly「著しく，際立って」
　　　　that of those who don't は the behavior of those who don't receive caring touch と補
　　　　って考えるとよい。

☐ *l.*14　hyper-resistant「強い抵抗を示す，非常に反抗的な」

☐ *l.*15　With youth violence rising and social skills declining「若者の暴力が増え，社交術が
　　　　低下していて」は「with + 名詞 + 分詞」の形で，独立分詞構文と同様の機能をはた
　　　　す用法。ここでは理由を表すと判断できる。

☐ *l.*18　parenting practice「子育て」　この practice は「行為」という意味。

☐ *l.*19　workshop「ワークショップ，研修会，セミナー」

☐ *l.*24　why we are not to touch の「be 動詞 + to 不定詞」は可能を表す用法。
　　　　to the extent that ～「～の程度まで，～なほど」

☐ *l.*28　with time「時がたつにつれて，やがて」

☐ *l.*29　a quiet baby 以下は commodity most sought by modern parents「現代の親が最も求
　　　　めている便利なもの」を言い換えたもの。

☐ *l.*30　attend to ～「～に関心を向ける，～に応対する」
　　　　at the risk of *doing*「～する危険を冒して，～する覚悟で」

A. (1)—a　(2)—b　(3)—d　(4)—b

B. (ア)—c　(イ)—a　(ウ)—d　(エ)—a　(オ)—d

9

目標解答時間 15 分　**配点** 32 点

次の英文を読み，下記の設問（A，B）に答えなさい。

No one likes to be criticized, and yet criticism is essential both for personal and professional growth and for the development of communities and societies. To take one familiar example, (1)newspapers frequently carry reviews of the latest books, films, and so on that advise readers on what to buy and see as well

5 as reinforcing and (あ)challenging common artistic values. These reviews are usually written by well-educated journalists with a deep knowledge and experience of their chosen field; people, in other words, whose opinions can be trusted; (2)people who can be expected to provide useful feedback for whoever's work they are reviewing as to how their work might be improved, even if that

10 feedback happens to be negative.

Criticism also has a place in the more (い)everyday environments of home and school. Teachers give high grades for good work, but might give failing grades for poor work. When parents scold their children for making a mess or using bad language, they are doing so not only because they themselves might be

15 hurt or inconvenienced by their children's behavior but also because they know, as adults, that their children will be more (う)likely to succeed if they learn to acquire good habits.

(3)Some criticism can be applied so harshly that it ends up undermining the self-confidence of young people. When children are told repeatedly that they are

20 stupid or unattractive, then they will probably grow up to believe that they really are stupid or unattractive. This negative self-image may affect their ability to form healthy relationships with others. Even for adults, (4)criticism may be hard to take when it attacks the basic assumptions they have about their identity and position in the world. Such criticism may itself be criticized as

25 unfair if it ignores those basic assumptions, which is why it can be dangerous to criticize people of different ethnic and religious backgrounds.

One of the most fascinating types of criticism is literary criticism. Literary criticism is, (え)roughly speaking, the attempt to describe what literature is and why it matters, as well as distinguishing good from bad writing, and it has a long

30 history in the Western world. Among the ancient Greeks, Plato argued that

literature provided a mirror or reflection of reality without actually being reality itself, and certainly one of the themes of criticism since Plato has been the extent to which literary works reflect the experiences of their readers. (5)Effective literary criticism demands great sensitivity to linguistic usage as well as cultural and historical knowledge, and is therefore one of the most challenging of all intellectual skills to master. The difficulty of literary criticism is perhaps only one extreme example of the care that we must take when criticizing anyone.

設　問

A．本文中の下線部（1～5）の文中での意味に最も近いものを，それぞれ下記（a ～d）の中から1つ選び，その記号をマークしなさい。

(1) newspapers frequently carry reviews of the latest books, films, and so on that advise readers on what to buy and see

　　a．newspapers are responsible for the artistic tastes of their readers

　　b．newspapers always tell readers what books to read and what films to see

　　c．newspapers advise readers on how they should spend their money on their communities

　　d．one of the roles of newspapers is to recommend recent books and other forms of entertainment to readers

(2) people who can be expected to provide useful feedback for whoever's work they are reviewing as to how their work might be improved

　　a．people who seek to improve the artistic standards of their society

　　b．people whose critical judgments are unlikely to be taken seriously

　　c．people whose opinions can be expected to be improved by writers, actors and so on

　　d．people with the authority to stop new trends in literature and so on

(3) Some criticism can be applied so harshly that it ends up undermining the self-confidence of young people

　　a．A few harsh words might be just what a young person needs

　　b．A few kind words can ruin a young person's chances in life

　　c．Negative criticism can also have a negative influence on young people

　　d．Unfair criticism affects young people's ability to tell between right and wrong

(4) criticism may be hard to take when it attacks the basic assumptions they have about their identity and position in the world

    a. adults tend to react negatively to any criticism of their social class

    b. criticism based on false assumptions is regarded as especially hurtful

    c. criticism that undermines adults' sense of who they are is generally difficult to accept

    d. unfair criticism is one of the inevitable facts of adult life

(5) Effective literary criticism demands great sensitivity to linguistic usage as well as cultural and historical knowledge

    a. Literary critics are highly emotional individuals who can tell you when a literary work was written

    b. Literary critics are very skilled at using words to write about history and culture

    c. Literary critics have to pass difficult examinations in language, culture and history

    d. Literary critics understand the linguistic, cultural and historical dimensions of literary works

B. 本文中の二重下線部（あ～え）の文中での意味に最も近いものを，それぞれ下記（a～d）の中から1つ選び，その記号をマークしなさい。

(あ) challenging

    a. attacking vigorously   b. questioning critically

    c. raising difficulties   d. trying out

(い) everyday environments

    a. daily routines   b. ordinary sleeping spaces

    c. irregular tasks   d. unfamiliar locations

(う) likely to succeed

    a. popular among employers   b. practical as people

    c. probable to get on in life   d. suitable for promotion

(え) roughly speaking

    a. in harsh words   b. to put it impolitely

    c. to put it simply   d. to say it out loud

全 訳

≪日常における批評と文芸批評≫

　批評されるのが好きな人はいないが，人間としても仕事の成長のうえでも，また共同体や社会の発達にとっても，批評は必要不可欠なものである。わかりやすい例を一つ挙げるならば，新聞には最新の本や映画などの批評がよく載っていて，一般の人の芸術的価値観を補強したり疑問視したりするだけでなく，読者に何を買ったり観たりするのがよいかを助言したりもする。これらの批評はたいてい，自分が選んだ分野で深い知識と経験を有する，教養あるジャーナリスト，つまり意見を信用できる人，自分が批評している誰の作品に対しても，その作品がどうすればもっとよくなるかについて，たとえ否定的なものであっても有益な感想を提供すると期待できる人が書くものである。

　批評はまた，家庭や学校のようなより日常的な環境にも存在する。よく勉強していれば教師はよい成績をつけるし，勉強ができていなければ落第点をつけるかもしれない。子どもが散らかしたり言葉遣いが悪かったりするときに親が叱るのは，子どもの行動によって自分の感情が害されたり不便を被ったりするからというだけではなく，子どもがよい習慣を身につけることができればより成功する可能性が高いことが大人としてわかっているからでもある。

　あまりにも厳しい批評が向けられて，それが結局，若い人たちの自信を傷つけてしまうこともありうる。子どもは，馬鹿だとか魅力がないとか繰り返し言われると，おそらく大人になっても自分が本当に馬鹿だとか魅力がないだとか思ってしまうだろう。このように否定的な自己イメージをもつと，他人と健全な関係をもつ能力に影響が出るかもしれない。大人にとっても，批評が自らのアイデンティティや世間的な立場に関して抱いている基本的な前提を攻撃するようなものである場合は受け入れがたいこともある。こうした基本的な前提を無視するものである場合，そのような批評自体が不当なものであると批判されることもあり，それゆえ異なる民族や宗教的背景をもつ人を批評するのは危険になりうるのだ。

　最も魅力的な種類の批評の一つは文芸批評である。大まかに言うと，文芸批評とは，良い文学作品と悪い文学作品とを区別するだけでなく，文学とは何でありなぜ重要であるのかを説明しようとする試みであり，西洋世界においては長い歴史がある。古代ギリシア人の中では，プラトンが文学は鏡，つまり，それ自体が現実ではないにもかかわらず，現実を映し出すものであると主張しており，プラトン以来批評の主題の一つが，どの程度まで文学作品が読者の経験を反映しているかということであったことは間違いない。文芸批評をうまく行うには，文化や歴史の知識だけではなく，言葉の使い方に対する優れた感受性も必要で，それゆえすべての知的技術の中で最も身につけるのが難しいものの一つである。文芸批評の難しさは，おそらく他人を批評する際に注意すべき事柄の極端な例の一つにすぎないであろう。

解 説

A. 同意表現

(1) 正解は d ────────────────────────

newspapers frequently carry reviews of the latest books, films, and so on that advise readers on what to buy and see「新聞には最新の本や映画などの批評がよく載っていて，読者に何を買ったり観たりすればいいかを助言する」

a.「新聞は読者の芸術的嗜好に対して責任を負っている」

b.「新聞は常に読者にどんな本を読み，どんな映画を観たらいいかを教えてくれる」

c.「新聞は読者に自分たちの地域社会でどのようにお金を使えばいいかについて助言する」

d.「新聞の役割の一つは，最近出た本や，その他の形の娯楽を読者に勧めることである」

　下線部の that 以下は reviews を先行詞とする関係代名詞節。advise readers on what to buy and see という部分が，d の recommend recent books and other forms of entertainment to readers という部分に対応していると判断でき，d. one of the roles of newspapers is to recommend recent books and other forms of entertainment to readers が意味的に近い。

(2) 正解は a ────────────────────────

people who can be expected to provide useful feedback for whoever's work they are reviewing as to how their work might be improved「自分が批評している誰の作品に対しても，その作品がどうすればもっとよくなるかについて，有益な感想を提供すると期待できる人たち」

a.「自分たちの社会の芸術水準を向上させようとしている人たち」

b.「批評をするうえでの判断力がまともに受け取られそうにない人たち」

c.「作家や俳優といった人たちによって，その人の意見がもっとまともになると期待できる人たち」

d.「文学などにおける新たな流れを止める権限をもつ人たち」

　下線部は，for から reviewing までと，as to「～について」から improved までがともに feedback を修飾する形。provide useful feedback … as to how their work might be improved という部分が，a の seek to improve the artistic standards of their society という部分に対応していると判断できるので，a. people who seek to improve the artistic standards of their society が意味的に近い。

(3) **正解は c** ─────────────────────────────

Some criticism can be applied so harshly that it ends up undermining the self-confidence of young people「あまりにも厳しい批評が向けられて，それが結局，若い人たちの自信を傷つけてしまうこともありうる」

a.「厳しい言葉を少しは言うことが，まさに若者に必要なことかもしれない」

b.「優しい言葉を少しかけると，若者の人生におけるチャンスを損なうことがある」

c.「否定的な批評もまた，若者に悪影響を与えることがある」

d.「不当な批評が，若者が善悪の判断をする能力に影響を及ぼす」

　下線部の applied so harshly という部分から，その批評が否定的なものだとわかり，それが c の negative criticism に対応していると考える。また，ends up undermining the self-confidence of young people という部分が，c の have a negative influence on young people という部分に対応していると判断できるので，**c. Negative criticism can also have a negative influence on young people** が意味的に近い。下線部は so 〜 that … 「非常に〜なので…」という構文となっている。end up *doing*「結局〜することになる」　undermine「〜をひそかに傷つける，〜を弱らせる」

(4) **正解は c** ─────────────────────────────

criticism may be hard to take when it attacks the basic assumptions they have about their identity and position in the world「批評が，自らのアイデンティティや世間での立場に関してもっている基本的な前提を攻撃するものである場合は，受け入れがたいかもしれない」

a.「大人は，自分の社会的階級へのいかなる批評に対しても否定的な反応を示す傾向がある」

b.「誤った前提に基づく批評は特に有害だと見なされている」

c.「自分は何者であるかという大人の感覚を傷つけるような批評は，概して受け入れがたい」

d.「不当な批評は，大人の生活で避けては通れない事実の一つだ」

　下線部の attacks the basic assumptions they have about their identity and position in the world という部分が，c の undermines adults' sense of who they are という部分に対応していると判断できるので，**c. criticism that undermines adults' sense of who they are is generally difficult to accept** が意味的に近い。

(5) **正解は d** ─────────────────────────────

Effective literary criticism demands great sensitivity to linguistic usage as well as cultural and historical knowledge「文芸批評をうまく行うには，文化や歴史の知識だけでなく，言葉の使い方に対する優れた感受性も必要である」

a.「文芸批評家は，ある文学作品がいつ書かれたかを教えることができる非常に感情豊かな人たちである」

b.「文芸批評家は，歴史や文化について記述するための言葉遣いが非常にうまい」

c.「文芸批評家は，言語，文化，歴史の難しい試験に合格しなければならない」

d.「文芸批評家は，文学作品の言語的，文化的，歴史的側面を理解している」

　下線部の great sensitivity to linguistic usage as well as cultural and historical knowledge という部分が，d の understand the linguistic, cultural and historical dimensions に対応していると判断できるので，d．Literary critics understand the linguistic, cultural and historical dimensions of literary works が意味的に近い。この dimension は「側面」という意味で用いられている。

B．同意表現

⑥ 正解は b

challenging「正当性を疑うこと」

　a.「激しく攻撃すること」　　　　　b.「批判的に疑問を呈すること」

　c.「苦情を言うこと」　　　　　　　d.「実際にやってみること」

　この challenge は「～の正当性を疑う」という意味で用いられており，b．questioning critically が意味的に近い。なお，reinforcing と challenging は what to buy and see とともに advise readers on の後に続くために動名詞形となっている。

ⓘ 正解は a

everyday environments「日常的な環境」

　a.「毎日の決まりきったこと」　　　b.「いつもの寝る場所」

　c.「不規則な仕事」　　　　　　　　d.「よく知らない場所」

　everyday environments は「日常的な環境」という意味だが，ここではそこで毎日やっていることという意味で用いられていると判断できるので，選択肢の中で意味的に近いのは a．daily routines である。

ⓢ 正解は c

likely to succeed「成功する可能性が高い」

　a.「雇用主に人気がある」　　　　　b.「人として問題解決能力が高い」

　c.「出世しそうで」　　　　　　　　d.「昇進するにふさわしい」

　下線部の (be) likely to *do*「～しそうで，～する可能性が高い」という部分に近い意味をもつ表現は c の (be) probable to *do* であり，get on in life は「出世する」という意味であることから，c．probable to get on in life が正解となる。

㊁ 正解は c

roughly speaking 「大まかに言うと」

a．「厳しい言葉では」　　　　　　　b．「失礼な言い方をすると」

c．「簡単に言うと」　　　　　　　　d．「声を大にして言うと」

roughly speaking は「大まかに言うと，概略を言えば」という意味の表現であり，c．to put it simply が意味的に近い。この put はここでは「表現する，述べる」という意味で用いられている点に注意する。

●語句・構文……………………………………………………………………………

☐ *l.* 3　To take one familiar example「よく知られた一例を挙げるなら」

☐ *l.* 7　; people, in other words, ～「言い換えると，～な人々」　セミコロン以下は，この後に続く下線部(2)とともに，well-educated journalists「教養のあるジャーナリスト」を言い換えて具体的に説明した部分。

☐ *l.* 10　happen to be ～「たまたま～である」

☐ *l.* 20　grow up to believe ～「成長して～と思い込むようになる」

☐ *l.* 25　～, which is why …「～だが，そういうわけで…」　which は前文の内容を先行詞とする関係代名詞。～, and that is why … と考えるとよい。

☐ *l.* 29　matter「重要である」

☐ *l.* 33　the extent to which ～ は直訳すると「～である程度」だが，「どの程度まで～か」と訳すとわかりやすい。

A．(1)—d　(2)—a　(3)—c　(4)—c　(5)—d
B．㋐—b　㋑—a　㋒—c　㋓—c

10

次の英文を読み，下記の設問（A ～ C）に答えなさい。

Both men and women practice emotional control, in private life and at work. But in emotional experience, is emotional control as important for men as it is for women ? And is it important in the same ways ? I believe that the answer to both questions is no. The reason is the fact that women in general have far less
5 independent access to money, power, authority, or status in society. They are a (1)subordinate social level, and this has four (2)consequences.

First, lacking other resources, women make a resource out of feeling and offer it to men as a gift in return for the more material resources they lack. Thus their (3)capacity to manage feeling and to do relational work is for them a more
10 important resource.

Second, emotional control is important in different ways for men and for women. This is because each gender tends to be called on to do different kinds of relational work. On the whole, women tend to specialize in the (7)flight attendant side of emotional control, men in the (4)bill collection side of it. This
15 specialization of emotional control in the workplace (4)rests on the different childhood (9)training of the heart that is given to girls and to boys. Moreover, each specialization presents men and women with different emotional (5)tasks. Women are more likely to be presented with the task of mastering anger and (6)aggression in the service of being nice. To men, the socially assigned task of
20 aggressing against those that break rules of various sorts creates the private task of (7)mastering fear and weaknesses.

Third, and less noticed, the general subordination of women leaves every individual woman in a weaker position against the displaced feelings of others. For example, female flight attendants found themselves easier targets for
25 verbal abuse from passengers so that male attendants often found themselves called upon to handle unexpected aggression against them.

The fourth consequence of the power difference between men and women is that for each gender a different portion of the (8)managed heart is secured for commercial use. Women more often react to subordination by making defensive
30 use of their beauty, charm, and relational skills. For them, it is these capacities

that become most (8)open to commercial abuse. For male workers in "male" jobs, it is more often the capacity to manage anger and make threats that is delivered over to the company. Therefore, men and women come to experience emotional control in different ways.

Middle-class American women, tradition suggests, feel emotion more than men do. The definition of "emotional" in the *Random House Dictionary of the English Language* reflects a deeply rooted cultural idea. Yet women are also thought to have the capacity to plan a sigh, an outburst of tears, or an expression of joy. In general, they are thought to manage expression and feeling not only better but more often than men do. And because the well-managed feeling has an outside resemblance to (9)spontaneous feeling, it is possible to confuse the condition of being more easily affected by emotion with the action of purposely managing emotion when the occasion (オ)calls for it.

Especially in the American middle class, women tend to manage feeling more because in general they depend on men for money, and one of the various ways of repaying their debt is to do extra emotional control: especially emotional control that affirms and enhances the well-being and status of others. When the emotional skills that children learn and practice at home move into the workplace, the emotional control of women (カ)becomes more prominent because men in general have not been trained to make their emotions a (10)resource and are therefore less likely to develop their capacity for managing feeling.

From *The Managed Heart: Commercialization of Human Feeling, Twentieth Anniversary Edition, Updated with a New Preface* by Arlie Russell Hochschild, University of California Press

設　問

A. 下記の英文（a〜j）の中から，本文の内容と一致するものを4つ選び，その記号を各段に1つずつマークしなさい。ただし，その順序は問いません。

a . Social level and gender are determinants for how much emotional control one practices in life.

b . Both men and women share identical responsibilities in the workplace in terms of emotion.

c . Older men are much worse at emotional control than younger men.

d . Emotional control is practiced when we are in our home as well as in the workplace.

e . The dictionary definition of terms is not influenced by culture.

f. Emotional men are frowned upon and given silent treatment in the office.

g. Differences in the extent of emotional control can lead to conflict in the workplace.

h. Emotional control is compensated by promotion in the workplace.

i. Emotional control is a highly skilled form of management that is compensated in wages.

j. Emotional control is considered a means by which women can repay what they owe.

B. 本文中の下線部（1〜10）の文中での意味に最も近いものを，それぞれ下記（a〜d）の中から1つ選び，その記号をマークしなさい。

(1) subordinate
   a. central   b. controlling
   c. independent   d. secondary

(2) consequences
   a. causes   b. points   c. reasons   d. results

(3) capacity
   a. ability   b. influence   c. need   d. resistance

(4) rests
   a. depends   b. keeps   c. sleeps   d. takes

(5) task
   a. expression   b. influence
   c. reaction   d. work

(6) aggression
   a. friendship   b. hostility   c. regret   d. sadness

(7) mastering
   a. avoiding   b. creating
   c. developing   d. overcoming

(8) open
   a. agreeable   b. basic
   c. exposed   d. responsible

(9) spontaneous
   a. artificially produced   b. naturally occurring
   c. utterly negative   d. absolutely positive

(10) resource
   a. bond   b. thing   c. tool   d. waste

C．本文中の二重下線部（ア～カ）が指す内容に最も近いものを，それぞれ下記（a
　～d）の中から1つ選び，その記号をマークしなさい。

(ア)　flight attendant side

　　　　a．automatic quality　　　　　　b．physical aspect

　　　　c．right attitude　　　　　　　　d．service aspect

(イ)　bill collection side

　　　　a．abusive aspect　　　　　　　　b．businesslike aspect

　　　　c．moral manner　　　　　　　　d．wrong attitude

(ウ)　training of the heart

　　　　a．academic training　　　　　　b．emotional education

　　　　c．physical education　　　　　　d．toilet training

(エ)　managed heart

　　　　a．corporate management　　　　b．controlled emotion

　　　　c．leadership ability　　　　　　d．mental training

(オ)　calls for

　　　　a．demands　　　b．provides　　　c．resists　　　　　　d．settles

(カ)　becomes more prominent

　　　　a．becomes mature　　　　　　　b．becomes more obscure

　　　　c．decreases in proportion　　　　d．is more easily noticed

≪感情のコントロールにおける性差≫

全訳

　私生活でも，職場でも，男女ともに感情をコントロールしている。しかし感情面での経験において，感情をコントロールすることは男性にとっても女性と同じくらい重要なのだろうか。また，同じ点で重要なのだろうか。どちらの問いについても答えは「いいえ」だと私は考えている。その理由は，一般的に言って女性のほうがはるかに，お金，力，権威や社会的地位を自分だけでは手に入れにくいからだ。女性は社会的に従属的な立場にあり，このことから生じる結果が4つある。

　第1に，他に資産がないので，女性は感情を資産にして，自分たちにはない，より物質的な資産をもらう見返りに，それを男性に与える。従って，感情をうまく操り，人と関わる仕事をする能力のほうが，女性にとっては重要な資産となるのだ。

　第2に，感情のコントロールがどんな点で重要であるかが男女で異なる。これは性別によって種類の異なる，人と関わる仕事をするよう求められる傾向があるからだ。総じて，女性は感情のコントロールにおいて客室乗務員的な面に特化するのに対して，男性は代金回収的な面に特化する傾向がある。このように，職場において感情のコントロールが特化するのは，子ども時代に男女に施される感情面での訓練の違いに基づくものだ。さらに男女は，それぞれが専門とすることによって，感情に関して担う役割もまた異なる。女性は，ほがらかであることを求められるサービスにおいて，怒りや敵意をまるくおさめる役割を課される可能性が高い。男性は，さまざまな決まりを破る人たちを攻撃する役割を社会によって課されているので，恐怖心や弱さを抑えこむことが個人としての課題となってくるのである。

　第3に，それほど注目されてはいないことだが，女性は総じて従属的な立場にあるために，その誰もが他人の行き場のない感情に対して弱い立場に置かれている。たとえば，女性客室乗務員は乗客からの暴言の標的にされやすく，その結果，男性客室乗務員は，女性客室乗務員に対する想定外の攻撃に対処することを求められることが多いのである。

　男女の力の差から生じる第4の結果は，それぞれの性別で感情のコントロールのうち異なる部分を仕事にあてがっていることである。女性は，従属させられることに対して，自分の美貌や魅力，対人関係能力を身を守るために使って対処することが多い。彼女たちにとって，仕事上最も乱用される可能性が高いのはこうした能力である。「男性向けの」仕事に就いている男性の場合，企業に提供されるのは，怒りを抑えたり脅しをかけたりする能力である場合のほうが多い。このため，男女は感情をコントロールすることを異なる形で経験するようになってくるのだ。

　中流階級のアメリカの女性は男性よりも感情的になるものだと，従来から考えられている。『ランダムハウス英語辞典』の「emotional」の語義は，文化に深く根づいた考え方を反映している。しかし女性は，ため息をついたり，突然泣き出したり，喜びを表したりするのを意図的にできる能力があるとも考えられている。一般的に，女性のほうが男性よりも表情や感情をよりうまく操れるだけでなく，そうすることが多いと考えられているのだ。そして，上手に操って表された感情は自然な感情と外見上似ているので，感情に簡単に流されてしまう状態と，必要な場面で感

情を意図的に操って表す行為とを混同させることもできるのである。

　アメリカの中流階級においては特に，女性は一般的にお金の面で男性に依存しているために，感情をうまく使うことが多くなる傾向があり，その借りを返すさまざまな方法の１つが，より一層感情をコントロールすることであり，特に，感情をコントロールすることで他者の幸福や地位を確実にしたり高めたりすることなのだ。子どもが家庭で学び実践している情緒面での技能が職場に持ち込まれると，女性が感情をコントロールしているのが顕著になるが，それは一般的に男性は感情を手段とする訓練を受けておらず，感情をうまく操る能力を養っている可能性が低いからである。

解　説

A．内容真偽

正解は　a・d・g・j

a－○「社会的地位や性別は，生活の場でどれほど感情をコントロールするかを決定する要因である」

　　第１段には，女性のほうが男性より感情をコントロールすることが重要である理由として，女性はお金，力，権威や社会的地位が自分だけでは手に入れにくいという点が述べられており，本文の内容に一致する。

b－×「感情という点では，男女ともに職場で同じような責務を担っている」

　　第３段第２文（This is because …）に，性別によって種類の異なる対人の仕事をするよう求められると述べられており，本文の内容に一致しない。

c－×「年配の男性は若い男性より感情のコントロールがずっと下手である」

　　本文で述べられているのは感情のコントロールにおける男女の違いであり，男性の年齢による違いについての記述はないので，本文の内容に一致しない。

d－○「私たちは職場だけでなく，家庭にあっても感情をコントロールしている」

　　第１段第１文に，私生活でも，職場でも，男女ともに感情をコントロールしていると述べられており，本文の内容に一致する。

e－×「辞書の語の定義は文化の影響を受けない」

　　第６段第２文（The definition of …）に，『ランダムハウス英語辞典』の「emotional」の語義は文化に深く根づいた考え方を反映していると述べられており，本文の内容に一致しない。

f－×「会社では，すぐ感情的になる男性は眉をひそめられ，無視される」

　　すぐ感情的になる男性に関する記述はないので，本文の内容に一致しない。

g－○「どの程度感情をコントロールするかが違うと，職場でももめることがある」

　　本文に直接 conflict という語は出てこないが，第５段には性別による感情のコン

トロールの違いによる結果として，第2文（Women more often …）の，女性は自分の美貌や対人関係能力を身を守るために使うという点，第4文（For male workers …）の，男性は怒りを抑えたり脅しをかけるという点などに職場での衝突の存在が示唆されており，本文の内容に**一致する**。

h－×「感情をコントロールすると，職場では昇進という見返りが得られる」

　　感情のコントロールと昇進との関連性についての記述はないので，本文の内容に**一致しない**。

i－×「感情のコントロールは，極めて高い能力が必要な職場管理の形態で，給与に反映される」

　　感情のコントロールと給与との関連性についての記述はないので，本文の内容に**一致しない**。

j－○「**感情のコントロールは，女性が借りを返せる方法だと考えられている**」

　　最終段第1文に，女性は男性に金銭的に依存しており，その借りを返す方法の1つが感情をコントロールすることだと述べられており，本文の内容に**一致する**。

B．同意表現

(1)　**正解は d** ――――――――――――――――――――――――

subordinate「従属的な，下位の」

　a．「中心の，主要な」　　　　　　　b．「制御する」

　c．「独立した，自立した」　　　　　**d．「補助的な，二次的な」**

　　They は女性を指し，社会的に男性より地位が低いという文脈である。subordinate は「従属的な，下位の」という意味で，**d．secondary** が意味的に近い。

(2)　**正解は d** ――――――――――――――――――――――――

consequences「結果」

　a．「原因」　　　　　　　　　　　　b．「要点」

　c．「理由」　　　　　　　　　　　　**d．「結果」**

　　consequences「結果」とほぼ同じ意味の名詞は，**d．results** である。

(3)　**正解は a** ――――――――――――――――――――――――

capacity「能力」

　a．「能力」　　　　　　　　　　　b．「影響」

　c．「必要」　　　　　　　　　　　　d．「抵抗」

　　capacity「能力」とほぼ同じ意味の名詞は，**a．ability** である。

(4)　**正解は a** ――――――――――――――――――――――――

rests on ～「～次第である」

　a．「～次第である」　　　　　　　b．「～し続ける」

　c．「眠る」　　　　　　　　　　　　d．「取る」

直後の on に注目する。rests は rest on ～ の形で「～に基づく，～次第である」
という意味になる。a．depends も depend on ～ の形で「～によって決まる，～
次第である」という意味になるので，これが意味的に近い。

(5)　**正解は d** ─────────────────────────────

task「課題，仕事，役割」

　　a．「表現」　　　　　　　　　　　　b．「影響」

　　c．「反応」　　　　　　　　　　　**d．「仕事，役割」**

　　emotional task は，ここでは「感情に関わる面での役割」という意味で用いられ
ており，d．work が意味的に近い。

(6)　**正解は b** ─────────────────────────────

aggression「攻撃性，敵意」

　　a．「友情」　　　　　　　　　　　**b．「敵意」**

　　c．「後悔」　　　　　　　　　　　d．「悲しみ」

　　aggression「攻撃性，敵意」とほぼ同じ意味の名詞は，b．hostility である。

(7)　**正解は d** ─────────────────────────────

mastering「征服すること，抑えこむこと」

　　a．「避けること」　　　　　　　　b．「創造すること」

　　c．「発達させること」　　　　　　**d．「克服すること」**

　　この mastering は master の動名詞形。目的語の fear and weaknesses「恐怖心
や弱さ」から判断して，この master は「～を征服する，～を抑えこむ」という意
味で用いられており，d．overcoming が意味的に近い。

(8)　**正解は c** ─────────────────────────────

open「さらされた，影響を受けやすい」

　　a．「心地よい」　　　　　　　　　b．「基本的な」

　c．「さらされた」　　　　　　　　d．「責任のある」

　　この open は be open to ～ の形で「～にさらされている，～を受けやすい」とい
う意味で用いられている。be exposed to ～ も「～にさらされている」という意味
であり，c．exposed が意味的に近い。

(9)　**正解は b** ─────────────────────────────

spontaneous「自然に出てくる」

　　a．「人工的に作られた」　　　　**b．「自然に起こる」**

　　c．「まったく後ろ向きの」　　　　d．「まったく前向きな」

　　spontaneous feeling とは自然に湧き起こってくる感情のことであり，この spon-
taneous は「自然に出てくる」という意味なので，b．naturally occurring が意味
的に近い。

(10)　**正解は c**

resource「資源，資産，手段」

a.「結びつき」　　　　　　　　　　b.「もの」

c.「道具，手段」　　　　　　　　　d.「無駄」

　resource という語は第2段第1文にも見られ，「資産」という意味で用いられている。ここでは，直後にある managing feeling「感情をうまく操る」という表現から判断して，「手段」という意味で用いられており，c. tool が意味的に近い。

C．同意表現

(ア)　**正解は d**

flight attendant side「客室乗務員的な面」

a.「機械的性質，無機質な傾向」　　b.「肉体的側面，物質的側面」

c.「正しい態度，適切な態度」　　　d.「サービスの側面」

　「客室乗務員的な面」とは客室乗務員の仕事に代表される側面のことであり，第3段第6文（Women are more likely …）の最後に述べられている in the service of being nice という語句も参考にすると，女性はサービス業を得意とするという文脈と考えられ，d. service aspect が内容的に近い。

(イ)　**正解は b**

bill collection side「代金回収的な面」

a.「無礼な面」　　　　　　　　　　b.「事務的な面」

c.「道徳的な作法」　　　　　　　　d.「誤った態度」

　この部分は，flight attendant side と対比する形で用いられている点に注目する。bill collection side は直訳すると「代金の取り立ての面」となるが，これも代金の取り立てに代表される，感情の入り込む余地のない仕事の側面のことであり，b. businesslike aspect が内容的に近い。

(ウ)　**正解は b**

training of the heart「感情の訓練」

a.「学校教育」　　　　　　　　　　b.「感情面の教育」

c.「体育」　　　　　　　　　　　　d.「排泄訓練，トイレ・トレーニング」

　training of the heart の heart はここでは feeling や emotion とほぼ同意の「感情」という意味だと判断でき，b. emotional education が内容的に近い。

(エ)　**正解は b**

managed heart「うまくコントロールされた感情」

a.「企業経営」　　　　　　　　　　b.「コントロールされた感情」

c.「指導力，統率力」　　　　　　　d.「感情面の訓練」

　heart はここでも emotion と同意。manage は「～をうまく操る」という意味で

用いられており，control とほぼ同意と考えられるので，b．controlled emotion
が内容的に近い。

(オ)　正解は　a ─────────────────────────────

calls for「～を要求する，～を必要とする」

　a．「～を要求する」　　　　　　　b．「～を提供する」
　c．「～に抵抗する」　　　　　　　d．「～を解決する，～を定着させる」

　　call for ～ は「～を要求する」という意味のイディオムであり，a．demands
が内容的に近い。

(カ)　正解は　d ─────────────────────────────

becomes more prominent「一層顕著になる」

　a．「成熟する」　　　　　　　　　b．「さらにあいまいになる」
　c．「割合が減る，比率が下がる」　　d．「さらに気付きやすい」

　　prominent は「目立った，顕著な」という意味である。目立つということは気付
かれやすいと解釈することもできるので，d．is more easily noticed が内容的に
近い。

●語句・構文……………………………………………………………………………
□ *l.* 4　in general「一般に，概して」
□ *l.* 8　as a gift「ただで，贈り物として」
　　　　　in return for ～「～に対する見返りとして」
□ *l.* 11　in different ways「さまざまな点で」
□ *l.* 12　be called on to *do*「～することを要求される」
□ *l.* 13　on the whole「全体的に見ると」
　　　　　specialize in ～「～を専門とする，～に特化する，～を得意とする」
□ *l.* 23　displaced「行き場のない」
□ *l.* 30　it is these capacities that become ～ という部分は強調構文となっている。
□ *l.* 41　have an outside resemblance to ～「～に外見が似ている」
□ *l.* 43　purposely「意図的に」
□ *l.* 47　enhance「～を高める」

A．a・d・g・j
B．(1)—d　(2)—d　(3)—a　(4)—a　(5)—d　(6)—b　(7)—d　(8)—c
　　(9)—b　(10)—c
C．(ア)—d　(イ)—b　(ウ)—b　(エ)—b　(オ)—a　(カ)—d

解答

選択式・記述式混合

11

2022 年度　学部個別日程 2 月 6 日実施分　〔Ⅱ〕

目標解答時間 20 分　**配点** 41 点

次の英文を読み，下記の設問（A～D）に答えなさい。

　A common approach to improving safety and security is to tighten procedures and require multiple checks. In fact, however, when more people become involved in checking a task, safety can actually decrease. This is called the "bystander[*] effect," a term that came from studies of the 1964
5 murder of Kitty Genovese on the streets of New York City. Although numerous people witnessed that incident, no one helped. The bystander effect is the phenomenon in which the more people who watch an emergency happen, the less likely anyone is to help. Why?

　Think about your own reaction. If you were by yourself, walking along the
10 streets of a large city and encountered what looked like a crime, you might be frightened and, （　1　）, reluctant to intervene. Still, you probably would try to call for help. But suppose a crowd of people were also watching the incident. What would you do then? <u>You weren't witnessing anything serious, because, if it were, people in the crowd would be doing something</u>,
15 you probably would assume. After all, in a large city, anything might happen : maybe it's actors making a movie.

　The bystander effect works in security as well. Suppose that you are working as a technician at a power plant. You are supposed to check the meter readings with one of your colleagues, a person you know and trust.
20 Moreover, when you have finished, your supervisor will also do a check. The result is that you don't have to exercise extra care on the task. After all, how could a mistake ₍ₐ₎<u>get through</u> with so many people checking?　The problem is that （　2　） feels this way. As a result, more people checking on something leads to fewer people carefully performing the task. As more
25 people are responsible, security may diminish : ₍ₑ₎<u>trust gets in the way</u>.

　Commercial airlines have done an excellent job of ₍ₑ₎<u>fighting</u> this tendency with its program of "Crew Resource Management." All modern commercial aircraft have two pilots. One, the more senior, is the captain, who sits in the left-hand seat, while the other is the first-officer, who sits in the right-hand seat. Since both are qualified pilots, it is common for them to take turns 30 piloting the aircraft. A major component of crew resource management is for the pilot who is not flying to be an active critic, constantly checking and questioning the actions （　3　） the pilot who is flying. When one person questions another's behavior, it usually implies a lack of trust; and when two people are supposed to work together, especially when one is superior to the 35 other, trust is essential. It took a while before the aviation** community learned to take the questioning as a mark of respect, （　4　） a lack of trust, and for senior pilots to insist that junior ones question all of their actions. The result has been increased safety. Security is more of a social or human problem than a technological one. 40

*bystander：傍観者
**aviation：航空産業

設　問
A．本文中の空所（1～4）に入れるのに最も適当なものを，それぞれ下記（a～d）の中から1つ選び，その記号をマークしなさい。

(1)　a．however　　　　　　　　b．nevertheless
　　　c．therefore　　　　　　　　d．until

(2)　a．almost　　　b．everyone　　c．few　　　　　d．no one

(3)　a．to take　　　　　　　　　b．to be taken
　　　c．taken by　　　　　　　　d．taking for

(4)　a．according to　　　　　　　b．as well as
　　　c．in regard to　　　　　　　d．rather than

B．本文中の下線部（ア～ウ）の文中での意味に最も近いものを，それぞれ下記（a～d）の中から1つ選び，その記号をマークしなさい。

(ア)　<u>get through</u>
　　　a．be corrected　　　　　　b．be overcome
　　　c．be overlooked　　　　　　d．be recognized

(イ)　<u>trust gets in the way</u>
　　　a．trust is an obstacle　　　b．trust is the value
　　　c．trust is not enough　　　d．trust is ignored

出典追記：Emotional Design：Why We Love (or Hate) Everyday Things by Donald A. Norman, Basic Books

(ウ) <u>fighting</u>
    a. achieving   b. encouraging
    c. opposing   d. observing

C. 次の英文（a～f）の中から本文の内容と一致するものを2つ選び，その記号を各段に1つずつマークしなさい。ただし，その順序は問いません。

  a. Many of the witnesses to the murder of Kitty Genovese could not pretend that they did not see the incident.

  b. The bystander effect is the tendency to believe that a situation is not urgent because others have taken no action but instead merely watched.

  c. When there are multiple confirmations by trusted colleagues, people become more and more careful about their own work.

  d. An increase in the number of people among whom responsibility is shared is likely to decrease safety.

  e. In commercial airlines, the two-pilot system has been adopted to make it unclear where the responsibility lies in the event of an accident.

  f. It is still forbidden for the co-pilot to criticize the captain's operation.

D. 本文中の二重下線部 <u>You weren't witnessing anything serious, because, if it were, people in the crowd would be doing something</u> を日本語に訳しなさい。答えは記述式解答用紙の所定欄に記入しなさい。

全訳

≪傍観者効果とその対処法≫

　安全と安心を向上させる一般的な方法は，手順を厳格化し，複数のチェックを義務付けることである。しかし，実際は，より多くの人が一つの仕事のチェックに関わると，安全性が損なわれる恐れがある。これは「傍観者効果」と呼ばれるもので，1964年にニューヨークの路上で起きたキティ＝ジェノヴェーゼ殺害事件の研究から生まれた言葉である。多くの人がその事件を目撃していたにもかかわらず，誰も助けなかったのである。傍観者効果とは，緊急事態が起きるのを目撃する人が多ければ多いほど，誰も助けようとしなくなる現象である。なぜだろうか。

　自分自身の反応を考えてみよう。もしあなたが1人で大都市の通りを歩いていて犯罪かと思われることに遭遇すれば，恐怖を感じて，その結果，介入するのをためらうかもしれない。それでも，あなたはおそらく助けを求めようとするだろう。しかし，その事件を大勢の人々も目撃していたとすると，あなたはどうするだろうか。自分は何も深刻な事態など目撃しているわけではない。なぜなら，もしそういうことなら，群衆の中の人たちが何かしているだろうから，とおそらく思うだろう。何といっても，大都市ではなんでも起こりうるからだ。俳優たちが映画を撮影しているのかもしれない。

　傍観者効果は，セキュリティに関しても働く。たとえばあなたが発電所の技術者として働いていると仮定しよう。あなたは，よく知っていて信用している同僚の1人と共にメーターの数値をチェックすることになっている。さらに，あなたが作業を終えると，あなたの上司もチェックを行う。その結果，その作業に関して余計な気を使わなくて済む。何しろ，これだけ多くの人がチェックをしている状況で，どうしてミスがまかり通るだろうか。問題は，みんながそう思っているということだ。その結果，より多くの人がチェックすることによって，その作業を慎重に行う人がより少なくなってしまう。責任者が増えるにつれて，安全性が低下する可能性がある。信頼が妨げとなるのだ。

　民間の航空会社は，「クルー・リソース・マネジメント」というプログラムによって，この傾向にとてもうまく対処してきた。現代のすべての民間航空機には，2人のパイロットがいる。1人が先輩操縦士である機長で左側に座り，一方，もう1人が副操縦士で右側に座る。2人とも正規のパイロットなので，交代で操縦するのが一般的である。クルー・リソース・マネジメントの大きな要素は，操縦していないパイロットが積極的に批判する側になり，操縦しているパイロットがとる行動を常にチェックし，質問することである。ある人がもう1人の人の行動を問うとき，それは普通，信用していないということになる。そして2人の人間が一緒に働くとき，特に一方がもう1人よりも先輩である場合，信頼関係は不可欠である。航空産業界において，質問は不信感ではなく尊敬のしるしだと認識されるようになり，先輩の操縦士が後輩の操縦士に自分のすべての行動について質問するように求めるようになるには，しばらく時間がかかった。しかしその結果，安全性が向上した。安全性とは，技術的な問題というよりは社会的，人間的な問題なのである。

解　説

A．空所補充

(1) 正解は **c**

　　a.「しかしながら」　　　　　　b.「それにもかかわらず」
　　c.「その結果，したがって」　　d.「～まで」

　空所の前の you might be frightened「あなたは恐怖を感じるかもしれない」という内容と，後の reluctant to intervene「介入するのをためらう」という内容は，原因と結果の関係にあることから判断して，**c. therefore** が正解。

(2) 正解は **b**

　　a.「ほとんど」　　　　　　　　b.「みんな」
　　c.「ほとんど～ない」　　　　　d.「誰も～ない」

　空所を含む文の直前の文では「これだけ多くの人がチェックしていて，どうしてミスがすり抜けられるというのか」と述べられており，その直後に The problem is that（　　　）feels this way.「問題なのは（　　　）がこう思っているという点だ」と，その問題点を指摘している。この文脈から判断して，**b. everyone** が正解。a. almost は副詞であり，almost everyone や almost all (the) people のように用いるので不適。cとdは文脈上不適。

(3) 正解は **c**

　空所の直前の the actions と直後の the pilot who is flying を，動詞の take を使ってどうつなぐかを考える。take actions は「行動をとる」という表現である。ここでは「操縦をしているパイロットがとる行動」となるはずで，本来は目的語である actions を修飾するには take は過去分詞形にすべきであり，行為者は by の後に続く。したがって，**c. taken by** が正解。to 不定詞にも名詞を修飾する用法はあるが，to be taken by という形が正しい。

(4) 正解は **d**

　　a.「～によると」　　　　　　　b.「～だけでなく」
　　c.「～に関しては」　　　　　　d.「～というよりむしろ」

　take the questioning as a mark of respect, (　　　) a lack of trust という部分で考えると，「質問を信頼の欠如（　　　），尊敬のしるしと受け取る」という内容である。信頼できないと思う気持ちと尊敬は相反するものであることから，この2つをつなぐ表現としては **d. rather than** が正解となる。

B．同意表現

(ア) 正解は **c**

get through「通り抜ける，すり抜ける」

a.「訂正される」　　　　　　　　b.「克服される」

c.「見過ごされる」　　　　　　　d.「認識される」

　下線部(ア)を含む文は，この後に with *A doing* の形で「*A* が～して」という意味の付帯状況を表す表現が続き，how 以下は「それほど多くの人がチェックしている状況で，一体どうしてミスがすり抜けることがあろうか」という意味の修辞疑問文となっている。内容としては「これだけ多くの人がチェックしているのだから，ミスがすり抜けるはずがない」という意味。この get through は a mistake が主語であることから，「ミスがすり抜ける」，つまり，「ミスが見過ごされる」という意味だと判断でき，c. be overlooked が正解。

(イ)　正解は a

trust gets in the way「信頼は妨げとなる」

a.「信頼は障害となる」　　　　　b.「信頼は価値となる」

c.「信頼は十分ではない」　　　　d.「信頼が無視されている」

　get in the way は「妨げとなる，邪魔になる」という意味のイディオムで，意味的に近い a. trust is an obstacle が正解。get in the way の意味を知らなくても，下線部の直前の文（As more people …）で，責任者が増えるにつれて，安全性が低下するかもしれないと述べられていることから，他者への信頼が逆に危険を招くという内容が読み取れ，正解に至るだろう。

(ウ)　正解は c

fighting「～と戦うこと」

a.「～を達成すること」

b.「～を励ますこと」

c.「～に反対すること」

d.「～を観察すること，～を遵守すること」

　fight の目的語の this tendency は前文の「信頼は妨げとなる」という内容を指しており，この傾向に対してどうすべきかを考えると，意味的に近いのは c. opposing だと判断できるだろう。

C．内容真偽

正解は b・d

a―×「キティ=ジェノヴェーゼ殺害事件の目撃者の多くは，その事件を見ていないふりをすることはできなかった」

　第1段第4文（Although numerous people …）に，非常に多くの人がその事件を目撃したのに，誰も助けなかった，と述べられており，見て見ぬふりをしたことがわかるので，本文の内容に一致しない。

b―○「傍観者効果とは，ある状況を他の人々が何の行動もとらずに眺めているだけ

なのだから，それが緊急ではないと信じる傾向である」

　bystander effect「傍観者効果」については，第1段第5文（The bystander effect …）に，緊急事態が起きるのを目撃する人が多いほど，誰かが助けようとする可能性は低くなるというものだと説明されている。また，第2段の二重下線部を含む文でも，深刻な事態なら群集の中にいる人たちが何かするだろうから，誰も何もしなければ，それは深刻な事態を目撃しているわけではないと思うだろう，とも述べられていることから，本文の内容に**一致する**。

c―× 「信頼できる同僚によって複数回確認されていると，人は自分の仕事に関してますます慎重になる」

　第3段第8文（As a result …）に，より多くの人がチェックすると，その作業を慎重に行う人が少なくなると述べられている。同段第3文（You are supposed …）から，対象としているのは，あなたが知っていて，信頼している同僚だということもわかるので，本文の内容に**一致しない**。

d―〇 「責任を分担しあっている人の数が増えると，安全性が低下する可能性が高い」

　第3段最終文（As more people …）に，責任者が増えるにつれて，安全性が低下するかもしれないと述べられており，本文の内容に**一致する**。

e―× 「民間航空会社では，事故が起きた際に責任の所在を不明瞭にするために，パイロット2人のシステムが採用されている」

　最終段では，民間航空会社には「クルー・リソース・マネジメント」というプログラムがあり，機長と副操縦士が相互にチェックや質問をすることで安全性を高めている例が述べられているが，責任の所在についての記述はなく，本文の内容に**一致しない**。

f―× 「副操縦士が機長の操縦を批判することは今でも禁止されている」

　最終段第5文（A major component …）に，クルー・リソース・マネジメントの大きな要素が，操縦していないパイロットが積極的に批判する側になり，操縦しているパイロットの行動をチェックし，質問することだと述べられており，本文の内容に**一致しない**。

D．英文和訳

・この英文は本来，後続文の述語動詞の assume の目的語となる that 節である。that は省略されて，倒置された形で文頭に置かれている。中心文の You weren't witnessing anything serious の後に，理由を表す because で始まる副詞節が続いているが，この部分は条件節と帰結節で構成されており，仮定法過去時制となっている。because 以下が長く，because の前にコンマもあるので，この部分を「なぜなら～だからだ」というように，主節からつなげる形で訳してもよいだろう。

・witness はここでは「～を目撃する」という意味で用いられている。anything serious は否定文において，something が anything となったものであり，訳としては「何か深刻な事態を目撃しているわけではない」や，「何も深刻な事態など目撃していない」という訳が考えられる。

・if it were という条件節における it は自分が目撃しているものを指しており，were の後に serious を補って訳すとわかりやすい訳となるだろう。

●語句・構文 ……………………………………………………………………………………

☐ *l.* 1　tighten「～を厳しくする，～を厳格化する」
☐ *l.* 5　murder「殺人事件」
☐ *l.* 9　by *oneself*「ひとりで」
☐ *l.*11　intervene「介入する」
☐ *l.*12　call for help「助けを呼ぶ，助けを求めて声をあげる」
☐ *l.*15　after all「結局のところ，どのみち」
☐ *l.*17　work「機能する，作用する」
　　　　　suppose that ～「例えば～だとしよう」
☐ *l.*18　power plant「発電所」
☐ *l.*20　The result is that ～「その結果，～」
☐ *l.*25　diminish「減少する，落ちる」
☐ *l.*29　first-officer「副操縦士」
☐ *l.*30　take turns *doing*「交代で～する」
☐ *l.*32　active critic「積極的に批判をする人」
☐ *l.*34　imply「(必然的に) ～ということになる，(～という) 意味になる」
☐ *l.*36　It took a while before S V「S が V するにはしばらく時間がかかった」
☐ *l.*37　take *A* as *B*「*A* を *B* だと思う，*A* を *B* と受け止める」
☐ *l.*39　more of *A* than *B*「*B* というよりむしろ *A*」

A．(1)―c　(2)―b　(3)―c　(4)―d
B．(ア)―c　(イ)―a　(ウ)―c
C．b・d
D．自分は何も深刻な事態など目撃しているわけではない。なぜなら，もしそういうことなら，群衆の中の人たちが何かしているだろうから

12

目標解答時間 20分　**配点** 48点

次の英文を読み，下記の設問（A～D）に答えなさい。

Children form significant, lifelong memories of their interactions with the adults who enter their lives: their parents, grandparents, aunts and uncles, teachers, sports coaches and so on. Those memories, and the experiences (
1　) which they derive, shape the beliefs children hold (ア)with respect to
5　themselves, others and the world in which they live. In doing so, they also shape children's behaviour.

　The way adults treat their children shapes the way those children will, in turn, treat the next generation when they become adults. It follows that if we are seeking to create a more gentle, humanistic world we adults need to
10　pause and reflect on how we interact with the current generation of children.

　Some time ago I was returning to the Melbourne Central Business District on an overcrowded train after a day at a world championship motor racing event. In the packed train, shoulder to shoulder the passengers stood there, and seemed to suffer stress. I was one of them. In this environment of
15　uncomfortable levels of physical closeness to strangers, eye contact is quite rare, and conversation, when it exists, is short and muted.

　So I could clearly hear behind me a young girl of primary school age begin a conversation (　2　) a complete stranger standing close to her on the train. The child had apparently noticed that this stranger spoke with a heavy
20　accent and had worked up the courage to ask where she was from. The stranger, whom I later observed to be young and of European appearance, responded that she was from Spain. The child (　3　) the young woman that she was learning Spanish. What followed over almost one hour was a child maintaining an animated and enthusiastic conversation about learning
25　Spanish, to which the young woman responded with acceptance, warmth, patience and (イ)corresponding enthusiasm.

　As a psychologist who has interacted with children over a long career, I could not help but be impressed, and (　4　), by the manner in which the young woman engaged with the child. It left me sure that this child would
30　remember fondly the day she communicated with a real-life, Spanish-

speaking adult, apart from her teacher. I wondered how this experience might influence the child's future development, and what had been (ウ)the young woman's own experiences of relating to adults when she was a child that had resulted in her warm, accepting and caring manner towards a previously unknown child. We psychologists know that kindness should be at the heart of all of our endeavours when (5) for and relating with children, for their sake and for the sake of (エ)generations to come.

Conventional wisdom tells us that if something walks like a duck and talks like a duck, it must *be* a duck. But what if it looks like a duck but *thinks* like a swan, because it became separated from its mother and father duck and was raised by a swan? Would we, upon knowing the duck thought like a swan, relate to it as if it were a duck?

I believe that it is not what children do but why they do it that is essential for understanding them, relating effectively with them and, where required, successfully getting involved with them. This distinction between what children do and why they do it is crucial to the accurate understanding of childhood mental diseases and their appropriate and effective treatment. In order to understand why children behave the way they do, one needs to know something of the ways in which they think and (オ)the historical circumstances that shaped the way they think.

設　問

A. 本文中の空所（1～5）に入れるのに最も適当なものを，それぞれ下記（a～d）の中から1つ選び，その記号をマークしなさい。

(1)　a．from　　　　b．in　　　　　c．on　　　　d．with
(2)　a．to　　　　　b．on　　　　　c．over　　　d．with
(3)　a．confessed　　　　　　　b．concealed
　　　c．told　　　　　　　　　d．replied
(4)　a．noticed　　　　　　　　b．remembered
　　　c．touched　　　　　　　　d．understood
(5)　a．accounting　　　　　　　b．caring
　　　c．responding　　　　　　　d．taking

B. 本文中の下線部（ア～オ）の文中での意味に最も近いものを，それぞれ下記（a～d）の中から1つ選び，その記号をマークしなさい。

(ア)　with respect to

出典追記：A Short Introduction to Attachment and Attachment Disorder, Second Edition by Colby Pearce, Jessica Kingsley Publishers Ltd.

a．concerning   b．considering

c．in view of   d．their respect to

(イ)　corresponding

a．catching   b．current   c．eager   d．equal

(ウ)　the young woman's own experiences of relating to adults

a．the young woman's memories of family ties

b．the young woman's relations with grown-ups

c．the young woman's knowledge of being mature

d．the young woman's fear of adults

(エ)　generations to come

a．children in the future

b．contemporary youths

c．people in the next world

d．the next thirty years

(オ)　the historical circumstances

a．the objective accounts of the past

b．the incidents recorded by historians

c．the personal background of children

d．the complicated stories set in the past

C．次の英文（a～f）の中から本文の内容と一致するものを2つ選び，その記号を各段に1つずつマークしなさい。ただし，その順序は問いません。

a．Adults' behaviour towards children is influenced by what they experienced from adults when they were children.

b．There were few passengers in the train the author took.

c．The child wanted to speak Spanish to an unknown person and was looking for someone on the train.

d．The child discovered the young woman was a native speaker of a language she was learning.

e．It is very difficult to distinguish clearly between a duck and a swan, since they look similar.

f．Children's psychological problems can be effectively treated through their understanding of conventional wisdom.

D．本文中の二重下線部 it is not what children do but why they do it that is essential for understanding them を日本語に訳しなさい。答えは記述式解答用紙の所定欄に記入しなさい。

全訳

≪大人が与える子供への影響≫

　子供は，両親や祖父母，叔父や叔母，教師やスポーツコーチなど，彼らの人生に現れる大人たちとの関わり合いについて，重要な生涯を通じた記憶を形作る。これらの記憶やその元となる経験が，子供たちが自分自身や他者，そして自分たちが生きている世界に対して抱く信念を形成する。そうすることでまた，それらは子供たちの行動も形作るのである。

　大人がどう子供たちを扱うかが，こんどはその子供たちが大人になったとき，彼らが次の世代をどのように扱うかを決定付ける。とすると，もし私たちがより優しく人間的な世界を作ろうとするならば，私たち大人はいったん立ち止まって，今の世代の子供たちとの関わり方についてよく考える必要がある。

　少し前に，私は，自動車レースの世界選手権のイベントでの1日を終えて，満員電車でメルボルンの中央ビジネス地区に戻るところだった。満員電車の中で，肩を並べて乗客は立っており，ストレスを感じているようだった。私もその一人だった。このように見知らぬ人と不快なほど肉体的に近い環境下では，人と目を合わせることは非常にまれで，会話はあっても短くて声をひそめてだ。

　そのため，私の背後で小学生の年頃の女の子がその電車で近くに立っていた見ず知らずの人と会話を始めるのがはっきりと聞こえてきた。その子供はこの見知らぬ人がかなりなまって話していることに気がついたようで，勇気を出して彼女がどこから来たのか聞いていた。その見知らぬ人は，後でよく見てみたら若くてヨーロッパ系の外見をしていたが，彼女はスペインから来たと答えた。その子供は若い女性に自分がスペイン語を学んでいることを伝えた。その後，約1時間にわたって，子供はスペイン語の学習について活発で熱心な会話を続けていたが，それに対して，その若い女性は快く，温かく，そして辛抱強く，少女と同じ熱意を持って対応した。

　長らく仕事で子供たちと接してきた心理学者として，私はこの若い女性のその子供との接し方に感動し，感銘を受けずにはいられなかった。この子供は，自分の先生とは別に，実際にスペイン語を話す大人とコミュニケーションをとった日のことを，きっと懐かしく覚えているだろうと思った。この経験が今後，この子供の成長にどのような影響を与えるのか，また，それまで知らなかった子供を温かく受け入れ，思いやりを持って接することにつながったその若い女性自身の幼い頃の大人との関わり合いがどのようなものであっただろうと私は思った。私たち心理学者は，彼らや次の世代のために，子供たちを気にかけ関わりを持つ際には，親切であることが私たちのなすべきことの中心にあるべきことを心得ている。

　社会通念では，アヒルのように歩きアヒルのように話すものはアヒルに違いない。しかし，母アヒルと父アヒルから離れて白鳥に育てられたために，見た目はアヒルのようだが，思考は白鳥のようだとしたらどうであろうか。アヒルが白鳥のように考えていたことを知ったとたん，私たちはそれがアヒルであるかのように接するだろうか？

　子供たちを理解し，効果的に関係を結び，必要に応じて子供たちとうまく関わり合っていくためにきわめて重要なのは，子供たちが何をするのかではなく，なぜそ

れをするのかであると私は考えている。子供たちが何をするのかとなぜそれをする
のかを区別することは，子供の精神疾患の正確な理解とその適切で効果的な治療に
とって極めて重要である。子供がなぜそのように行動するのかを理解するためには，
子供の考え方や，その考え方を形成した歴史的背景をいくらか知る必要がある。

解　説

A．空所補充

(1)　**正解は　a**

　　空所の後に続く関係代名詞節で用いられている動詞の derive は，derive
from ～ の形で「～に由来する，～から生じる」という意味になることから，空所
にはこの from が関係代名詞の which と共に，前に置かれていることがわかる。し
たがって，a．from が正解。

(2)　**正解は　d**

　　空所の前は begin a conversation「会話を始める」で，この後に，その会話の相
手である a complete stranger「見ず知らずの人，赤の他人」が続いていることから，
a conversation with ～ で「～との会話」となる d．with が正解。

(3)　**正解は　c**

　　a．「打ち明けた」　　　　　　b．「～を隠した」
　　c．「～と言った」　　　　　　d．「返事した」

　　空所の直後が the young woman that S V の形になっており，人を直接目的語に
できて，that 節を続けることのできる動詞は，選択肢の中では c．told だけであり，
これが正解。a．confess や，d．reply は人が続くときは前置詞 to が必要。

(4)　**正解は　c**

　　a．「気づかれて」　　　　　　b．「覚えられて」
　　c．「感動して」　　　　　　　d．「理解されて」

　　心理学者の筆者は若い女性の子供に対する接し方に感銘を受けたという文脈であ
ることから，空所には，この前にある be impressed「感心して，感銘を受けて，
感動して」とほぼ同じ意味を持つ語が続いているはずである。touch には「～を感
動させる」という意味があり，その受動態となる c．touched が正解。

(5)　**正解は　b**

　　空所はこの後の for とのつながりから判断する必要があり，この後に children を
補って考えるとよい。b．caring は，care for ～ で「～の世話をする，～を大事
に思う」という意味があり，文脈上適切なので，これが正解。a．accounting は，
account for ～ で「～の説明をする」という意味になるが，文脈上不適。c．
responding や d．taking には直後に前置詞 for が続く表現はなく，いずれも不適。

B．同意表現

(ア)　**正解は a** ――――――――――――――――――――――

with respect to ～「～に関して」

a．「～に関して」　　　　　　　　b．「～を考慮すれば，～のわりには」

c．「～を考慮して」　　　　　　　d．「～への彼らの敬意」

　with respect to ～ は「～に関して，～について」という意味のイディオムであり，意味的に近い a．concerning が正解。beliefs children hold「子供たちが抱く信念」を修飾する前置詞句となっていることからも判断できるだろう。

(イ)　**正解は d** ――――――――――――――――――――――

corresponding「同様の，対応する，付随する」

a．「心を奪う，魅力的な，伝染性の」　b．「現在の，流行している」

c．「熱心な」　　　　　　　　　　d．「等しい，同等の」

　下線部を含む英文の前半では子供が活発で熱心な会話を続けていたことが述べられており，この corresponding は，若い女性もその少女の熱意に応じた，同じような熱意で対応していることがわかる。したがって，意味的に近い d．equal が正解。

(ウ)　**正解は b** ――――――――――――――――――――――

the young woman's own experiences of relating to adults「その若い女性自身の大人と関わり合う経験」

a．「その若い女性の家族の絆の記憶」

b．「その若い女性の大人との関係」

c．「その若い女性の成熟しているということについての知識」

d．「その若い女性の大人に対する恐怖心」

　adults と grown-ups がいずれも「大人」という意味であり，experience of relating to ～「～と関わり合う経験，～と関わりを持つ経験」が relations with ～「～との関係」という表現になっている。したがって，意味的に近い b．the young woman's relations with grown-ups が正解。

(エ)　**正解は a** ――――――――――――――――――――――

generations to come「来るべき世代，次の世代」

a．「将来の子供たち」　　　　　　b．「現代の若者」

c．「来世の人々」　　　　　　　　d．「次の 30 年」

　to come は「来るべき，次の」という意味になっており，generations to come は次の世代，つまり，将来の子供たちを指すので，意味的に近い a．children in the future が正解。

(オ)　**正解は c** ――――――――――――――――――――――

the historical circumstances「歴史的な事情，歴史的背景」

a．「過去についての客観的説明」

b.「歴史家によって記録された出来事」

c.「子供たちの個人的な背景」

d.「過去を舞台にした複雑な物語」

historical circumstances は文字通りの訳としては「歴史的環境」だが，ここでは直後に that shaped the way they think「子供たちの考え方を形成した」という関係代名詞節が続いていることから判断して，子供たちの生い立ち，つまり，個人的な背景のことだと判断でき，意味的に近い c. the personal background of children が正解。

C．内容真偽

正解は a・d ——————————————————————————

a—○「大人の子供に対する振る舞いは，子供の頃に大人から経験したことに影響を受ける」

第2段第1文（The way adults …）に，大人が子供をどう扱うかで，その子供たちが大人になったとき，次の世代をどう扱うかが決まると述べられており，本文の内容に一致する。

b—×「筆者が乗った電車には乗客はほとんどいなかった」

第3段第1文（Some time ago …）に，筆者は満員電車でメルボルンの中央ビジネス地区に戻っていたと述べられており，本文の内容に一致しない。

c—×「その子供は知らない人にスペイン語で話しかけたくて，電車で誰かを探していた」

第4段第1・2文（So I could … she was from.）に，女の子が見ず知らずの人と会話を始めるのが聞こえたが，女の子は，その人のなまったしゃべり方に気がついたらしく，勇気を出して話しかけていたと述べられており，そういう話し相手を探していたわけではないので，本文の内容に一致しない。

d—○「その子供は，その若い女性が自分が学んでいる言葉を母語として話す人だということに気づいた」

第4段第2～4文（The child had … was learning Spanish.）に，その子供は，若い女性のなまりに気づいて話しかけ，女性がスペインから来たと聞くと，自分はスペイン語を学んでいると答えたと述べられていることから，本文の内容に一致する。

e—×「アヒルと白鳥は似ているので，その2つをはっきりと見分けるのはとても難しい」

第6段に，白鳥に育てられたアヒルのたとえ話が述べられているが，アヒルと白鳥が似ていて区別がつかないという内容ではなく，本文の内容に一致しない。

f—×「子供の心理的な問題は，世間一般の通念を子供たちが理解することで効果的

に対処することができる」

　最終段第2文（This distinction between …）に，子供の精神疾患の理解と治療にとっては，子供たちが何をするのかとなぜそれをするのかを区別することが不可欠だと述べられている。世間一般の通念についての記述はないので，本文の内容に一致しない。

D．英文和訳

・英文全体は，it is ～ that … の形の強調構文となっている。この英文では，主語が強調されており，その主語は not *A* but *B*「*A* ではなく *B*」の形で，*A* にあたるのが what children do「子供たちが何をするのか」，*B* にあたるのが why they do it「なぜ彼らがそれをするのか」といういずれも疑問詞節。

・be essential for ～ は「～にとって不可欠である，～にとって最も重要である」という意味。

●語句・構文 ···

□ *l.* 7　in turn「次に，今度は」
□ *l.* 8　It follows that S V「したがって，S が V することになる」
□ *l.*10　reflect on ～「～のことをよく考える」
□ *l.*13　packed train「満員電車」
□ *l.*16　muted「小声で，声をひそめて」
□ *l.*19　with a heavy accent「強いなまりで」
□ *l.*20　work up the courage「勇気を奮い起こす」
□ *l.*21　of European appearance「ヨーロッパ系の外見で」
□ *l.*25　with acceptance「肯定的に，快く」
□ *l.*30　fondly「懐かしく」
□ *l.*34　caring「思いやりのある」
□ *l.*37　for the sake of ～「～のために」
□ *l.*38　conventional wisdom「世間一般の通念，社会通念」
□ *l.*39　what if ～?「もし～だとしたらどうだろうか」
□ *l.*41　upon *doing*「～すると，～したとたん」
□ *l.*46　crucial「重大な，決定的に重要な意味を持つ」

A．(1)―a　(2)―d　(3)―c　(4)―c　(5)―b
B．(ア)―a　(イ)―d　(ウ)―b　(エ)―a　(オ)―c
C．a・d
D．子供たちを理解するためにきわめて重要なのは，彼らが何をするのかではなく，なぜそれをするのか，なのだ

13

次の英文を読み，下記の設問（A〜D）に答えなさい。

　　An estimated 70 percent of the water consumed worldwide is used by farmers, while some 20 percent is used by industry and 10 percent for residential purposes. In the increasingly intense competition for water among these three sectors, the economics of water do not favor agriculture. In
5　China, 1,000 tons of water can be used to produce one ton of wheat, （　1　） perhaps $200, or else to increase industrial output by $14,000—70 times as much. In a country that is desperately seeking economic growth and the jobs it generates, (ア)shifting water from agriculture to industry is an obvious strategy.

10　　Urbanization and industrialization also （　2　） the demand for water. As developing country villagers, traditionally dependent on the village well, move to urban high-rise apartment buildings, their domestic water use can easily triple. Industrial development takes even more water than the population shift from rural to urban areas. Rising affluence* in itself
15　generates additional demands for water. For example, as people （　3　） the social and economic ladder, consuming more beef, pork, chicken, eggs, and other stock farm products, they use more grain. (イ)A diet rich in those products, such as in the United States, requires four times as much grain per person as a rice-based diet in a country like India. Using four times as much
20　grain means using four times as much water.

　　(ウ)Once a local phenomenon, water shortages are now crossing national borders via the international grain trade. The world's fastest-growing grain import market is North Africa and the Middle East. Virtually every country in these regions is also experiencing water shortages and rapid population
25　growth. As the demand for water in the regions' cities and industries rises, it is typically satisfied by shifting water from its traditional use in the fields. The loss in food production capacity is then compensated for by importing grain from abroad. Since one ton of grain represents 1,000 tons of water, this is the most （　4　） way for water-poor countries.

30　　The water required to produce the grain and other food products imported

into North Africa and the Middle East was roughly equal to the annual flow
of the Nile River. Stated otherwise, the fast-growing water shortages of these
regions are equal to another Nile flowing into the regions in the form of
imported grain. It is often said that future wars in the regions will more
likely be fought over water than oil. Perhaps, but given the difficulty in ₃₅
winning a water war, the competition for water seems more likely to take
place in world grain markets.

   The world water shortages grow larger each year, making it progressively
more difficult to manage. If countries everywhere decided to (　5　) the
overpumping of groundwater, the world grain harvest would fall by some ₄₀
160 million tons, and grain prices would (ɪ)go off the top of the chart. The
longer countries delay in facing this issue, the wider the water shortages
become and the greater the eventual adjustment will be. Unless governments
in water-poor countries act quickly to make the population stable and to raise
water productivity, their water shortages may soon become food shortages.　₄₅

*affluence：豊かさ

設　問

A．本文中の空所（1～5）に入れるのに最も適当なものを，それぞれ下記（a～
　d）の中から1つ選び，その記号をマークしなさい。

(1)　a．due　　　　　b．worth　　　　　c．among　　　　　d．without

(2)　a．expand　　　　　　　　　　b．exclude
　　c．conclude　　　　　　　　　d．decrease

(3)　a．carry out　　　　　　　　　b．connect
　　c．move up　　　　　　　　　　d．take in

(4)　a．reduced　　　　　　　　　　b．reversed
　　c．extreme　　　　　　　　　　d．efficient

(5)　a．store　　　　　b．halt　　　　　c．open　　　　　d．invent

B．本文中の下線部（ア～エ）が文中で表している内容に最も近いものを，それぞれ
　下記（a～d）の中から1つ選び，その記号をマークしなさい。

(ア)　shifting water from agriculture to industry
　　　　a．the increase in the amount of water used for industry instead of
　　　　　agriculture
　　　　b．the profit made from preventing water use by industry

出典追記：Eco-Economy : Building an Economy for the Earth by Lester R. Brown, Earthscan

c. the benefit of using more water for agriculture than industry

d. the gain in the number of jobs using a large amount of water

(イ) A diet rich in those products

a. a typical way of losing weight by eating those products

b. expensive ingredients for making those products

c. eating habits centered on those products

d. a common tendency to avoid those products

(ウ) Once a local phenomenon

a. The phenomenon was observed mainly in wide areas.

b. The phenomenon was previously seen only in certain parts of the world.

c. The influence of the phenomenon was not very small at that time.

d. The evidence of the phenomenon had not been recognized before.

(エ) go off the top of the chart

a. appear on the top of the chart

b. become the best on the chart

c. drop out of the top of the chart

d. go beyond the top of the chart

C. 次の英文（a～f）の中から本文の内容と一致するものを2つ選び，その記号を各段に1つずつマークしなさい。ただし，その順序は問いません。

a. In China, people can gain an economic advantage by using water for agriculture rather than for industry.

b. People who used to live in a village know how to secure a water supply even in a city.

c. More water is needed because grain is widely used for animal feed as well as for human consumption.

d. In North Africa and the Middle East, grains need to be imported because of the shift of water from agriculture to industry.

e. The Nile river can cover the water shortage in the regions where people need to grow grains.

f. Governments facing water shortages need to improve economic productivity before they manage population growth.

D. 本文中の二重下線部 It is often said that future wars in the regions will more likely be fought over water than oil. を日本語に訳しなさい。答えは記述式解答用紙の所定欄に記入しなさい。

全訳

≪世界の水不足問題≫

　世界全体で消費される水の推定 70 パーセントは農家が使用している一方で，約 20 パーセントは工業，10 パーセントは居住目的で使われている。この 3 つの区分の間でますます激化する水の争奪戦において，水の経済的側面では農業に分が悪くなっている。中国では，小麦を 1 トン，価値にしておそらく 200 ドル分を生産するのに 1,000 トンの水が使われるが，そうしなければ工業生産高を——その 70 倍にあたる——14,000 ドル分増やすためにその水が使えるのだ。必死に経済成長と，それが生み出す雇用を手に入れようとしている国では，水を農業から産業に転用するのは明快な戦略の 1 つなのである。

　都市化と工業化も水の需要を押し上げた。発展途上国の農村部の人たちが，従来は村の井戸に頼っていたのが，都市部の高層ビルのアパートに引っ越すと，家庭で使う水の使用量は軽く 3 倍になりうる。工業の発展には，田舎から都市部への人口移動よりもさらに多くの水が必要である。豊かさの向上はそれ自体，さらに多くの水の需要を生む。例えば，人々は社会的，経済的地位を上げていくにつれ，牛肉，豚肉，鶏肉，卵をはじめとする畜産物を多く消費するようになり，さらに多くの穀物を使う。米国のように，そういう畜産物を多く含む食事だと，インドのように米を主食とする食事に比べて 1 人当たり 4 倍の穀物が必要である。4 倍の穀物を使うということは，4 倍の水を使うということなのだ。

　水不足は，以前ならある地域に限られた現象だったが，今や，国際穀物取引によって国境を超えようとしている。世界で最も急速に拡大している穀物輸入市場となっているのは北アフリカと中東である。これらの地域のほぼすべての国が，水不足と急速な人口増加も経験している。その地域の都市部と工業で水の需要が増大するにつれて，従来のような田畑での使用から水を転用することでその需要にこたえるのが一般的である。そうなると，食料生産能力の損失分を海外から穀物を輸入することで埋め合わせることになる。1 トンの穀物は 1,000 トンの水に相当するのだから，これは水資源に恵まれない国々にとっては最も効率のよいやり方なのだ。

　北アフリカと中東に輸入される穀物とその他の食料品の生産に必要な水はおおよそ，ナイル川の年間流水量に匹敵した。別の言い方をすれば，これらの地域の急増する水不足は輸入される穀物という形で，もう 1 つのナイル川がその地域に流れ込んでいるようなものなのだ。<u>よく言われることだが，その地域における未来の戦争は，石油よりも水をめぐっての戦いになる可能性の方が高いだろう。</u>ことによると，いや，水戦争に勝利する難しさを考え合わせると，水をめぐる争いは，穀物市場で起こる可能性の方がもっと高くなりそうだ。

　世界の水不足は年を追ってますます増大しているため，その扱いが次第に困難になっている。もしどの地域の国々も地下水の過剰な汲み上げを中断する決定を下すなら，世界の穀物の収穫量は約 1 億 6 千万トン分減少し，穀物価格は天井知らずの上昇をするだろう。国々がこの問題に対処するのを先延ばしにすればするほど，水不足は拡大し，最終的な調整はより規模の大きなものとなるだろう。水資源に恵まれない国々の政府が速やかに人口を安定させ，水の生産性を高める行動にでない限り，その国の水不足がやがて食料不足になるかもしれないのだ。

解 説

A．空所補充

(1) 正解は b ────────────
　a．「満期の，当然支払うべき」　　b．「～の価値がある，～に相当する」
　c．「～の間の」　　　　　　　　d．「～なしで」
　空所から perhaps $200 までは，直前の one ton of wheat を金額に置き換えて説明しており，「1トンの小麦の価値が約 200 ドル」と述べていると判断でき，b. worth が正解。a．due は直後に金額がくることはなく，文脈上も不適。

(2) 正解は a ────────────
　a．「～を拡大する，～を膨張させる」　b．「～を除外する」
　c．「～と結論を出す，～を完了する」　d．「減少する」
　都市化や工業化で水の需要がどうなるかを考えると，選択肢の中では文脈上適切なa．expand が正解。次文（As developing country …）の，人が農村から都会に移住すると水の使用量が3倍になるという具体例からも判断できる。

(3) 正解は c ────────────
　a．「～を実行する」　　　　　　b．「～を結びつける」
　c．「～を上がる」　　　　　　　d．「～を取り込む」
　social ladder「社会的階段」とは「社会的地位，出世街道」のこと。人々の社会的，経済的地位がどうなると，食事に肉や卵が多くなるかを考えると，地位が上がるとそうなると判断でき，c．move up が正解。

(4) 正解は d ────────────
　a．「削減された」　　　　　　　b．「逆にされて」
　c．「極端な」　　　　　　　　　d．「効率のいい」
　水資源に恵まれない国にとっては，水を 1,000 トン使用して1トンの穀物を生産するより，穀物を輸入に頼り，節約できる水を産業などに使用する方が効率がいいはずであり，d．efficient が正解。

(5) 正解は b ────────────
　a．「～を蓄える」　　　　　　　b．「～を停止する」
　c．「～を開ける」　　　　　　　d．「～を発明する」
　地下水の過剰な汲み上げをどうすれば，世界の穀物の収穫量が大幅に減少するかを考えると，選択肢の中では文脈上適切なb．halt が正解。

B．同意表現

(ア) 正解は a ────────────
shifting water from agriculture to industry「水を農業から産業へ転用すること」

　　a．「農業の代わりに産業用に用いられる水の増加」

　　b．「産業による水の使用を止めることで得られる利益」

　　c．「産業より農業に多くの水を使う利点」

　　d．「大量の水を使う仕事の数の増加」

　　下線部における shift は shift *A* from *B* to *C*「*A* を *B* から *C* へ移す」という意味で用いられており，農業に使用していた水を産業に転用することなので，意味的に近い a．the increase in the amount of water used for industry instead of agriculture が正解。

(イ)　正解は c

A diet rich in those products「そういう産物を多く含む食事」

　　a．「そういう産物を食べることによる典型的な減量法」

　　b．「そういう産物を作るための高価な材料」

　　c．「そういう産物を中心とする食習慣」

　　d．「それらの産物を避ける一般的な傾向」

　　diet は「食事」，rich in ～ は「～を多く含む，～に富む」という意味であり，those products とは前文中の畜産物を指す。意味的に近いのは，diet を eating habits「食習慣」，rich in ～ を centered on ～「～を中心とする」に言い換えた，c．eating habits centered on those products が正解。

(ウ)　正解は b

Once a local phenomenon「以前は特定の地域の現象であったが」

　　a．「その現象は主に広い地域で見られた」

　　b．「その現象は以前は世界の特定の地域にだけ見られた」

　　c．「その現象の影響は当時，あまり小さくはなかった」

　　d．「その現象の証拠は以前はまだ認知されていなかった」

　　Once a local phenomenon は Once の後に having being が省略された分詞構文と考えられ，意味上の主語は water shortages なので「（水不足は）以前は特定の地域の現象であったが」という意味になる。local を in certain parts of the world と言い換えた形の b．The phenomenon was previously seen only in certain parts of the world. が正解。

(エ)　正解は d

go off the top of the chart「表の一番上から外れる」

　　a．「表の一番上に現れる」

　　b．「表の上で一番いいものになる」

　　c．「表の一番上から落ちる」

　　d．「表の一番上を超える」

　　go off the top of the chart における off はある場所から離れることを表す前置詞

で，この部分は直訳すると「表の一番上から外れる」だが，内容的には価格表の枠を超えてしまうほど上昇するという意味。これに近い意味となる d．go beyond the top of the chart が正解。

C．内容真偽

正解は c・d

a―×「中国では，人々は工業よりもむしろ農業に水を使用することで経済的利点を得ることができる」

　第1段の最終2文（In China, 1,000 … an obvious strategy.）には，中国では1,000トンの水を農業より工業に使用する方が70倍ものお金になるという状況が述べられており，本文の内容に一致しない。

b―×「以前は村で暮らしていた人たちは，都会でもどうやって水の供給を確保したらいいかを知っている」

　第2段第2文（As developing country …）に，発展途上国の村で暮らす人たちは井戸を頼りに暮らしており，都会の高層ビルのアパートに引っ越すと，水の使用量が3倍になることもあるという状況は述べられているが，水の供給を確保する方法を知っているとは述べられておらず，本文の内容に一致しない。

c―○「穀物は人が消費するためだけでなく，動物の飼料としても広範囲に使用されているので，さらに多くの水が必要である」

　第2段の最終2文（A diet rich … as much water.）に，人々の暮らしが豊かになると肉を多く食べるようになり，肉の生産に必要な飼料用の穀物の量に換算すると，穀物中心の食事より4倍もの穀物を消費する，つまり4倍の水が必要になると述べられており，本文の内容に一致する。

d―○「北アフリカと中東では，農業から工業に水が転用されているので，穀物を輸入する必要がある」

　第3段第2文（The world's fastest-growing …）に，北アフリカと中東で穀物の輸入が急増している現状と，同段第4文（As the demand …）に，その地域では都市部や工業用の水の需要が増え，それを農業からの水の転用でやりくりしている現状が述べられていることから，本文の内容に一致する。

e―×「ナイル川は，人々が穀物を栽培する必要がある地域における水不足の埋め合わせをすることができる」

　第4段第1文（The water required …）には北アフリカや中東に輸入される穀物の生産に必要な水の量がナイル川の年間流水量に相当すると述べられており，同段第2文（Stated otherwise, the …）でも，その地域で輸入される穀物の量を，その栽培に必要な水の量に換算すればナイル川の流水量に相当すると述べられてはいるが，実際にナイル川の水で水不足を埋め合わせることができるという意味ではな

いので，本文の内容に**一致しない**。

f―×「水不足に直面している政府は，人口増加に対処するに先立って，経済生産性を改善する必要がある」

最終段最終文（Unless governments in …）に，水資源に恵まれない国の政府は人口を安定させ，水の生産性を上げる行動にでなければ食料不足になると述べられているが，人口を安定させるより先に経済生産性を改善する必要があるとは述べられていないので，本文の内容に**一致しない**。

D．英文和訳

・It is often said の It は that 節の内容を受ける形式主語で「～だとよく言われる」となるが，「よく言われることだが，～」というように先に訳しておいてもよい。

・that 節の主語である future wars は fought の目的語にあたり，fought の後の over はここでは「～をめぐって」という意味。likely は「おそらく，たぶん」という意味の副詞だが，比較級となっており more likely で「さらに可能性が高くなって」というような訳が考えられる。

●語句・構文 ……………………………………………………………………………

☐ *l.* 2　some「約」
☐ *l.* 4　favor「～に有利にはたらく，～に都合がよい」
☐ *l.*10　urbanization「都市化」
☐ *l.*17　stock farm products「畜産物」
☐ *l.*23　virtually「実質的には，事実上」
☐ *l.*27　compensate for ～「～の穴埋めをする，～の埋め合わせをする」
☐ *l.*32　Stated otherwise「別の言い方をするなら」
☐ *l.*35　given「～を考慮すると，～と仮定すると」
☐ *l.*38　progressively「次第に」
☐ *l.*40　overpumping「過剰な揚水」

A．(1)―b　(2)―a　(3)―c　(4)―d　(5)―b
B．(ア)―a　(イ)―c　(ウ)―b　(エ)―d
C．c・d
D．よく言われることだが，その地域における未来の戦争は，石油よりも水をめぐっての戦いになる可能性の方が高いだろう。

14

目標解答時間　20 分　配点　45 点

次の英文を読み，下記の設問（A〜D）に答えなさい。

How do you know how far away a tree is ? Partly you'll judge it by how clearly you see it. This often works fine, but sometimes you suffer from visual illusions : when it's foggy, for instance, you might think that the tree is farther away than it really is.

5　Daniel Kahneman is an Israeli psychologist who studied the psychology of visual perception and later turned to economics. With a fellow psychologist, Amos Tversky, he discovered that when people accept a job or buy lunch, (7)a mental fog stops them from perceiving things logically. Economists have long believed that people are rational, that they accurately weigh the costs and

10　benefits of the options facing them before acting. Kahneman and Tversky found that this wasn't so. They spent decades observing people's real-life decision-making and helped create the field of 'behavioural economics.' All economics is about behaviour, of course. But behavioural economics was new because it built its theories around the quirks—the slightly strange habits—in people's actual

15　decision-making, (　1　) simply assuming that they were completely rational.

One quirk is that people (ィ)weigh up gains and losses differently. Rationally, a gain of $50 should exactly balance a loss of $50. However, people seem to hate losses more than they love gains. When he was still a student, the behavioural economist Richard Thaler noticed 'loss aversion[*]' in one of his own economics

20　professors. The professor, a wine lover, was willing to pay a high price for a bottle of a certain wine to add to his collection. But he really hated giving one up : even if you offered him three times what he'd paid, he wouldn't sell a bottle to you. After noticing this example of loss aversion, Thaler teamed up with Kahneman to do an experiment with a group of people. Some of them were

25　given a cup and then asked how much they'd sell it for. The others, who hadn't received a cup, were asked how much they'd pay for the same cup. The two groups were being asked essentially the same thing : (　2　). Economic rationality requires them to have a single valuation. If their valuation is £5 they should be willing to buy or sell the cup for £5 ; what they think something is

30　worth shouldn't be affected by whether they have it or not. But people's valuations were influenced by whether or not they had a cup. When they already had one they valued cups more highly than when they didn't.

Just as a room seems lighter or darker depending on how bright it is outside, outcomes look better or worse depending on the 'reference point' you begin from. If you start off without a cup, your reference point is not having a cup; receiving one is a gain. But if you start off with a cup, your reference point is having the cup; giving it up is viewed as a loss and that's psychologically painful. Once you have something, it becomes more valuable to you. You'd need to be paid quite a lot to give up your cup, as would Thaler's professor to part with his wine.

Another quirk in decision-making involves how people judge uncertainty. For example, a taxi firm wanting to open an office in a new part of town needs to judge how likely it is that people there will want to use its services. If people are rational then they should be good at assessing the probability of future events (3) the information they have. Kahneman and Tversky showed that they aren't.

Imagine a woman named Carole who is really (ｱ)into music and spent most of her student years going to music concerts. Which of these two statements is more likely? Statement one: Carole is a bank clerk. Statement two: Carole is a bank clerk and plays drums in a local band. Think about it for a moment. Kahneman and Tversky found that when asked this kind of question, people tended to think that statement two was more likely. In fact, statement one is more likely, because the probability of a broad event is always higher than (ｲ)a narrow one. People thought that statement two better represented the description of Carole that they'd been given. But the description was an illusion and led them to incorrectly judge probabilities. If people get lost when judging these probabilities, then they're even more liable to (4) when judging more complex situations, such as how many people in a certain part of town are likely to want to use taxis.

From A Little History of Economics by Niall Kishtainy, Yale University Press

*loss aversion：損失回避

設　問

A．本文中の下線部（ア〜エ）が文中で表している内容に最も近いものを，それぞれ
　下記（a〜d）の中から1つ選び，その記号をマークしなさい。

　(ア)　<u>a mental fog</u>
　　　　a．decision-making　　　　　　b．stress
　　　　c．a careful thought　　　　　　d．unclear thinking

　(イ)　<u>weigh up</u>
　　　　a．reveal　　　b．consider　　　c．change　　　d．report

　(ウ)　<u>into</u>
　　　　a．absorbed in　　　　　　　b．neutral about
　　　　c．confused about　　　　　　d．exhausted by

　(エ)　<u>a narrow one</u>
　　　　a．a possibility that Carole is a student
　　　　b．a possibility that Carole is a bank clerk
　　　　c．a possibility that Carole plays in a band and also goes to music
　　　　　concerts
　　　　d．a possibility that Carole is a bank clerk and also plays in a local band

B．本文中の空所（1〜4）に入れるのに最も適当なものを，それぞれ下記（a〜
　d）の中から1つ選び，その記号をマークしなさい。

　(1)　a．above all　　　　　　　　　b．as inferior to
　　　　c．in addition to　　　　　　　d．rather than

　(2)　a．whether the cup was large or not
　　　　b．whether they liked the cup or not
　　　　c．how much they valued the cup
　　　　d．how many cups they wanted to buy

　(3)　a．just because　　　　　　　b．less than
　　　　c．on the basis of　　　　　　d．for the sake of

　(4)　a．sit back　　　　　　　　　b．think twice
　　　　c．go wrong　　　　　　　　d．give up

C．次の英文（a〜h）の中から本文の内容と一致するものを3つ選び，その記号を
　各段に1つずつマークしなさい。ただし，その順序は問いません。

　a．Kahneman and Tversky successfully confirmed previous theories,
　　creating the field of behavioural economics.
　b．The phenomenon of loss aversion was noticed by Richard Thaler's

professor.

c．It seems that people do not love gains as much as they hate losses.

d．Thaler's professor did not like to pay a lot of money for a bottle of wine.

e．In Thaler and Kahneman's experiment, people sold and bought cups for cash.

f．The reference point is the situation in which people are initially placed when they value something.

g．Both the 'owners' of a cup in the experiment and Thaler's professor valued their possessions more highly when they owned them than before they obtained them.

h．The subjects of the experiment failed to judge probabilities because they did not pay attention to the difference between the cups.

D．本文中の二重下線部 <u>what they think something is worth shouldn't be affected by whether they have it or not</u> を日本語に訳しなさい。答えは記述式解答用紙の所定欄に記入しなさい。

全訳

≪行動経済学の誕生──人はいかに判断を誤るか≫

　木がどれだけ離れたところに立っているか，どうすればわかるのだろうか？　一つには，いかに鮮明に見えるかで判断する，ということがある。たいていはこれでうまくいくが，錯視に陥ることもある。たとえば，霧がかかっていると，木は実際よりも遠くにあると思うかもしれない。

　ダニエル=カーネマンは，視覚の心理学を研究し，のちに経済学に転じたイスラエルの心理学者である。同僚の心理学者エイモス=トベルスキーとともに発見したことは，仕事を引き受けたり，ランチを買ったりするとき，頭の中の霧が物事を論理的に把握するのを妨げる，ということである。経済学者は，人間は理性的な生き物だ，行動する前に目の前にある選択肢の代償と利益を正確に測るものだ，と長く信じ込んでいた。カーネマンとトベルスキーは，そうではないことを発見した。二人は，何十年も費やして人間の実生活における意思決定を観察し，「行動経済学」という分野を生み出すのに貢献した。もちろん，経済学はどれも行動に関するものである。しかし，行動経済学は，人間が完全に理性的であると単純に考えるのではなく，人間の実際の意思決定における奇行──やや風変わりな習慣──を中心に理論を構築するという点で新しかった。

　奇行の一つは，もうけと損失を別にして評価するということである。理性的に考えれば，50ドルのもうけは50ドルの損失で正確にプラスマイナスゼロになるはずである。しかしながら，人はもうけを愛する以上に損失を嫌うようである。まだ学生のころ，行動経済学者のリチャード=セイラーは彼自身の経済学教授の一人に見られる「損失回避」に注目した。ワイン愛好家であったその教授は，自分のコレクションに加えるために，あるワイン1瓶に喜んで高額を支払った。しかし，彼はワインを譲ることはひどく嫌った。たとえあなたが彼が払った値段の3倍を差し出したとしても，彼はそれを売りはしないだろう。こうした損失回避の例に気づいた後，セイラーはカーネマンとチームを組んで集団相手に実験を行った。何人かにカップをわたして，いくらなら売るかと尋ねた。その他はカップをわたされなかった人たちで，同じカップにいくら払うかと尋ねた。2つのグループは根本的には同じことを尋ねられていたのである。すなわち，そのカップにどれだけの価値を見るか，である。経済的理性は，唯一の価値評価を要求する。2グループの価値評価が同じ5ポンドなら，彼らは喜んでカップを5ポンドで売り買いするはずである。すなわち，ある物にどれだけの価値があると彼らが考えるかは，彼らがそれを持っているか否かに影響されないはずなのだ。しかし，人々の評価はカップを持っているかどうかに影響されていた。すでにカップを持っているときは，持っていないときよりもカップを高く評価したのである。

　ある部屋が外の明るさによって実際より明るくまたは暗く思えるのと全く同じように，結果は出発点となる「基準点」次第で，実際より良くも悪くも見える。カップを持っていないところから出発したのなら，基準点はカップなしである。カップをもらうことはもうけとなる。だがカップを持っているところから出発したのなら，基準点はカップありである。すなわち，カップを譲ることは損失と見なされ，これ

は心理的には痛みとなる。いったん何かを得たなら，それは自分にとって価値を増す。自分のカップを譲るためにはかなりの額を支払ってもらう必要があるだろう。セイラーの教授がワインを手放すために必要であろうように。

　意思決定におけるまた別の奇行は，不確実性の判断方法に関わることである。たとえば，町の新地域に営業所の開設を望んでいるタクシー会社は，そこの人たちがそのタクシーサービスの利用を望む見込みがどれだけあるかを判断する必要がある。もしその社の人が理性的であるならば，持っている情報に基づいて将来の出来事の可能性を上手に査定できるはずだ。カーネマンとトベルスキーはそうではないことを示した。

　音楽に心底夢中で，学生時代のほとんどをコンサート通いに費やしたキャロルという名の女性を想像してほしい。次の2つの説明のどちらがよりあたっていそうだろうか。説明1：キャロルは銀行員である。説明2：キャロルは銀行員で，地元のバンドでドラムをたたいている。少しの間考えてみよう。カーネマンとトベルスキーは，この種の質問をされると，人は説明2の方があたっている可能性が高いと考えがちだということを発見した。実際は，説明1の方があたっている可能性が高い。というのも，範囲の狭いことより広いことの方が，起こる可能性は常に高いからである。人は説明2の方が与えられたキャロルの説明によく該当すると考えた。しかし，その記述は錯覚で，そのために人は可能性をまちがって判断することになったのだ。このような可能性の判断でまちがってしまうのであれば，町のある地区の人たちのどれだけがタクシーの利用を望みそうかといった，より複雑な状況を判断するときにはなおさらうまくいかないだろう。

解　説

A．同意表現

(ア)　正解は　d

a mental fog「頭の中の霧」

　a．「意思決定」　　　　　　　　　　　b．「ストレス」

　c．「注意深い考え」　　　　　　　　　d．「不明瞭な思考」

　a mental fog に続く文中では stop A from *doing*「A が〜するのを妨げる」という表現が用いられており，「人が物事を論理的に把握するのを妨げる」という内容になっていることから判断して，頭の中に霧がかかったような状態とは物事をはっきり考えられない状態とわかるので，意味的に近い d．unclear thinking が正解。

(イ)　正解は　b

weigh up「〜を比較検討する，〜の品定めをする」

　a．「〜を明らかにする」　　　　　　　b．「〜を考慮する，〜を検討する」

　c．「〜を変える」　　　　　　　　　　d．「〜を報告する，〜を伝える」

　weigh up 〜は「〜を比較検討する，〜の品定めをする」という意味のイディオ

ムだが，目的語が gains and losses「もうけと損失，損得」であることから，この
2つを比較検討していると判断でき，b．consider が意味的に近いのでこれが正
解。

㋒　正解は　a ─────────────────────────────

into「～にのめり込んで，～に夢中で」

a．「～に熱中して，～にのめり込んで」

b．「～について中立の立場で」

c．「～に困惑して」

d．「～のせいで疲れ切って」

　　この into は口語的な表現として be into ～ の形で「～にのめり込んでいる，～に
夢中になっている」という意味になる。選択肢の中では「～に没頭して，～に熱中
して」という意味を持つa．absorbed in が正解。

㋓　正解は　d ─────────────────────────────

a narrow one「範囲の狭いもの」

a．「キャロルは学生であるという可能性」

b．「キャロルは銀行員であるという可能性」

c．「キャロルはバンドで演奏しており，音楽のコンサートにも出かけるという可
　　能性」

d．「キャロルは銀行員で，地元のバンドで演奏もしているという可能性」

　　この a narrow one の one は直前の a broad event の event を指す代名詞。event
には「出来事，（出来事の）結果，事象」などの意味がある。ここでは，この段落
の第3文（Statement one : Carole …）に述べられている「キャロルは銀行員であ
る」という状況が broad event，第4文（Statement two : Carole …）の「キャロル
は銀行員で，地元のバンドでドラムをたたいている」という状況は，条件が2つに
なっていて，キャロルに関して「より限定的な」説明となっていることから nar-
row event のことだと判断できる。また，than 以下は than the probability（＝pos-
sibility）of a narrow event の省略された形と考えられ，以上のことから，d．a
possibility that Carole is a bank clerk and also plays in a local band が正解。

B．空所補充

(1)　正解は　d ─────────────────────────────

a．「とりわけ，何にもまして」　　　b．「～より劣るとして」

c．「～に加えて」　　　　　　　　　d．「～というよりむしろ，～ではなく」

　　空所の前にある because 以下の節は，行動経済学が新しい理由を述べている部
分。空所の前には「行動経済学は人間の実際の意思決定における奇行を中心に理論
を構築している」と述べられており，空所の後には「人間は完全に理性的であると

単純に考えること」という，それとは逆の内容が続いていることから判断して，d.
rather than が正解。

(2) 正解は　c

a.「そのカップが大きかったかどうかにかかわりなく」

b.「彼らがそのカップを気に入ったかどうかにかかわりなく」

c.「彼らがそのカップにどれだけの価値を置くか」

d.「彼らがいくつのカップを買いたいか」

　　コロンの後に続く空所は，直前の the same thing の具体的内容と考えられる。
the same thing というのだから，この直前に同じような質問があるはずで，第 3 段
第 8・9 文（Some of them …）には how much they'd sell it for と how much
they'd pay for the same cup という 2 つの問いが述べられていることから判断して，
カップの価値を問う，c. how much they valued the cup が正解。

(3) 正解は　c

a.「単に〜という理由で」　　　　　b.「〜に満たない，〜未満の」

c.「〜に基づいて」　　　　　　　　d.「〜のために，〜の利益のために」

　　空所を含む文は，この直前の文（For example, a …）に述べられている，新規営
業所を開設したいタクシー会社は人々がそのサービスを利用したいと思う可能性が
どれくらいあるかを判断する必要があるという例をもとにして述べられている。し
たがって，空所の直前の「将来の出来事の可能性を査定する」という行動と直後の
「自分たちが持っている情報」とをつなぐ語句としては，c. on the basis of が文
脈上適切。

(4) 正解は　c

a.「深く座る，手を出さない」　　　b.「熟考する，よく考える」

c.「うまくいかない，失敗する」　　d.「あきらめる，断念する」

　　空所の前には「このような可能性の判断でまちがってしまうようであれば」とい
う条件節があり，空所の後の when 以下では「より複雑な状況では」という条件が
述べられていることから判断して，空所には if 節の中の get lost と同じような表現
が用いられているはずであり，c. go wrong が正解。be liable to *do*「〜しそうだ，
〜しがちである」

C．内容真偽

正解は　c・f・g

a−×「カーネマンとトベルスキーはそれまでの説をうまく裏づけて，行動経済学と
　　いう分野を創出した」

　　第 2 段第 4 文（Kahneman and Tversky …）には，二人はそれはそうではない
とわかったと述べられており，this は，直前の同段第 3 文（Economists have long

…）に述べられているそれまでの説を指していることから，本文の内容に**一致しな
い**。

b－×「損失回避という現象は，リチャード＝セイラーの教授が気づいた」

　　　第3段第4文（When he was …）に，リチャード＝セイラーが「損失回避」に注
目したと述べられており，気づいたのは本人なので，本文の内容に**一致しない**。

c－○「人は損失を嫌うほどにはもうけを愛することはないようだ」

　　　第3段第3文（However, people seem …）に，人はもうけを愛する以上に損失
を嫌うようだ，と述べられており，選択肢は，この文の than の前後を逆にして否
定文として言い換えた文だとわかるので，本文の内容に**一致する**。

d－×「セイラーの教授はワイン1瓶に大金を支払いたくなかった」

　　　第3段第5文（The professor, a …）に，教授はワインの愛好家で，ワイン1瓶
に喜んで高額を支払ったと述べられており，その教授とは，直前の第4文（When
he was …）から，セイラー自身の教授だとわかるので，本文の内容に**一致しない**。

e－×「セイラーとカーネマンの実験では，人々はカップを現金で売り買いした」

　　　第3段第7～最終文（After noticing this …）には，セイラーとカーネマンが行
った実験の具体的な手順と結果が述べられているが，実際にお金を使ってカップを
売り買いしたという記述はないので，本文の内容に**一致しない**。

f－○「基準点とは，人が何かの価値を判断する際に，最初に置かれた状況のことで
ある」

　　　reference point「基準点」という語は，第4段第1文（Just as a …）で最初に用
いられている。この文の前半部分では，部屋がより明るい，より暗いと思えるかは，
外がどの程度明るいかによると述べられており，後半部分では結果は出発点となる
「基準点」によると述べられていることから，この「外の明るさ」が，部屋の明る
さを判断する際の基準点だとわかる。こういう最初の状況が reference point であ
り，本文の内容に**一致する**。

g－○「実験におけるカップの『所有者』もセイラーの教授も，手に入れる前よりも
所有しているときの方がその所有物を高く評価した」

　　　実験におけるカップの「所有者」に関しては第3段第7～最終文（After notic-
ing this …）に，セイラーの教授に関しては同段第5・6文（The professor, a …）
に記述があり，いずれも，所有していなかったときよりも所有しているときの方が，
所有しているものを高く評価していたことがわかるので，本文の内容に**一致する**。

h－×「その実験の被験者たちは，カップ同士の違いに注意を向けなかったので，可
能性を判断することができなかった」

　　　第3段第7～最終文に述べられているカップを用いた実験では，被験者たちが渡
されたカップは同じものであり，カップの違いに注意を向けたかどうかについては
言及がない。また，可能性の判断については第5・6段に述べられており，カップ

の実験とは無関係でもあり，本文の内容に**一致しない**。

D．英文和訳

・主語は what they think something is worth という疑問代名詞節で，疑問代名詞
の what は worth という前置詞に続く語であり，think の目的語にあたる some-
thing is worth what という文の what が文頭に出た形。この部分全体としては
「ある物にどれだけの価値があると彼らが考えるのか」という意味になっている。
・shouldn't be affected における should は推量を表し，「影響されるはずがない，
影響されないはずだ」という意味になる。
・whether they have it or not「彼らがそれを持っているか否か」は名詞節で，前
置詞の by の目的語となっている。

●語句・構文・・

□ *l.* 2　work fine「うまくいく」
　　　　visual illusion「錯視」
□ *l.* 9　that they accurately 以下の that 節は，直前の that people are rational という節の内
　　　　容を言い換えて説明している。
　　　　weigh「～を測定する，～を比較する，～を検討する」
□ *l.*14　quirk「奇行，特異な行動」
□ *l.*17　balance「～と釣り合う，～と相殺する」
□ *l.*37　view *A* as *B*「*A* を *B* と見なす」
□ *l.*39　as would 以下は as Thaler's professor would need to be paid quite a lot to part with
　　　　his wine と考えるとよい。

A．(ア)—d　(イ)—b　(ウ)—a　(エ)—d
B．(1)—d　(2)—c　(3)—c　(4)—c
C．c・f・g
D．ある物にどれだけの価値があると彼らが考えるかは，彼らがそれを持ってい
　るか否かに影響されないはずなのだ

15

次の英文を読み，下記の設問（A〜D）に答えなさい。

Cave drawings suggest that people in (　1　) Scandinavia were sliding over the snow on skis more than 5,000 years ago. It is also believed that Polynesians had been using boards to move quickly over ocean waves at least 1,000 years before explorer James Cook described surfing in the Hawaiian Islands in the
5　late 1700s. So it was perhaps inevitable that one day somebody would combine skiing and surfing to create a fun new sport. What is surprising is that it took so long.

　The sport that came to be known as snowboarding is only about 50 years old, but its popularity has grown (ア)at an extraordinary pace. Dismissed as a hobby
10　for wild teenagers at first, it now ranks second only to skiing among winter sports in most countries in the world. Snowboarding went public in 1998, when the Winter Olympics in Nagano involved two snowboarding events. The number increased to five times as many in the 2018 Winter Olympics in PyeongChang and competitors included professional athletes with international
15　(　2　).

　No one can clearly say who first tried sliding across snow on a single board, but the history of snowboarding officially started in 1929 with a man named Jack Burchett of Utah, a Rocky Mountain state in the U.S. He reportedly crafted a snowboard out of a plank* that he secured to his feet with clothesline** and
20　horse reins.*** His achievement was considered significant enough that Burchett and his snowboard were featured in the second-place design in a contest to appear on the 25 cent coin celebrating the state. This is, however, just the first phase of how the sport was born in North America and came to enjoy its present worldwide popularity.

25　Modern snowboarding began in 1965 when Sherman Poppen, in the state of Michigan, invented a toy for his daughter by fastening two skis together and attaching a rope to one end so she would have control over it, as she stood on the board and glided downhill. Given the name "snurfer" (combining snow and surfer), the toy proved so popular among his daughter's friends that Poppen
30　(イ)licensed the idea to a manufacturer who then sold about a million snurfers over

the next decade. In the early 1970s, he organized snurfing competitions that attracted fans from all over the country. Some of those competitors and their (3) number of fans soon began experimenting with new designs that would advance the sport of snowboarding immeasurably by the 1980s.

One of those early pioneers was an eighth grader in New Jersey on the East Coast. He crafted a snowboard in his school shop class by gluing carpet on top of a piece of wood and attaching aluminum sheets to the bottom. He began manufacturing his own line of snowboard in 1977 and went on to become a snowboard champion.

In the mid-1970s, an American surfing enthusiast, who had also enjoyed sliding down snowy hills on cafeteria trays during his college years in New York, constructed a snowboard called "winterstick", (4) by the design and feel of a surfboard. Articles about his invention appeared in a national news magazine and helped publicize the young sport.

The most successful of the early designers of modern snowboards was Burton Carpenter, who enjoyed snurfing since the age of 14. In 1977 he impressed the crowd at a competition with equipment he had designed to secure his feet to the board. The same year, he founded a company, and it still ranks as one of the leading manufactures of snowboards in the world.

Despite the snowboard's increasing popularity, ski resorts were (ウ)unwilling to welcome the new sport at first. Snowboarders, mostly young males who rode actively and had (5) the loose-fitting clothes of the rebelling skateboarding and surfing cultures, were considered the bad boys of the slopes. In 1985 only seven percent of U.S. ski areas allowed snowboarders, a situation reflected in Europe.

However, by the end of the 1980s, realizing that snowboarding was big business, ski manufacturers began producing snowboards. As equipment and skills improved and organizations were founded to provide guidelines for instruction and competition, snowboarding became a more accepted sport.

Now, (エ)almost all ski resorts in North America and Europe welcome snowboarders, and many have constructed special parks with jumps and other features that encourage boarders to (6) their skills and display the mastery of their amazing techniques.

*plank：木製の厚板
**clothesline：物干し綱

***reins：手綱

設　問

A．本文中の空所（1〜6）に入れるのに最も適当なものを，それぞれ下記（a〜
　d）の中から1つ選び，その記号をマークしなさい。

(1)　a．how is now　　　　　　　b．what is now
　　　c．which is now　　　　　　d．when is now

(2)　a．reputations　　　　　　　b．relationship
　　　c．population　　　　　　　d．workmanship

(3)　a．immediate　　　　　　　　b．fundamental
　　　c．huge　　　　　　　　　　d．external

(4)　a．limited　　　　　　　　　b．connected
　　　c．extended　　　　　　　　d．inspired

(5)　a．increased　　　　　　　　b．adopted
　　　c．depressed　　　　　　　　d．expressed

(6)　a．throw　　　　　　　　　　b．close
　　　c．distinguish　　　　　　　d．sharpen

B．本文中の下線部（ア〜エ）の文中での意味に最も近いものを，それぞれ下記（a
　〜d）の中から1つ選び，その記号をマークしなさい。

(ア)　at an extraordinary pace
　　　a．dramatically and quickly
　　　b．keeping pace with the times
　　　c．extremely slowly
　　　d．keeping pace with others

(イ)　licensed the idea
　　　a．earned enough money to attend
　　　b．appreciated contribution
　　　c．took it for granted that he would stick
　　　d．sold the right to produce the "snurfer"

(ウ)　unwilling to welcome
　　　a．reluctant to rebel　　　　b．happy to accept
　　　c．reluctant to accept　　　　d．happy to rebel

(エ)　almost
　　　a．conversely　　　　　　　　b．oppositely
　　　c．supposedly　　　　　　　　d．practically

C．次の英文（ a ～ g ）の中から本文の内容と一致するものを 2 つ選び，その記号を
　各段に 1 つずつマークしなさい。ただし，その順序は問いません。

　a．It took James Cook quite a long time to describe and create the new sport.
　b．It was 50 years ago that snowboarding became an authorized event in the
　　　Winter Olympics.
　c．The 2018 Winter Olympics in PyeongChang featured ten snowboarding
　　　events.
　d．Burchett and his snowboard were on the memorial 25 cent coin.
　e．A boy designed a snowboard for himself and first sold it at his school
　　　store.
　f．The snowboarding equipment Carpenter designed impressed people at
　　　the competition.
　g．In the 1990s, snowboarding was not so much welcomed in Europe either.

D．本文中の二重下線部 it took so long を，it が何を指すのかを明確にしながら，
　日本語に訳しなさい。答えは記述式解答用紙の所定欄に記入しなさい。

≪スノーボードの歴史≫

全訳

洞穴画によると現在のスカンジナビア地方に住んでいた人々は 5000 年以上前にスキーで雪上を滑っていた。また，1700 年代後半に探検家のジェームズ=クックがハワイ諸島のサーフィンについて描写する少なくとも 1000 年前には，ポリネシア人は海で波の上を素早く移動するために板状のものを使っていたと考えられている。ゆえに，いつの日か誰かがスキーとサーフィンを融合して楽しい新しいスポーツを生み出すのはおそらく必然的なことであった。驚くべきことは，それにはかなりの時間を要したということだ。

スノーボードとして知られるようになったスポーツはたった 50 年ほどの歴史しかないが，その人気はとてつもない勢いで広まった。それは当初はやんちゃな 10 代の遊びだとして相手にされなかったが，今や世界のほとんどの国でスキーに次ぐ人気のウィンタースポーツである。長野冬季オリンピックで 2 種目のスノーボード競技が正式種目化された 1998 年にスノーボードは一般的になった。種目数は 2018 年の平昌冬季オリンピックで 5 倍（10 種目）に達し，競技者の中には国際的な名声を有するプロのアスリートもいた。

誰が初めて一枚の板に乗って雪上を滑走してみたのかははっきりとはわからないが，スノーボードの歴史は公式にはアメリカのロッキー山脈にあるユタ州のジャック=バーチェットという男とともに 1929 年に始まった。伝えられるところでは，彼は木製の厚板から物干し綱や馬の手綱で彼の足に結わえるスノーボードを作った。彼が成したことは重要であると考えられ，バーチェットと彼のスノーボードはユタ州の 25 セント記念硬貨のコンテストで次点作のデザイン案で大きく取り上げられたほどだった。しかしながら，このことはこのスポーツがどのように北アメリカで生まれ現在の世界中の人気を博するにいたったかの最初の段階にすぎない。

現代スノーボードは，ミシガン州のシャーマン=ポッペンが 2 本のスキーを結んで 1 つにして，ボードの上に立ち丘を滑り降りる際に操作できるように片方の端にロープをつけた遊び道具を娘のために作った 1965 年に始まった。（スノウとサーファーを掛け合わせて）「スナーファー」と名づけられ，その遊び道具は彼の娘の友達の間でとても人気を博したのでポッペンは製造業者にそのアイデアを売り，業者はその後の 10 年で約 100 万のスナーファーを売り上げた。1970 年代初頭，彼は全米からのファンを引きつけるスナーフィングの競技会を企画した。競技者や多数のファンたちは 1980 年代までにスノーボードというスポーツを飛躍的に進歩させることになる新しいデザインをすぐに試し出した。

これら初期の先駆者のうちの一人に東海岸のニュージャージー州の 8 年生（中学 2 年生）がいた。彼は学校の技術の授業で木材の表面にカーペットを貼りつけ，底部に薄板状のアルミニウムを貼りつけてスノーボードを作り上げた。彼は 1977 年に彼自身のスノーボードの製造を始め，続いてスノーボードのチャンピオンになった。

1970 年代半ば，ニューヨークでの大学生活の間にカフェのトレーに乗って雪の丘を滑り降りるのを楽しんでいたあるアメリカのサーフィンファンもまた，サーフ

ボードのデザインと使用感にヒントを得て「ウィンタースティック」というスノーボードを作った。彼の発明に関する記事が全国版ニュース雑誌に取り上げられ，この歴史が浅いスポーツを広めるのに役立った。

　現代スノーボードの初期のデザイナーたちの中で最も成功したのはバートン＝カーペンターであり，彼は14歳からスナーフィングを楽しんでいた。1977年に，彼は足をボードに固定するために彼が考案した装備で競技会に来ていたたくさんの人々に好印象を与えた。その同じ年に彼は会社を設立し，そしてそれは未だに世界のスノーボードのトップメーカーの一つであり続けている。

　スノーボードの高まる人気にもかかわらず，当初スキーリゾートはこの新しいスポーツを歓迎しようとはしなかった。スノーボーダー，つまりたいていはおとなしい乗り方はせず，反抗的なスケートボードやサーフィン・カルチャーのルーズな服装を取り入れた男性の若者はゲレンデの不良と見なされた。1985年にはアメリカのスキー場のたった7パーセントしかスノーボーダーを認めておらず，ヨーロッパでも状況は同様であった。

　しかしながら，1980年代の終わりまでにスノーボードは大金が稼げることに気づいてスキーメーカーはスノーボードを生産し始めた。装備と技術が改良され，組織が設立されて滑り方や競技の指針が示されるにつれスノーボードはより認められたスポーツになった。

　現在，北アメリカとヨーロッパのほとんどすべてのスキーリゾートはスノーボーダーを喜んで受け入れており，多くはスノーボーダーがその技術を磨き素晴らしい技術の熟達度を披露するためのジャンプ台などを備えた特別な広い場所を用意している。

解　説

A．空所補充

(1)　正解は　b

　in（　1　）Scandinavia は people を修飾する前置詞句であると判断できるので，in の後は名詞節となっていると考えられる。関係代名詞の what が用いられた b．what is now であれば，what is now Scandinavia で「現在はスカンジナビアであるもの」すなわち「現在のスカンジナビア」となって，文脈上も適切なので，これが正解。a．how is now や d．when is now だと，この節に主語がないので不適。c．which is now だと「どれが今はスカンジナビアか」という文で，意味がつながらず，不適。

(2)　正解は　a

　a．「評判，名声」　　　　　　　b．「関係」
　c．「人口」　　　　　　　　　　d．「（職人の）技能，作品」

　with 以下は athletes を修飾する前置詞句。オリンピックの競技者でもあるプロ

のアスリートが国際的な何を持っているかを考えると，a．reputation が正解と判断できる。

(3)　**正解は c**

　　a．「即時の」　　　b．「基本的な」　　　c．「莫大な」　　　　d．「外部の」

　　空所直後の number of fans とのつながりを考えると，c．huge であれば，huge number of ～で「非常に多くの～」となり，文脈上も適切なので，これが正解。

(4)　**正解は d**

　　a．「制限されて」　　　　　　　b．「結びついて」

　　c．「拡大されて」　　　　　　　d．「触発されて」

　　空所を含む文は，an American surfing enthusiast「アメリカのサーフィンの（熱狂的）ファン」が主語で，constructed が述語動詞。空所以下はどういう状況でスノーボードを作ったかを説明する分詞構文となっている。「サーフボードのデザインと使用感」によってどうされて作ったかを考えると，d．inspired であれば「触発されて，ヒントを得て」という意味になり，文脈上も適切なので，これが正解。

(5)　**正解は b**

　　a．「～を増やした」

　　b．「～を取り入れた，～を採用した」

　　c．「～を押し下げた，～を意気消沈させた」

　　d．「～を表現した」

　　who 以下は young males を先行詞とする関係代名詞節で，空所に入る動詞の目的語が「反抗的なスケートボードやサーフィン・カルチャーのルーズな服装」であることから判断して，b．adopted であれば，その服装を取り入れた若者となって，文脈上も適切。

(6)　**正解は d**

　　a．「～を投げる」　　　　　　　b．「～を閉じる」

　　c．「～を区別する」　　　　　　d．「～を磨く」

　　目的語が their skills「自分たちの技術，技」であることから判断して，d．sharpen が正解。

B．同意表現

(ア)　**正解は a**

at an extraordinary pace「尋常でない速さで，とてつもない勢いで」

　　a．「劇的しかも急速に」

　　b．「時代と足並みをそろえて，時代に遅れずに」

　　c．「極端にゆっくりと」

　　d．「他の人たちと足並みをそろえて」

pace は「速度」という意味であり，extraordinary「尋常でない」という語が，速度が異常に速いことを示しているので，意味的に近い a．dramatically and quickly が正解。

(イ) 正解は d ─────────────────────────────

licensed the idea「アイデアの使用許可を与えた」

a．「注意を向けるのに十分なお金を稼いだ」

b．「貢献に感謝した」

c．「固執するのは当然だと思った」

d．「『スナーファー』を製造する権利を売った」

　　license は「～の使用許可を与える，～の権限を与える」という意味で，この idea はここでは「スナーファー」のアイデアであり，その使用許可を与えるというのは，業者にスナーファーを製造する権利を売ったという意味と考えられ，d．sold the right to produce the "snurfer"が正解。

(ウ) 正解は c ─────────────────────────────

unwilling to welcome「歓迎しようとはしないで」

a．「しぶしぶ反抗して」　　　　　　b．「喜んで受け入れて」

c．「しぶしぶ受け入れて」　　　　　d．「喜んで反抗して」

　　be unwilling to do は「～することに気が進まない，～することを嫌がる」という意味であり，当初，スキーリゾートではスノーボードという新しいスポーツを嫌がったとわかるので，意味的に近い c．reluctant to accept が正解。

(エ) 正解は d ─────────────────────────────

almost「ほとんど，ほぼ」

a．「逆に」　　　　　　　　　　　　b．「向かい合って」

c．「推定では，たぶん」　　　　　　d．「実質的に，ほぼ」

　　almost は「ほとんど」という意味なので，意味的に近い d．practically が正解。

C．内容真偽

正解は c・f ─────────────────────────────

a―×「ジェームズ＝クックが新しいスポーツを記述し生み出すのにかなりの時間がかかった」

　　第1段第2文（It is also …）の後半に，ジェームズ＝クックはハワイ諸島のサーフィンについて描写したとの記述はあるが，新しいスポーツに関する言及はないので，本文の内容に一致しない。

b―×「スノーボードが冬季オリンピックの正式種目になったのは，50年前である」

　　第2段第3文（Snowboarding went public …）に，1998年に長野冬季オリンピックで2種目のスノーボード競技が正式種目化されたと述べられており，これは約

20年前のことなので、本文の内容に一致しない。

c—〇「2018年の平昌冬季オリンピックでは10のスノーボード種目が目玉となった」

　　第2段最終文（The number increased …）に、2018年の平昌冬季オリンピックではその数が5倍になったと述べられており、最初の長野冬季オリンピックが2種目であったことから、その5倍の10種目になったと判断でき、本文の内容に**一致する**。

d—×「バーチェットと彼のスノーボードは25セント記念硬貨に彫られていた」

　　第3段第3文（His achievement was …）に、バーチェットと彼のスノーボードは、ユタ州の25セント記念硬貨のコンテストで次点作のデザイン案で大きく取り上げられた、と述べられており、実際に記念硬貨に使われたわけではないので、本文の内容に一致しない。

e—×「少年は自分用のスノーボードをデザインし、最初、それを学校の売店で売った」

　　第5段第2文（He crafted a …）に、少年が学校の技術の授業でスノーボードを作ったという記述はあるが、それを学校の売店で売ったとは述べられておらず、本文の内容に一致しない。

f—〇「カーペンターがデザインしたスノーボードの装備が競技会に来ていた人々に好印象を与えた」

　　第7段第2文（In 1977 he …）に、カーペンターが競技会で、足をボードに固定するために考案した装備で人々に好印象を与えたと述べられており、本文の内容に**一致する**。

g—×「1990年代、ヨーロッパでもスノーボードはあまり歓迎されていなかった」

　　第8段第1文（Despite the snowboard's …）に、当初、スキーリゾートではスノーボードをあまり歓迎していなかったと述べられてはいるが、同段最終文（In 1985 only …）で、それは1985年のことだとわかり、第9段第1文（However, by the …）に、1980年代の終わりまでにはスノーボードが大きなビジネスになると認識されるようになった点も述べられていることから判断して、本文の内容に**一致しない**。

D. 英文和訳

・it は直前の one day somebody would combine skiing and surfing to create a fun new sport を指すので、この部分を訳に反映する必要がある。

・would は推量を表す用法。combine A and B は「A と B を結合する」という意味。to create 以下は to 不定詞の結果を表す用法で、combine skiing and surfing and create 〜と考えて訳すとよい。fun new sport「楽しい新たなスポーツ」

・take so long は「時間がかなりかかる」という意味。

●語句・構文…………………………………………………………………………

☐ *l.* 1　cave drawing「洞窟の壁画」

☐ *l.* 5　inevitable「必然的な，当然の，避けがたい」

☐ *l.* 8　come to be known「知られるようになる」

☐ *l.* 9　Dismissed as 〜「〜として片づけられて，〜として相手にされずに」

☐ *l.*11　go public「広く知られるようになる」

☐ *l.*16　try *doing*「試しに〜してみる」

☐ *l.*18　reportedly「伝えられるところでは，報道によると」
　　　　craft「〜を作る」

☐ *l.*19　secure to 〜「〜にしっかり固定する」

☐ *l.*21　be featured in 〜「〜で大々的に取り上げられる」

☐ *l.*40　enthusiast「熱狂的なファン」

☐ *l.*49　rank as 〜「〜として位置づけられる，〜の位置にある」
　　　　leading manufacturer「トップメーカー，一流メーカー」

A.　⑴—b　⑵—a　⑶—c　⑷—d　⑸—b　⑹—d

B.　㋐—a　㋑—d　㋒—c　㋓—d

C.　c・f

D.　誰かがスキーとサーフィンとを融合して，楽しい新しいスポーツを生み出すのにかなりの時間を要した

16

2019 年度　学部個別日程 2 月 6 日実施分　〔Ⅱ〕

目標解答時間 20 分　**配点** 43 点

次の英文を読み，下記の設問（A〜C）に答えなさい。

You walk into a theater full of anticipation. Even if the "theater" is a chair in front of your DVD player and you have just rented a new movie, you hope to be transported for (ア)the next few hours. You hope that the chair is magic, so that you can sit and watch, yet go on a journey—fueled by energy and navigated by imagination—of enormous possibilities. You hope that the show will take you away.

For live theater, your anticipation may be even greater. This is kind of a special occasion. You may have reserved tickets and dressed up. Most of all, what you and the other audience members see will be different from any other performance of the show. Things could go wrong. They could go spectacularly right. There is danger and expectation. Great live theater combines the fun of watching a film with the thrill of being at an athletic event or concert. You get to sit and be told a story, right there with the storytellers.

You are breathing the same air as the actors. You are highly aware of each other's presence. You have a special relationship with them and other members of the audience for the duration of the performance.

And you have power. The show is not complete without your response, without exchanges between actors and audience. Whether you laugh really hard, remain silent, or shift in your chair and cough, you affect the performance. You can change the actors: how hard they push or how relaxed they are. You make the show different from what it would have been without you. (イ)In turn, the actors affect you. A performance might start strong and then lose its way. But then perhaps the actors adjust to the energy in the room and restore their connection with the audience. Each group brings energy to the event. Each charges and stimulates the other.

(ウ)The physical presence of another human being can make a situation unpredictable. You may prepare for an important encounter with someone in your life, even writing down exactly what you intend to say and hoping for a specific response. But he or she will almost always do or say something that makes it different from the way you planned, perhaps giving you that look which always disturbs you or an answer you never considered.

　<u>Filmed performances, unlike actual theater, are unchanging, but our response to them can change over time.</u> If you watch the same film at _(エ)<u>various stages</u> in your life, it may seem different with each viewing because you have changed over the years. The performances are the same, locked in celluloid[*] perma- 35 nence. But you aren't. And live theater isn't, either.

From Theatre in Your Life by Robert Barton and Annie McGregor, Cengage Learning

[*]celluloid：セルロイド（映画フィルムなどに用いられる素材）

設　問

A．本文中の下線部（ア〜エ）の文中での意味に最も近いものを，それぞれ下記（a 〜d）の中から1つ選び，その記号をマークしなさい。

(ア)　<u>the next few hours</u>
　　　a．the time spent in the interval
　　　b．the time required to finish the movie
　　　c．the theater's opening time
　　　d．the audience's waiting time

(イ)　<u>In turn</u>
　　　a．During the performance　　　b．Without the power and energy
　　　c．Similar to the audience　　　d．Going around the theater

(ウ)　<u>The physical presence</u>
　　　a．The scientific explanation　　　b．The actual closeness
　　　c．The powerful movement　　　d．The mysterious stranger

(エ)　<u>various stages</u>
　　　a．numerous shows　　　b．mixed tendencies
　　　c．certain lifestyles　　　d．different phases

B．次の問い（1〜4）の答えとして最も適当なものを，それぞれ下記（a〜d）の 中から1つ選び，その記号をマークしなさい。

(1)　What does the author think of the role of the chair in front of a DVD player?
　　　a．It is an instrument necessary to create a new movie.
　　　b．It is helpful for the actors to practice and perform their magic tricks.
　　　c．It fulfills a function of a theater for experiencing a show.
　　　d．It is essential to operate a DVD player.

(2) How do the audience members participate in the performance?

 a. Guidelines suggest that the audience should keep still and remain quiet.

 b. The ways the audience members react to the performance depend on the producer.

 c. The actors ask for the audience's suggestions to improve their performance.

 d. The actors are inevitably influenced by the audience's behavior.

(3) Why does the author mention "an important encounter with someone in your life" in the fifth paragraph?

 a. The author finds conflicting interests in our everyday lives and the performance.

 b. The author feels not everything goes as planned in our everyday lives, like the performance.

 c. The author attempts to disclose actors' everyday lives and attract the reader's attention.

 d. The author insists that the reader should meet someone in order to understand the performance.

(4) Which of the following does the author say in the text?

 a. DVD players are considered magic to revive the performance.

 b. Live theater can also make the audience feel the excitement of a sport or music event.

 c. The audience already knows what will take place in live theater in advance.

 d. Films are more valuable than theaters due to their permanent quality.

C. 本文中の二重下線部 <u>Filmed performances, unlike actual theater, are unchanging, but our response to them can change over time.</u> を日本語に訳しなさい。答えは記述式解答用紙の所定欄に記入しなさい。

全 訳

≪劇で観客と役者が互いに与える影響≫

　あなたは期待に胸を膨らませて劇場へと入っていく。たとえその「劇場」があなたの DVD プレーヤーの前にある椅子で，新しい映画の DVD を借りてきただけであっても，あなたは次の数時間は別世界にいるような気分になることを期待する。あなたはその椅子が魔法の力を持っていることを期待するが，それは，座って見ていながらも，活力によって刺激され，想像力にいざなわれて，計り知れない可能性を持つ旅に出るためだ。その映画がどこかに連れ出してくれることを期待するのだ。

　生（なま）で劇を見ると，あなたの期待はいっそう大きなものになるかもしれない。それはちょっと特別な行事である。あなたはチケットを予約して着飾っているかもしれない。何より，あなたとその他の観客は，その劇の他のどの公演とも異なる演技を見ることになる。何かうまくいかないこともあれば，見事にうまくいくこともあるかもしれない。危険と期待がある。優れた生の劇は，映画を見る喜びと，スポーツイベントやコンサートのスリルを組み合わせたものである。あなたは席につき，語り手を目の前にして物語を語られるのだ。

　あなたは役者と同じ空気を吸っている。互いの存在を強く意識している。あなたはその公演の間中，役者および他の観客たちとの間に特別な関係を持っている。

　そして，あなたには力がある。劇はあなたの反応や役者と観客同士のやりとりなしでは完成しない。あなたが大笑いしても，黙っていても，座席の上で動いても，咳をしても，あなたは演技に影響を与える。あなたの存在により役者は変化し得る。どれだけがむしゃらにやるか，またはどれほどゆったり構えるか，が変わるのだ。あなたの存在により，あなたがいなかったときとは違った劇になるのである。同様に，役者はあなたに影響を与える。演技が勢いよく始まり，失速するかもしれない。それでも，役者が劇場内の活気に合わせて，観客とのつながりを取り戻すかもしれない。双方が活力を劇に持ち込む。そして互いに活力を与えて刺激しあう。

　他の誰かが実際に目の前にいると，状況が予測できなくなることがある。人生における誰かとの重要な出会いのために，自分が言おうとしていることを正確に書き留めて特定の反応を期待しさえして，あなたは準備をするかもしれない。しかしたいていの場合，相手の行動や発言によって，あなたは自らの言動を予定していたものと変えざるを得なくなる。たぶん相手はあなたを常に不安な気持ちにさせるあの表情を見せたり，あなたがまったく考えていなかった返答をしたりするだろうから。

　映画に収められた演技は，生の演劇と違って変わることはないが，それに対する私たちの反応は，時を経て変わる可能性がある。もし同じ映画を人生におけるさまざまな段階で見たとすれば，あなた自身が何年もたつうちに変わっているので，見るたびに違って見えるかもしれない。演技は同じで，セルロイドの不変性の中に閉じ込められている。しかし，あなたはそうではない。そして，生の劇もそうではないのだ。

解 説

A．同意表現

(ア)　**正解は　b**

the next few hours「次の数時間」

　a．「幕間に使われる時間」　　　　b．「映画を見終えるのに必要な時間」

　c．「劇場の開館時間」　　　　　　d．「観客の待ち時間」

　直前に，DVD プレーヤーの前に座っていて，新しい映画（DVD）を借りてきたという状況設定が述べられていることから，「次の数時間」とはその映画を見るための時間のはずであり，b．the time required to finish the movie が正解。

(イ)　**正解は　c**

In turn「今度は，同様に，次々に」

　a．「公演の間に」　　　　　　　　b．「力と活力がなければ」

　c．**「観客と同様に」**　　　　　　d．「劇場をまわって」

　in turn はイディオムで，「今度は，同様に，次々に，お返しに」などのさまざまな意味がある。ここでは第4段第3文（Whether you laugh …）に you affect the performance という表現があり，下線部直後に the actors affect you と述べられていることから，観客と役者が相互に影響を及ぼし合っている状況が読み取れるので，この2文をつなぐ表現としては，c．Similar to the audience が正解。

(ウ)　**正解は　b**

The physical presence「身体の存在，物理的存在」

　a．「科学的説明」　　　　　　　　b．**「実際の近さ」**

　c．「力強い動き」　　　　　　　　d．「謎めいた見知らぬ人」

　The physical presence of another human being は直訳すると「他の人間の身体の存在，他の人間の物理的存在」となるが，身体が物体としてそこにあるということは，その人物が実際に目の前にいるということだと考えられ，選択肢の中でこれに意味的に近い表現としては，b．The actual closeness が正解。

(エ)　**正解は　d**

various stages「さまざまな段階」

　a．「多くの劇」　　　　　　　　　b．「入り混じった傾向，矛盾する傾向」

　c．「何らかの生活様式」　　　　　d．**「さまざまな段階，さまざまな局面」**

　この直後に in your life と続いていることから，この stage は「舞台」ではなく，「段階」という意味だとわかる。various は「さまざまな」という意味だが，different にも同様の意味があり，意味的に近い d．different phases が正解。

B．英問英答

(1) **正解は c**

「筆者は DVD プレーヤーの前にある椅子の役割のことをどう思っているか」

　　a．「それは新しい映画を作るのに必要な道具である」

　　b．「それは役者が自らの手品を練習して披露するのに役に立つ」

　c．「それは劇を経験できる劇場の役割を果たす」

　　d．「それは DVD プレーヤーを操作するのに不可欠である」

　　第 1 段第 2 文（Even if the …）に，直前の第 1 文の劇場に入る様子を述べた文と比較するようにして，「たとえその『劇場』があなたの DVD プレーヤーの前にある椅子で，新しい映画の DVD を借りてきただけだとしても」と述べられており，DVD プレーヤーが舞台，椅子が観客席，借りてきた映画を舞台上の演劇と見立てていることがわかるので，c．It fulfills a function of a theater for experiencing a show. が正解。同段第 3・最終文（You hope that …）にも，椅子に座って DVD を見ていると，実際に劇を見ているような気分になれるという状況が述べられていることも参考になる。

(2) **正解は d**

「観客たちはどのようにして演劇に関わっているのか」

　　a．「指針では，観客は動かず，黙ったままでいるよう提言している」

　　b．「観客が演技に対してどう反応するかは，その制作者によって決まる」

　　c．「役者は自分の演技を改善するために観客の提言を求める」

　d．「役者は観客の振る舞いによって必然的に影響を受ける」

　　第 4 段第 3 文（Whether you laugh …）に，「あなたが大笑いしても，黙っていても，座席の上で動いても，咳をしても，あなたは演技に影響を与える」と述べられていることから判断して，d．The actors are inevitably influenced by the audience's behavior. が正解。本文には guideline「指針」に関する言及はなく，a は不適。第 4 段には観客の反応が演技に影響を与えるとは述べられているが，その反応が制作者によって決まるという記述はないので，b も不適。c についても本文には言及がなく，不適。

(3) **正解は b**

「なぜ筆者は第 5 段で『人生における誰かとの重要な出会い』について述べているのか」

　　a．「筆者は日常生活と演技の間に相反する利害を見出している」

　b．「筆者は，演技と同様，日常生活でもすべてが計画通りにいくわけではないと感じている」

　　c．「筆者は役者の日常生活を暴露して読者の注目を集めようとしている」

　　d．「筆者は読者が演劇を理解するためには誰かに出会うよう求めている」

　　第4段（And you have …）には，観客の反応に役者が影響を受けて演技を変えること，また，役者が観客に影響を及ぼす点も述べられている。第5段（The physical presence …）では，人が誰かと会って話すときに相手は想定通りの言動をしないことが述べられている。この2つの話の共通点は，役者と観客の関係においても対人関係においても，相手は「想定通りの言動をしない」つまり，物事は予定通りにいくわけではないという点であり，その点に言及している，b．The author feels not everything goes as planned in our everyday lives, like the performance. が正解。他の選択肢に関しては本文に言及がない。

(4)　**正解は　b** ────────────────────────────

「本文の中で筆者が述べているのは次のどれか」

　a．「DVD プレーヤーは演技を再生させる魔術だと考えられる」

　b．「生の劇は，スポーツや音楽のイベントの興奮を観客に感じさせることもできる」

　c．「観客はすでに，生の劇で何が起きるかを前もって知っている」

　d．「映画はその永続的な性質のために，劇よりも価値がある」

　　第2段第8文（Great live theater …）には，優れた生の劇は，映画を見る喜びと，スポーツイベントやコンサートのスリルを組み合わせたものだと述べられていることから，b．Live theater can also make the audience feel the excitement of a sport or music event. が正解。a は第1段に DVD プレーヤーについての言及はあるが，演技を再生させる魔術だという記述はなく，不適。c は第2段第4文（Most of all, …）には，生の劇だと，観客はその劇の他のどの公演とも異なる演技を見ることになると述べられており，演技の予測がつかないことがわかるので，不適。d は映画と劇の優劣については本文に記述がなく，不適。

C．英文和訳

・filmed performances とは「撮影された演技，映画化された演技」のこと。

・unlike「〜とは違って」

・actual theater の theater は冠詞がついていないので，「劇場」ではなく「演劇」という意味と考えられる。actual は「実際の」という意味で，actual theater は「実際の演劇，生の演劇」と訳すことができる。

・our response to them の them は filmed performances を指す。

・can はここでは可能の「〜できる」ではなく，可能性を表す用法で，「可能性がある」という意味と考えられる。

・over time「時を経て，時間とともに，そのうち」

●語句・構文………………………………………………………………………………

☐ *l.* 3　transport はここでは be transported の形で「別の世界にいるような気分になる」という意味。

so that you can 以下は，前にコンマがあるので，目的を表す節か，結果を表す節かの区別があいまいだが，椅子に魔法の力があることを望むのは，so that 以下のことができることを期待してのことなので，目的を表すと考えてよいだろう。

☐ *l.* 4　fuel「～を刺激する」

☐ *l.* 5　of enormous possibilities は journey を修飾する前置詞句。

☐ *l.* 7　kind of ～「ちょっとした～，～といった類のもの」

☐ *l.* 8　dress up「盛装する，着飾る」

☐ *l.*10　Things could go wrong. の could は低い可能性を表す用法で「（ひょっとして）～かもしれない」という意味。go wrong「うまくいかない」

go right「うまくいく」

☐ *l.*20　push hard「努力する」

☐ *l.*22　lose *one's* way「道に迷う，失速する」

☐ *l.*28　even writing down 以下は付帯状況を表す分詞構文。write down ～「～を書き留める」

☐ *l.*30　perhaps giving ～の give の直接目的語は that look「あの表情」と an answer の 2 つ。

☐ *l.*34　with each viewing「見るたびに」

A．(ア)― b　(イ)― c　(ウ)― b　(エ)― d
B．(1)― c　(2)― d　(3)― b　(4)― b
C．映画に収められた演技は，生の演劇と違って変わることはないが，それに対する私たちの反応は，時を経て変わる可能性がある。

解答

17

目標解答時間 20 分　**配点** 42 点

次の英文を読み，下記の設問（A～D）に答えなさい。

Many people neglect to get enough sleep. This is because they do not truly understand the benefits they could receive from sleep. What is sleep to begin (1)? And why is it important? Defining sleep is like trying to figure out what life is. No one completely understands it. A dictionary definition of 'sleep' is
5 'a natural periodic state of rest for the mind and body, in which the eyes are usually closed and consciousness is completely or partially lost, so that there is a decrease in body movement and responsiveness to external events.' This may not sound straightforward, but the important point is that it is a natural periodic state of rest for the mind and body. If you are not doing it, then you are not
10 functioning naturally.

What is more important is knowing the reward that sleep gives you. Generally speaking, being awake slowly pulls you down physically and mentally, while being asleep helps you to recover (2) your fatigue. High-quality sleep strengthens your immune system, balances your hormones,
15 increases your physical energy, and improves the function of your brain. Unless you give your body the right amount of sleep, you will never attain the healthy life you desire.

In our modern society, however, sleep is not very much respected. In fact, we are often made to think that success requires more work and less sleep. While
20 working hard is no doubt a significant element of being successful, <u>so is 'working smart'</u>—to make wise decisions in your work requires the brain to function well. Research shows that if you stay (3) for 24 hours, there is an overall reduction of six percent in glucose* reaching the brain. Glucose, a type of sugar, is the primary source of energy for all cells in the human body. Since the
25 brain is filled with nerve cells, it requires 50 percent of all the sugar energy in the body. The lack of it naturally affects the areas of the brain we most need for thinking, for distinguishing between ideas, and for being able to tell the difference between right and wrong. Have you ever made a poor decision when you were up late at night that you would not have made when your head was
30 clear? (ア)<u>Chances are that you have.</u>

A study published by a research institution found that poor sleep quality was equal to excessive drinking in determining academic performance. The study reported that college students with poor sleeping habits were much more likely to earn poor grades and even drop out of classes than those with healthy sleeping habits. Whether we are in school or in the workplace, we will often 35 sacrifice sleep (イ)for the sake of getting things done. But it is important to remember that there is a big difference between 'working' and actually being effective.

By reducing your sleep, you may be able to do more work, but the quality and effectiveness of your work will be sacrificed. A study conducted among a group 40 of physicians (　4　) that individuals lacking in sleep took 14 percent longer to complete a task and made 20 percent more errors than those who were well rested. Not only are we taking longer to do the same task, but we are also having to spend more time trying to fix the errors we have made.

If you learn to manage your daily schedule to secure a sufficient amount of 45 time to sleep, then you will be able to get your work done faster and more effectively than when you let the work take over the time needed for sleep. You will be more creative and energetic, and you will have greater access to the parts of your brain responsible (　5　) problem solving.

Furthermore, if you think that sleeping more during the weekend can make 50 up for the lack of it during the weekdays, (ウ)you are off the mark. The body prefers consistent sleep. In essence, when you miss sleep during the weekdays and oversleep at the weekend, it confuses your biological clock** that seeks to maintain your daily life in a healthy balance. Therefore, the best sleeping pattern is to sleep and wake up at the same time throughout the week, 55 (エ)whether on weekdays or the weekend.

*glucose：ブドウ糖
**biological clock：体内時計

設　問

A．本文中の空所（1〜5）に入れるのに最も適当なものを，それぞれ下記（a〜
　d）の中から1つ選び，その記号をマークしなさい。

(1)　a．for　　　　　　b．with　　　　　c．of　　　　　　d．upon
(2)　a．for　　　　　　b．into　　　　　c．from　　　　　d．to
(3)　a．awake　　　　 b．asleep　　　　c．awaking　　　d．sleeping
(4)　a．planned　　　 b．denied　　　　c．worked　　　d．proved
(5)　a．with　　　　　 b．to　　　　　　c．for　　　　　d．in

B．本文中の下線部（ア〜エ）の文中での意味に最も近いものを，それぞれ下記（a
　〜d）の中から1つ選び，その記号をマークしなさい。

(ア)　Chances are that you have.
　　　　a．It is more likely that you have made a poor decision.
　　　　b．There is no need for you to make a poor decision.
　　　　c．On more occasions, you have made a good decision.
　　　　d．You have no opportunity to sleep.

(イ)　for the sake of
　　　　a．instead of　　　　　　　b．despite
　　　　c．in light of　　　　　　　d．for the purpose of

(ウ)　you are off the mark
　　　　a．you are off the chart　　　　b．you are outside
　　　　c．you are incorrect　　　　　　d．you are near the truth

(エ)　whether on weekdays or the weekend
　　　　a．regardless of the weekend
　　　　b．regardless of the day of the week
　　　　c．not on a weekday but a weekend
　　　　d．on neither a weekday nor weekend

C．次の英文（a〜f）の中から本文の内容と一致するものを2つ選び，その記号を
　各段に1つずつマークしなさい。ただし，その順序は問いません。

　a．When a person is asleep, he or she is entirely unconscious, and therefore
　　　does not respond to external events at all.
　b．The brain cells consume as much as one half of all sugar energy in the
　　　body.
　c．The more a person drinks, the more she or he is affected by the lack of
　　　sleep.

d．Unlike other parts of the body, the brain needs glucose to function properly.

e．We should not let an alarm clock wake us up at the same hour in the morning.

f．A lack of sleep on weekdays cannot be compensated by more sleep at the weekend.

D．本文中の二重下線部 <u>so is 'working smart'</u> を，<u>so</u> が示す内容を明確にしながら日本語に訳しなさい。答えは記述式解答用紙の所定欄に記入しなさい。

≪睡眠の重要性≫

全訳

　多くの人が十分な睡眠をとることをおろそかにする。これは，睡眠から得られるであろう恩恵を本当の意味で理解していないからである。そもそも睡眠とはどういうものだろうか。またなぜ大切なのだろうか。睡眠を定義するのは，人生とは何かを解き明かそうとするようなものである。それを完璧に理解している人などいないのだ。辞書の定義では「睡眠」とは「周期的に繰り返される心身の自然な休息状態で，その状態では通常，目は閉じられ，意識が完全あるいは部分的になくなるので，体の動きや外部の出来事に対する反応が少なくなる」というものだ。これでは単純明快な説明に聞こえないかもしれないが，重要なのは，睡眠が周期的に繰り返される心身の自然な休息状態であるという点である。もしそれをしていないなら，人は自然に機能していないのだ。

　さらに重要なのは，睡眠が人に提供する恩恵を理解していることである。一般的に言えば，目覚めていると人は徐々に身体的にも精神的にも弱っていくが，眠ることでその疲労からの回復が促される。良質な睡眠は免疫機能を高め，ホルモンのバランスを整え，体力を増し，脳の働きをよくする。体に適正な量の睡眠を与えてあげないと，自分が望む健康な生活は絶対に手に入らないだろう。

　しかしながら，現代社会において，睡眠はたいして重要視されてはいない。それどころか私たちは往々にして，成功するにはもっと働き，睡眠時間を削る必要があると思わされている。一生懸命働くことが成功を収める重要な要素であることは確かだが，「賢明なやり方で働くこと」も同様で，仕事で賢明な判断をするには，脳がうまく機能している必要があるのだ。研究の示すところでは，もし24時間目覚めたままだと，脳に届くブドウ糖が全体的に6パーセント減少する。糖の一種であるブドウ糖は人体のあらゆる細胞の主要エネルギー源である。脳には神経細胞がつまっているので，脳は体内の糖エネルギー全体の50パーセントを必要としている。それが不足すると，当然のことながら，私たちが考えごとをしたり，考え方の違いを見分けたり，善し悪しを判断できるようになったりするのに最も必要な脳の領域に影響が出る。あなたには，夜更かしをしたときに，頭がすっきりしていたならしなかったであろうまずい決断をした経験はあるだろうか。おそらくあるだろう。

　ある研究機関が発表した研究では，学業成績を決定する上で，睡眠の質が悪いのは過度の飲酒に等しいことが明らかになった。その研究報告によると，不健全な睡眠習慣をもつ大学生は健康的な睡眠習慣をもつ大学生より成績が悪かったり，それどころか落第したりする可能性がはるかに高かった。学校であれ，職場であれ，私たちが物事を仕上げるために睡眠を犠牲にすることはよくある。しかし，「仕事をすること」と実効をあげているということはまったく違うという点を心に留めておくことが大切だ。

　睡眠を減らすことでもっと仕事ができるかもしれないが，仕事の質と実効性は犠牲になるだろう。ある医師のグループが行った研究が証明したところでは，睡眠不足の人たちは，十分に休息をとった人たちより，ある仕事を仕上げるのにかかる時間が14パーセント長く，間違いも20パーセント多かった。私たちは同じ作業をす

るのにより多くの時間をかけることになるだけでなく，犯した間違いを訂正しよう
とするのにさらに多くの時間をかけざるを得なくなるのである。

　もし毎日のスケジュールをやりくりして十分な量の睡眠時間を確保できるように
なれば，睡眠に必要な時間を仕事にまわした場合より，仕事を早く効率よく仕上げ
ることができるだろう。より創造性を発揮し，精力的になるだろうし，問題解決に
関与している脳の部分をさらによく使えるようになるだろう。

　さらに，もし週末に寝だめをすれば平日の睡眠不足を解消できると思っているな
ら，大間違いだ。体はいつも一定した睡眠のほうを好むのである。本質的に，平日
に眠らないでおいて週末に寝過ぎると，日々の生活を健康的にバランスのとれた状
態に維持しようとする体内時計を乱してしまう。したがって，最善の睡眠パターン
とは，平日，週末にかかわらず，その週を通して同じ時間に寝起きすることなので
ある。

解　説

A．空所補充

(1)　**正解は　b**

　空所の直前の to begin に注目すると，b の with であれば to begin with の形で
「そもそも，まず第一に」という意味のイディオムとなり，文脈上も適切なので，
b．with が正解となる。

(2)　**正解は　c**

　空所の直前の recover「回復する」という動詞と，後続の fatigue「疲労」との
つながりから判断して，c の from であれば recover from ～ で「～から回復する」
という意味になり，文脈上も適切なので，c．from が正解となる。

(3)　**正解は　a**

a．「目が覚めて」　　　　　　　　　　b．「眠って」

c．「目を覚ましつつある」　　　　　　d．「眠っている」

　選択肢の語が形容詞か現在分詞（または動名詞）であることから，空所の直前の
stay は第2文型で用いられると判断でき，その場合の stay は「～のままでいる」
という意味になる。a の awake「目が覚めて」という形容詞であれば stay awake
で「ずっと起きている」という意味になり，睡眠不足による脳の機能低下について
述べている文脈にも合うので，a．awake が正解となる。

(4)　**正解は　d**

a．「～を計画した」　　　　　　　　　b．「～を否定した」

c．「～を働かせた」　　　　　　　　　d．「～を証明した」

　A study という主語に対して，空所の後には目的語となる that 節が続いている。
空所の前には，睡眠を減らすと仕事の質や実効性が下がるという説が述べられてお

り，that 節の内容が，その説の正しさを証明する研究結果と考えられることから，
d．proved が正解となる。

(5)　正解は　c ────────────────────────────────

空所を含む responsible 以下は，直前の the parts of your brain を修飾する形となっており，c の for であれば，responsible for ～ の形で「～の責任を負って，～に関与して」という意味になり，この部分全体で「問題解決に関与している脳の部分」となって文脈上適切なので，c．for が正解。

B．同意表現

(ア)　正解は　a ────────────────────────────────

Chances are that you have.「おそらくあなたにもあるだろう」

a．「あなたがまずい決断をした経験がある可能性はさらに高い」

b．「あなたがまずい決断をする必要はない」

c．「さらに多くの場合，あなたはよい決断をした」

d．「あなたは寝る機会がない」

Chances are that ～ は「おそらく～だろう」という意味の構文。you have の後には，前文の made a poor decision が繰り返しを避けるため省略されていると考えられるので，これを補って考えると，a．It is more likely that you have made a poor decision. が意味的に近い内容となっている。

(イ)　正解は　d ────────────────────────────────

for the sake of「～の（利益の）ために，～の目的で」

a．「～の代わりに」

b．「～にもかかわらず」

c．「～を考慮すると，～を踏まえると」

d．「～のために」

for the sake of ～ は「～のために」という意味のイディオムであり，選択肢の中では，これに近い意味を持つd．for the purpose of が正解となる。

(ウ)　正解は　c ────────────────────────────────

you are off the mark「あなたは間違っている」

a．「あなたは抜群だ」　　　　　　b．「あなたは外にいる」

c．「あなたは間違っている」　　　d．「あなたは真実に近い」

off the mark は「的外れで，間違って」という意味のイディオムであり，これに意味的に近いc．you are incorrect が正解となる。

(エ)　正解は　b ────────────────────────────────

whether on weekdays or the weekend「平日であろうと，週末であろうと」

a．「週末にかかわらず」　　　　　b．「週の曜日にかかわらず」

c．「平日でなく，週末に」　　　　d．「平日でも週末でもない日に」

　この whether on weekdays or the weekend は副詞句として置かれているので「平日であれ，週末であれ」という意味になり，これに近い意味の b ．regardless of the day of the week が正解となる。

C．内容真偽

正解は　b・f

a ―× 「眠っているとき，人は完全に意識をなくしており，それゆえに外部の出来事にはまったく反応しない」

　第 1 段第 7 文（A dictionary definition …）の in which 以下に，眠っている間の状態として，意識が完全，または部分的に失われており，外部の出来事に対する反応が少なくなると述べられており，本文の内容に**一致しない**。

b ―○ 「脳細胞は，体内の糖エネルギー全体の半分もの量を消費する」

　第 3 段第 6 文（Since the brain …）に，脳の神経細胞は体内の糖エネルギー全体の 50 パーセントを必要とすると述べられており，本文の内容に**一致する**。

c ―× 「人は飲酒量が多くなるほど，一層，睡眠不足の影響を受けるようになる」

　第 4 段第 1 文（A study published …）に，睡眠の質が悪いのは過度の飲酒と同じようなものだと述べられているが，飲酒量の増加と睡眠不足の関連性については述べられておらず，本文の内容に**一致しない**。

d ―× 「体の他の部分とは異なり，脳は正常に機能するためにブドウ糖を必要とする」

　第 3 段第 5 文（Glucose, a type …）に，ブドウ糖は人体のあらゆる細胞にとって主要なエネルギー源であると述べられており，本文の内容に**一致しない**。

e ―× 「私たちは朝，同じ時間に目覚まし時計で目を覚ますようにすべきではない」

　最終段第 2 文（The body prefers …）に，体はいつも一定した睡眠を好むと述べられており，最終文（Therefore, the best …）にも寝起きする時間は毎日同じがよいと述べられているので，本文の内容に**一致しない**。

f ―○ 「平日の睡眠不足は，週末に長めに寝ても解消できない」

　最終段第 1 文（Furthermore, if you …）に，週末に寝だめをすれば平日の睡眠不足を解消できると思うのは間違いだと述べられており，本文の内容に**一致する**。

D．英文和訳

・so 以下は，主語である working smart「賢明なやり方で働くこと，賢く働くこと」と，動詞の is が倒置された形。このように So is A の形になると，前文の内容を受けて「A もそうだ」という意味になる。

・so は直前の While で始まる節の述部である is no doubt a significant element of being successful という部分を受けていることから，二重下線部は，'working smart' is also（no doubt）a significant element of being successful と考えて訳すとよい。

・significant element of being successful「成功を収める重要な要素」

●語句・構文……………………………………………………………………………………
- □ *l.* 3　figure out 〜「〜を理解する，〜だとわかる」
- □ *l.* 8　straightforward「簡単な，わかりやすい，率直な」
- □ *l.* 12　pull 〜 down「〜を弱らせる，低下させる」
- □ *l.* 27　tell the difference between right and wrong「正しいか間違いかを見分ける」
- □ *l.* 29　be up late at night「夜更かしする」
- □ *l.* 32　academic performance「学業成績」
- □ *l.* 34　drop out of classes「授業に出なくなる，落第する」
- □ *l.* 45　secure「〜を確保する」
- □ *l.* 48　have greater access to 〜「〜をもっと利用できる」
- □ *l.* 50　make up for 〜「〜の埋め合わせをする，〜を取り戻す」
- □ *l.* 52　in essence「本質的に，要するに」

A.　(1)―b　(2)―c　(3)―a　(4)―d　(5)―c
B.　㋐―a　㋑―d　㋒―c　㋓―b
C.　b・f
D.　「賢明なやり方で働くこと」も成功を収める重要な要素であるのは確かだ

解答

18

目標解答時間 20 分　**配点** 41 点

次の英文を読み，下記の設問（A〜C）に答えなさい。

I grew up in a small Mayan village in the state of Yucatán* in Mexico, where the vast majority of the people spoke Maya. In fact, to this day, many people there still speak Maya as their primary language, and some as their only language.

While growing up, my parents, their siblings and almost everyone around me 5 spoke Maya whenever they talked to one another. However, because of a government policy for Spanish to be the recognized official language, Maya was （　ア　）. Some of us were forced to speak only Spanish. We were told, over and over, that speaking Maya was bad, and that it would never get us anywhere. If we wanted to be only farmers or blue-collar workers, then we should continue 10 to speak Maya.

Because of this （　イ　） of Maya-speaking people, my parents insisted on using Spanish with me and my siblings. They fought hard to make sure we spoke only Spanish among ourselves even if it was all broken and grammatically incorrect. （　ウ　）, it was almost impossible for us not to learn or speak Maya. 15 Wherever we went, if we wanted to talk to others, we needed, at minimum, to understand what they were saying. The "elite" were the only ones that didn't have to speak Maya, because they lived in a "different" world. They dined well and had cars and servants. We had nothing like that. In fact, there were times when we didn't have anything to eat. In my hometown, we were thus separated 20 by social status, and as a result, there was no （　エ　） the Mayan language for poor people like us.

As a child, I was told that Spanish was the language that was going to allow me to succeed in Mexico, instead of Maya. Soon after I arrived in the United States, I realized that learning English well, immersing myself in the American 25 culture, and continuing my education was the right combination and the key to success.

Back in my Mexican hometown, many people believe that Maya speakers can learn English more easily than those who do not speak Maya. In fact, now that speaking Maya is popular （　オ　） the global interest in Mayan culture, those 30 who looked down upon the Maya-speaking people are now wishing they had learned it as children.

Personally, I don't think it's about speaking Maya, but rather about being exposed to more than one language at an early age. Though a blessing for me, my multilingual ability was ironically developed by fear and suppression, but instead of looking at it that way, I've learned to use it as a foundation for my success. In fact, in college, instead of taking Spanish as the required foreign language, I took French, which I ended up studying for three years.

Of course, as a computer scientist, my first passion is technology, but my second is languages. In my view, languages open the door to the world, present us with a wealth of opportunities, and open our minds to countless experiences. Having traveled to around 30 countries, I can personally prove that.

＊Yucatán：ユカタン州（ユカタン半島北部にあるメキシコの州。ユカタン半島は古代マヤ文明発祥の地）

設　問

A．本文中の空所（ア～オ）に入れるのに最も適当なものを，それぞれ下記（a～d）の中から1つ選び，その記号をマークしなさい。

(ア)　a．discouraged　　　　　　b．disguised
　　　c．dispensed　　　　　　　d．distracted

(イ)　a．admission　　　　　　　b．expansion
　　　c．oppression　　　　　　　d．suspension

(ウ)　a．Accordingly　　　　　　b．In other words
　　　c．More than that　　　　　d．Still

(エ)　a．accounting for　　　　　b．getting away from
　　　c．holding on to　　　　　　d．turning back to

(オ)　a．despite　　　　　　　　b．contrary to
　　　c．due to　　　　　　　　　d．irrespective of

B．次の英文（a～h）の中から本文の内容と一致するものを3つ選び，その記号を各段に1つずつマークしなさい。ただし，その順序は問いません。

　a．The Mexican government policy which declared Spanish as the only official language divided the Mayan community.

　b．The writer regards the Mexican government's language policy as relatively liberal.

c．The writer's parents prohibited their children from speaking Maya in the house.

d．The Mexican government's language policy proved to be quite effective at integrating the Mayan people into Spanish-speaking Mexico.

e．The writer's multilingual talent was apparently nurtured in spite of the suppression by the government.

f．The Mayan language has somehow survived to date, but it is now at risk of falling out of use due to globalization.

g．The writer studied French in college, but it did not prove to be useful in the long run.

h．Unlike Spanish, the Mayan language had nothing to do with the writer's success.

C．本文中の二重下線部 As a child, I was told that Spanish was the language that was going to allow me to succeed in Mexico, instead of Maya. を日本語に訳しなさい。答えは記述式解答用紙の所定欄に記入しなさい。

全訳

≪私の多言語体験≫

　私はメキシコのユカタン州にあるマヤ族の小さな村で育った。その村では大多数の村人がマヤ語を話した。実際，今日まで，その村の多くの人々はマヤ語を自分たちの主要言語として話し，なかにはマヤ語を唯一の言語として使っている人もいる。

　私が大きくなる間，両親もその兄弟姉妹も，私の周りにいるほとんどすべての人はお互いに話をするときはいつでもマヤ語を話していた。しかしスペイン語を公認の公用語とする政府の方針のため，マヤ語を話すことを止められた。なかにはスペイン語しか話してはならないと強いられた人々もいた。私たちは，マヤ語を話すことはよくないことであり，将来何の得にもならないと何度も何度も言い聞かされていた。農夫か肉体労働者にしかなりたくないのであれば，マヤ語を話し続けることになるだろう。

　こういったマヤ語を話す人々への圧制政策のため，両親は私や私の兄弟姉妹にはスペイン語を使うようにと強要した。両親はたとえ不完全でも文法的に間違っていても，家族の間では確実にスペイン語だけを話すようにするための必死の努力を重ねた。それにもかかわらず私たちがマヤ語を学ばないことや話さないことはほぼ不可能だった。私たちがどこに行っても，他人と話をしたいなら，少なくとも相手の話していることを理解することは必要だった。「エリート」だけが唯一マヤ語を話す必要のない人々であった。というのも彼らは「違う」世界で生きていたからである。彼らはよいものを食べ，車を所有し，召使いを雇っていた。私たちにはそういうものは何もなかった。実際，食べるものがないときもあった。私の故郷では社会的地位によってこのように私たちは分断されており，その結果，私たちのような貧しい者たちにとってマヤ語から抜け出すことは不可能だった。

　私は子どもの頃，やがて私がメキシコでうまくやっていけるようにしてくれる言語はマヤ語ではなくスペイン語なのだと言い聞かされていた。アメリカに行った直後に，英語に習熟し，アメリカ文化にどっぷりと浸かり，さらに自分の学業を続けていくことは正しい組み合わせであり，成功のカギだとわかった。

　再び我がメキシコの故郷について述べると，マヤ語を話す人々はマヤ語を話さない人々よりも簡単に英語を学ぶことができると信じている人が多い。実際，今やマヤ文化に国際的な関心が集まっているおかげで，マヤ語を話すことに人気がでており，かつてマヤ語を話す人々を見下していた人々が，子ども時代にマヤ語を学んでいないことを後悔している。

　個人的には，要点はマヤ語を話すことではなく，むしろ幼い頃に２カ国語以上の言語に触れることだと思う。私にとってはありがたいことだが，私の多言語運用能力は皮肉なことに，恐れと抑圧によって発達した。しかしそのような見方をしないで，自分が成功するための基礎としてその能力を用いるようになったのだ。実際に，大学で，必修外国語科目としてスペイン語を履修する代わりにフランス語を履修し，結果的には３年間フランス語を勉強することになった。

　もちろん，コンピュータ科学者として一番熱中できるものはテクノロジーだが，その次に言語がくる。私の考えでは，言語は世界に向けて扉を開け放ってくれるし，

多くの機会を与えてくれるし，数えきれないほどの経験に対して私たちの心を開いてくれる。およそ 30 カ国以上の国々を旅したので，私は自分自身でそのことを証明することができる。

解 説

A．空所補充

㋐　正解は a ──────────────────────────

a．「阻止されて，止められて」　　　b．「隠蔽されて」

c．「免除されて，分配されて」　　　d．「かき乱されて」

　後続文で，スペイン語しか話してはならないと強いられた人々もいると述べられていることから，政府の政策としてはスペイン語を公用語として，マヤ語の使用はやめさせようとしたと判断でき，a．discouraged が正解となる。

㋑　正解は c ──────────────────────────

a．「承認」　　　b．「拡大」　　　c．「圧制，迫害」　　　d．「延期，停止」

　第 2 段第 2 文～最終文（However, because of …）で，スペイン語の使用を強制するメキシコ政府の政策が述べられていることから，これがマヤ語を話す人々に対する何にあたるかを考えると，c．oppression が正解となる。

㋒　正解は d ──────────────────────────

a．「したがって」　　　　　　　　b．「言い換えると」

c．「それよりも，そのことの他に」　d．「それでも，それでもやはり」

　前文では，両親は子どもたちには自分たちが話すマヤ語ではなく，スペイン語だけで話すよう努力していたと述べられているが，空所に続く文では，筆者たちはマヤ語を話す必要があった状況が述べられている。2 文をつなぐには逆接の意味を持つ語が適切で，d．Still が正解となる。

㋓　正解は b ──────────────────────────

a．「～の説明をする（こと）」

b．「～から逃げ出す（こと），～から抜け出す（こと）」

c．「～を持ち続ける（こと），～にしがみつく（こと）」

d．「～へ後戻りする（こと），～に向き直る（こと）」

　空所を含む文は there is no *doing*「～することはできない」という構文になっている。第 3 段第 3・4 文（Still, it was …）には，両親の努力にもかかわらず，筆者を含む子どもたちはマヤ語を話す必要があったこと，第 5～8 文（The "elite" were …）には，筆者たちのように貧しい人たちは，スペイン語だけで用が足りる「エリート層」とは違うという状況が述べられており，貧しい人たちはマヤ語を使わざるを得なかったことがわかるので，b．getting away from が正解となる。

(オ)　正解は　c

a．「～にもかかわらず」　　　　b．「～に反して」
c．「～のために」　　　　　　　d．「～にかかわりなく」

　空所の前にはマヤ語を話すことが人気になっていること，空所の後にはマヤ文化に対して世界的な関心が集まっている現状が述べられており，空所の後は，前の部分の理由を述べたものと判断できるので，c．due to が正解となる。

B．内容真偽

正解は　a・c・e

a―〇「スペイン語を唯一の公用語だと宣言したメキシコ政府の政策は，マヤの地域社会を分断した」

　第3段第5～最終文（The "elite" were …）に，マヤの地域社会でも，スペイン語だけを話すエリート層は裕福な暮らしをしていたのに対し，貧しい人たちは依然としてマヤ語を話さざるを得ない状況に置かれていたことが述べられている。スペイン語を公用語としてその使用を強いる政府の政策が，このような貧富の格差を際立たせて社会を分断する結果になっているのは明らかであり，本文の内容に**一致する**。

b―×「筆者はメキシコ政府の言語に関する政策を，比較的自由主義的なものだとみなしている」

　liberal は「自由主義的，進歩的」という意味であるが，第2段第2・3文（However, because of …）にメキシコ政府はスペイン語の使用を強制するような政策をとっていることが述べられており，本文の内容に**一致しない**。

c―〇「筆者の両親は自分の子どもたちに，家族でマヤ語を話すことを禁じた」

　第3段第2文（They fought hard …）に，筆者の両親はたとえ不完全でも，文法的に間違っていても，家族の間ではスペイン語だけで話すように必死の努力をしていたと述べられており，本文の内容に**一致する**。

d―×「メキシコ政府の言語に関する政策は，マヤ民族をスペイン語圏であるメキシコに統合するのにかなり効果的だと判明した」

　第2段第4文（We were told, …）に，メキシコ政府の言語に関する政策で言い聞かされていたのは，単にマヤ語を話すのはよくないことで，将来何の役にも立たないという点で，マヤ民族をメキシコに統合するのに効果的ということは述べられておらず，本文の内容に**一致しない**。

e―〇「筆者の多言語習得能力が政府の抑圧にもかかわらず育まれたのは明らかだ」

　第6段第2文（Though a blessing …）で，筆者は自分の多言語運用能力は皮肉にも恐れと抑圧によって発達したと述べており，本文の内容に**一致する**。

f―×「マヤ語は現在まで何とか残ってきたが，グローバル化のために今や使われな

くなる危険性がある」

　第5段最終文（In fact, now …）に，今はマヤ文化に国際的な関心が集まっているおかげで，マヤ語を話すのは人気だと述べられており，本文の内容に**一致しない**。

g－×「筆者は大学でフランス語を学んだが，結局それは無用であるとわかった」

　第6段最終文（In fact, in …）に，筆者は必修外国語科目としてフランス語を履修し，結局，その後3年間学ぶことになったと述べられており，無用と思ってはいなかったと判断できるので，本文の内容に**一致しない**。

h－×「スペイン語と違って，マヤ語は筆者が成功したことと何ら関係がない」

　第6段第1文（Personally, I don't …）に，筆者が成功した土台となっているのは幼少時に多言語に触れたことだと述べられている。第2・3段の内容からその多言語とはマヤ語とスペイン語であったことから，本文の内容に**一致しない**。

C．英文和訳

・As a child における as は「～のときに，～の頃に」という意味の前置詞。
・that was going to … 以下は，先行詞の language を修飾する関係代名詞節。
・allow A to do「A に～することを許す，A に～させてやる」という表現は，このように無生物主語だと「（主語）のおかげで A は～できる」という意味になる。
・instead of Maya「マヤ語の代わりに」という部分は，told の目的語である that 節の主語の Spanish につながっている。

●語句・構文……………………………………………………………………………

- □ l. 2　the vast majority of ～「～の大半」
- □ l. 5　siblings「兄弟姉妹」
- □ l. 9　never get A anywhere＝get A nowhere「A にとって何の得にもならない，A は何の成果も得られない」
- □ l.10　blue-collar worker「肉体労働者」
- □ l.13　make sure (that) S V「S が～するよう確認する，S が必ず～するようにする」
- □ l.25　immerse *oneself* in ～「～にどっぷり浸かる」
- □ l.38　end up *doing*「結局～することになる」
- □ l.41　a wealth of ～「大量の～，多くの～」

A．㋐－a　㋑－c　㋒－d　㋓－b　㋔－c
B．a・c・e
C．私は子どもの頃，やがて私がメキシコでうまくやっていけるようにしてくれる言語はマヤ語ではなくスペイン語なのだと言い聞かされていた。

19

次の英文を読み，下記の設問（A～C）に答えなさい。

A good memory is essential not only to success (　1　) study and work, but also to <u>the way that individuals and communities perceive their past and present experience and make decisions for the future</u>. Many people complain of their tendency to forget things, like a person's name or where they left their
5　keys, but in fact all human beings are born with the capacity of memory, and absorb and remember a huge amount of information over the course of their lives. Elderly people, whose minds may in other respects be slowing down, can recall events from childhood in remarkable detail, and many of the so-called "feats of memory" (recalling long lists of telephone numbers, for example) can
10　be achieved with a little practice.

As a rule, we remember the things which are important to us and which we need to remember. We all know people who can remember all sorts of useless information, but (　2　) such apparently trivial knowledge may be fundamental to a person's identity, indicating perhaps that they do not want to be
15　taken too seriously or else that they take pride in their powerful memories. Memory is inseparable from human personality and emotions : the context of a particular memory (a long bus journey or a sunny classroom with one's school friends many years ago) can be as "memorable" as what was learnt that day. It goes without saying that these contexts are not necessarily comfortable ones,
20　and that some of our most lasting memories are acquired under pressure and stress.

One of the limitations of memory is that while we tend to remember only the important things, we easily forget unpleasant or inconvenient details. This phenomenon, known as nostalgia, is seen (　3　) social groups as well as in
25　individuals, and can blind us to the mistakes of the past. At the same time, the notion of a collective or cultural memory has been promoted by scholars in recent times for its use in preserving the experiences of minority groups, and goes further than conventional history in its emphasis on what matters to people in their personal, everyday lives rather than what we would nowadays
30　call news events. Our lives are constituted of memories. Quite apart from the

practical necessity of memory as a mental function, memories are to be treasured and enjoyed, and the objects and places (　4　) which they are usually associated stay with us permanently.

設　問

A．本文中の空所（1〜4）に入れるのに最も適当なものを，それぞれ下記（a〜d）の中から1つ選び，その記号をマークしなさい。

(1)　a．at　　　　　　b．by　　　　　　c．on　　　　　　d．over
(2)　a．even　　　　　b．quite　　　　　c．still　　　　　d．though
(3)　a．about　　　　 b．among　　　　 c．besides　　　　d．under
(4)　a．from　　　　　b．into　　　　　 c．of　　　　　　 d．with

B．次の問い（1〜3）の答えとして最も適当なものを，それぞれ下記（a〜d）の中から1つ選び，その記号をマークしなさい。

(1)　What does the writer suggest about forgetfulness?

a．We are more likely to forget things than to remember them.

b．We gradually lose our memory as we get older.

c．We have to forget many things during our lives.

d．We are less likely to remember unpleasant things.

(2)　How is memory associated with people's lives?

a．Every memory happens in a particular time and place.

b．It is impossible to separate memory from personality.

c．Relaxation provides a framework in which to remember things.

d．We are more likely to remember stressful experiences.

(3)　Which of the following statements is characteristic of cultural memory?

a．Cultural memory has interested scholars for hundreds of years.

b．Cultural memory has nothing to do with what we read in the newspapers.

c．Cultural memory is more or less the same as conventional history.

d．Cultural memory has to do with people's everyday experiences.

C．本文中の二重下線部 the way that individuals and communities perceive their past and present experience and make decisions for the future を日本語に訳しなさい。答えは記述式解答用紙の所定欄に記入しなさい。

全訳

≪記憶の機能とその種類≫

　記憶力がよいことは，勉強や仕事で成功することにとってだけでなく，個人や地域社会がその過去や現在の経験を認識し，未来に向けて決定を下す方法にとっても不可欠なことである。多くの人々が，人の名前や鍵を置いた場所といったことを忘れてしまいがちだとこぼすが，実際は人はみな，ものを覚える能力を生まれながらに持っており，生涯をかけて膨大な量の情報を吸収し，記憶していく。お年寄りは，その頭脳がその他の点においては衰えているかもしれないが，子ども時代の出来事は驚くほど詳細に覚えており，いわゆる「記憶力による業（わざ）」（例えば，電話番号の長いリストを思い出せるなど）の多くは，ほんの少しの練習で成し遂げることができるのだ。

　概して，私たちは自分にとって大切なことや，覚える必要のあることを覚えている。私たちはみな，あらゆる種類の役に立たない情報を覚えることができる人を知っているが，そんな一見取るに足らないものに思える知識ですら，その人の個性の土台になっているかもしれず，ひょっとするとあまり真剣に取りあってほしくないと思っているとか，もしくはその記憶力のよさを自慢に思っているとかということを示しているのかもしれない。記憶は人の個性や感情とは切り離せないものである。特定の記憶の状況（長距離のバス旅行や，学校の友人たちと何年も前に過ごした陽の当たる教室といったこと）は，その日に学んだことと同じくらいはっきりと「忘れられない」ものになりえる。これらの状況は必ずしも心地のよいものとは限らないこと，そして，最も長期にわたる記憶の中には，プレッシャーやストレスを感じて獲得されるものもあるということは言うまでもない。

　記憶の限界の一つは，私たちは重要なことだけを覚えている傾向にある一方で，不快なことや不都合なことの詳細は簡単に忘れてしまうことだ。郷愁として知られているこの現象は，個人の中だけでなく社会集団間にも見受けられ，過去の過ちを見えなくさせる可能性がある。同時に，集団記憶または文化的記憶という概念が，少数民族の経験を保存するために，近年，学者たちによって広められてきており，今日，私たちがニュースになる出来事とでも呼びそうなことよりも，人々の個人的，日常的な生活において重要なことを重視するという点で，従来の歴史よりも先を行くものである。私たちの人生は記憶によって形成されている。精神機能としての記憶の実際上の必要性はさておき，記憶は大事に蓄えたり楽しんだりすべきものであり，記憶とふつう結びついているものや場所も，永久に覚えているものだ。

A. 空所補充

(1)　正解は a ————————————————————————

　　直前の success に注目すると，success at 〜 で「〜での成功」という意味になり，文脈上も適切なので，a. at が正解となる。

(2)　正解は a ————————————————————————

a.「〜でさえ」　　　　　　　　b.「まったく」

c.「それでもなお，まだ」　　　d.「〜だけれども」

　空所の前にはあらゆる種類の役に立たない情報を覚えることができる人がいると
述べられており，but という逆接の接続詞に続いて，そのような一見取るに足らな
い知識が，その人の個性の土台となっているかもしれない，という内容が続く。こ
の文脈で「そのような一見取るに足らない知識」の前に置く語として適切なのは，
「～でさえ」という意味の a．even であり，これが正解となる。

(3)　正解は　b ───────────────────────────────

　空所の直前の is seen と，後続の social groups as well as in individuals との関係
を考えると「個人においてだけでなく社会集団の中でも見られる」という文脈だと
判断でき，選択肢の中では「～の間で」という意味を持つ b．among が正解とな
る。

(4)　正解は　d ───────────────────────────────

　直前には the objects and places という名詞があり，空所の後には関係代名詞の
which があることから，空所から associated までが関係代名詞節だとわかる。be
associated with ～ で「～と関係している」という表現であることから，この前置
詞が前に出たものと判断でき，d．with が正解となる。

B．英問英答

(1)　正解は　d ───────────────────────────────

「筆者は忘れっぽさについて何を言おうとしているのか」
　a．「私たちはものごとを，覚えることよりも忘れてしまうことのほうが多い」
　b．「私たちは年をとるにつれて，徐々に記憶を失ってしまう」
　c．「私たちは生きている間に，多くのことを忘れなければならない」
　d．「私たちは不快なことを覚えている可能性は低い」
　第3段第1文（One of the …）に，私たちは不快なことや不都合なことの詳細は
忘れがちだと述べられており，d．We are less likely to remember unpleasant
things. が正解となる。be less likely to do は「あまり～しそうにない，～する可能
性は低い」という意味。

(2)　正解は　b ───────────────────────────────

「記憶は人々の生活とどのように結びついているのか」
　a．「すべての記憶は，特定の時間と場所で起こる」
　b．「個性から記憶を切り離すことはできない」
　c．「休息はものを記憶する枠組みを与える」
　d．「私たちはストレスを感じた経験は忘れない可能性が高い」
　第2段第3文（Memory is inseparable …）に，記憶は人間の個性や感情とは切
り離すことができないと述べられており，b．It is impossible to separate mem-
ory from personality. が正解となる。

(3)　正解は　d ─────────────────────────────

「以下の文のうちどれが，文化的記憶の特徴となるか」

a．「文化的記憶は，何百年もの間，学者たちの興味を引きつけてきた」

b．「文化的記憶は，私たちが新聞で読むこととは何ら関係がない」

c．「文化的記憶は，伝統的な歴史とだいたいは同じである」

d．「文化的記憶は，人々の日常の経験と関係がある」

　　第3段第3文（At the same …）に，集団記憶または文化的記憶という概念は，人々の個人的，日常的な生活において重要なことを重視すると述べられており，d. Cultural memory has to do with people's everyday experiences. が正解となる。同じ箇所に，この概念は，近年，学者たちによって広められてきているとあり，aは不適。また，ニュースになる出来事より人々の日常を重視して，従来の歴史よりも先を行くとも述べられており，bとcも不適。

C．英文和訳

・二重下線部は be essential to ～「～にとって不可欠である」という表現の，2つ目の to の後に続いており，the way という先行詞を that 以下の関係代名詞節が修飾する形となっている。

・関係代名詞節においては individuals and communities「個人と地域社会」という主語に対して，perceive「～を知覚する，～を認識する」という動詞と，make decisions for ～「～に向けて決定を下す」という2つの述語動詞がある。

●語句・構文……………………………………………………………………

□ *l*. 6　over the course of *one's* life「生涯の間に，生涯にわたって」

□ *l*. 8　in remarkable detail「驚くほど詳細に」

□ *l*.11　as a rule「概して」

□ *l*.15　take ～ seriously「～を真剣に受け取る，～を真に受ける」
　　　　take pride in ～「～を自慢に思っている，～に誇りを持つ」

□ *l*.18　It goes without saying that ～「～なのは言うまでもない」

□ *l*.30　quite apart from ～「～はさておき，～は別として」

□ *l*.31　memories are to be treasured は be to *do* の形で，予定，意図，義務，可能，運命などを表す用法で「～すべきである」の意味。

┌──────────────────────────────────┐
A．(1)─a　(2)─a　(3)─b　(4)─d

B．(1)─d　(2)─b　(3)─d

C．個人や地域社会がその過去や現在の経験を認識し，未来に向けて決定を下す方法
└──────────────────────────────────┘

20

目標解答時間　20 分　**配点**　42 点

次の英文を読み，下記の設問（A～D）に答えなさい。

Willingly or not, humans continuously inform one another about their intentions, interests, feelings and ideas by means of visible bodily action. (　1　), it is through the orientation of the body and, (ア)especially, through the orientation of the eyes, that information is provided about the direction and nature of a person's attention. How people arrange their bodies and how they 　5 orient them and place them in relation to each other or to (イ)features in the environment, provides important information about how they are engaged with one another and about the nature of their intentions and attitudes. Activities in (　2　) objects in the environment are being manipulated, modified or rearranged, are indispensable for grasping a person's aims and goals and 　10 interests. Of equal importance, however, are actions that are seen to be purely expressive. Here we find those arrangements of action in the face and body that appear as displays of feeling and emotion, (　3　) actions that often play a central role in the accomplishment of important moments in social interaction. Greeting, showing gratitude or affection, challenge, threat, submission, 　15 compliance, all are (ウ)accomplished through a range of different expressive actions.

(エ)Beyond these, however, are those actions that are employed as a part of the process of discourse, as a part of uttering something to another in an (オ)explicit manner. (　4　), people may refer to something by pointing at it, they may 　20 employ the hands in complex actions organized to show (　5　) something looks like, to indicate its size or its shape, to suggest a form, object or process by which an abstract idea is illustrated, or they may show, through visible bodily actions, that they are asking a question, making a (カ)plea, proposing an hypothesis, doubting the word of another, denying something or indicating 　25 agreement about it, and many other things. There are also visible actions that can serve as (キ)alternatives to spoken words and socially shared vocabularies of such actions are commonly established. In other words, there is a wide range of ways in which visible bodily actions are employed in the accomplishment of expressions that, from a functional point of view, are similar to, or even the same 　30 as expressions in spoken language.

From Gesture : Visible Action as Utterance by Adam Kendon, Cambridge University Press

設　問

A．本文中の空所（ 1 ～ 5 ）に入れるのに最も適当なものを，それぞれ下記（a ～ d ）の中から 1 つ選び，その記号をマークしなさい。

(1)　a．By contrast　　　　　　　b．For example
　　　c．Though　　　　　　　　d．While

(2)　a．however　　b．that　　　c．these　　　d．which

(3)　a．as well as　b．in so far　c．in spite　　d．so as to

(4)　a．Although　　b．However　c．Thus　　　d．When

(5)　a．what　　　　b．when　　　c．where　　　d．why

B．本文中の下線部（ア～キ）の文中での意味に最も近いものを，それぞれ下記（a ～ d ）の中から 1 つ選び，その記号をマークしなさい。

(ア)　a．basically　　b．highly　　　c．particularly　　d．rarely

(イ)　a．characteristics　　　　　　b．programs
　　　c．realities　　　　　　　　d．stations

(ウ)　a．carried out　　　　　　　b．given up
　　　c．inquired after　　　　　　d．taken up

(エ)　a．In addition to　　　　　　b．Far from
　　　c．Later than　　　　　　　d．Within

(オ)　a．abstract　　b．clear　　　c．implicit　　　d．indirect

(カ)　a．complaint　b．design　　　c．request　　　d．treaty

(キ)　a．differences from　　　　　b．functions for
　　　c．replacements for　　　　　d．solutions for

C．次の英文（a ～ g ）の中から本文の内容と一致するものを 2 つ選び，その記号を各段に 1 つずつマークしなさい。ただし，その順序は問いません。

a．For humans, bodily actions alone are insufficient for communication.

b．Bodily actions tend to be very misleading.

c．Humans who have a command of language shouldn't depend on gestures in their daily lives.

d．Bodily arrangement and orientation suggest interactional engagement, intentions and attitudes.

e．The orientation of the eyes is irrelevant to know the person's intentions.

f．Actions are used to aid discourse in communication.

g．However hard humans try, visible actions cannot serve as an equivalent to spoken words.

D．本文中の二重下線部 <u>there is a wide range of ways in which visible bodily actions are employed in the accomplishment of expressions</u> を日本語に訳しなさい。答えは記述式解答用紙の所定欄に記入しなさい。

全訳

≪雄弁な身体行動≫

　自ら進んでそうしているのであろうとなかろうと，人間は目に見える体の動きという手段によって自分の意思，興味，感情，見解を絶え間なくお互いに伝え合っている。たとえば，人の注意の方向や性質についての情報が示されるのはまさに，体の向きや，特に視線の方向を通じてなのだ。人と人，あるいは人を取り巻く環境におけるさまざまな特徴との関係において，どう体を動かすか，また体をどの方向に向けたり，どういう立ち位置にするかによって，人が他人とどのようにかかわっているかとか，その人の意図や考え方の本質について重要な情報が得られるのだ。さまざまな活動は，その中で環境内の対象物が操作され，修正され，再編成されるのだが，それらは人の目的や目標や興味を把握するのに必要不可欠なものである。しかし同様に重要なのは，純粋に表現的であるとみなされている動作である。ここで私たちが目にするのは，感情や情動を表すものとして表に出る顔や体のさまざまに組み合わさった動き，さらには，社会的な交流で重要な機会を切り抜ける際に中心的な役割を果たすさまざまな動作である。挨拶，感謝の気持ちや愛情を示すこと，挑戦，脅し，服従や追従など，それらはすべて一連の異なった表現的な動作を通してなされるのである。

　しかし，こういった表現行動のほかに，発話というプロセスの一部として，すなわち，明確な方法で他の誰かに何かを話す一部として用いられる動作がある。こうして，人々は何かを指し示すことによってそれについて言及するかもしれないし，物の外見を示すため，大きさや形を示すため，また抽象的な概念がそれらによって説明されるような形態や対象や過程を示唆するために，体系づけられた複雑な手の動きを用いるかもしれない。あるいは，目に見える体の動きによって，自分が質問をしているとか，嘆願をしているとか，仮説を出しているとか，誰かの言葉を疑っているとか，何かを否定しているとか，それに同意をしていることを示すとか，その他もろもろのことを示すかもしれないのだ。話し言葉に代わるものとしての役目を果たす目に見える動きもあり，社会的に共有されているそのような動作が持つ語彙というものは広く定着している。言い換えると，機能的な観点から見れば，話し言葉における表現と類似しているか，あるいは同一でさえあるさまざまなことを表現する際に，目に見える体の動きを用いる，多岐にわたる方法がある。

解　説

A．空所補充

(1)　正解は　b

　　a．「それに反して，一方」　　　　b．「たとえば」

　　c．「～だけれども」　　　　　　　d．「～だけれども，～の間」

　　空所の直前の文では，人は目に見える体の動きで自分の意思などを伝え合うという内容が述べられ，空所の後にはその具体的な例が述べられていることから，b．

For example が正解となる。

(2)　**正解は　d**

空所の前の in のさらに前には Activities という文の主語があり，空所の後には文の要素のそろった完全な文が続いている。Activities とこの文との関係を考えると，objects in the environment are being manipulated, … in those activities と考えれば文意がつながるので，Activities の後ろは前置詞と関係代名詞で導かれた節が続いていると判断でき，d．which が正解となる。

(3)　**正解は　a**

a．「～だけでなく」　　　　　　　　b．「～でありさえすれば」
c．「腹いせに，悪意で」　　　　　　d．「～するために」

Here で始まる文は，動詞の find が，those arrangements of action … と actions … という 2 つの語句を並置させる形で目的語にしているという基本的構造を押さえる必要がある。最初の目的語である those arrangements of action には前置詞句が修飾語句として続いているが，前置詞句の中の名詞を修飾する that appear 以下の関係代名詞節の存在が文構造の理解を困難にしている。2 つ目の目的語である actions にも that often play … 以下の関係代名詞節が続いており，この中には 2 つの前置詞句があって，この節も長くなっている。この並置関係を見抜くことができれば，a．as well as が正解と判断できる。なお，*A* as well as *B* は通常「*B* だけでなく *A* も」と訳されるが，単に「*A* も *B* も，*A* および *B*」のように並置されていることを示す訳もあり，この文では，こちらの訳がわかりやすい。

(4)　**正解は　c**

a．「～だけれども」　　　　　　　　b．「しかしながら」
c．「このようにして，それゆえに」　　d．「～するとき」

空所の後にはコンマ（,）があることから，空所には接続詞ではなく副詞が入る。空所の前には，動作が発話のプロセスの一部になっているという内容が述べられており，空所の後には，それを具体的に述べた形の比較的長い 3 つの文が重文の形で置かれている。そのつながりから判断して，空所を挟む前後の文は順接でつながっていると判断でき，c．Thus が正解となる。

(5)　**正解は　a**

空所を含む部分は show の目的語となる。空所の後の looks like に注目すると，この部分は What does *A* look like?「*A* とはどのように見えるか，*A* の外見はどのようなものか」という表現が，間接疑問文の形で，show の目的語となっていると判断でき，a．what が正解となる。

B. 同意表現

⑦ **正解は c** ──────────────────────────

especially「特に，とりわけ」

a.「基本的に」　　　　　　　　b.「高く，大いに」

c.「特に，とりわけ」　　　　　d.「めったに〜ない」

　　especially と意味的に近い c. particularly が正解となる。

⑦ **正解は a** ──────────────────────────

features「特徴，特性」

a.「特徴」　　　　　　　　　　b.「プログラム」

c.「現実」　　　　　　　　　　d.「駅」

　　features と意味的に近い a. characteristics が正解となる。

⑦ **正解は a** ──────────────────────────

accomplished「達成されて，成し遂げられて」

a.「実行されて，行われて」　　b.「断念されて」

c.「安否を尋ねられて，お見舞いを受けて」

d.「取り込まれて，占められて」

　　accomplished と意味的に近い a. carried out が正解となる。

⑦ **正解は a** ──────────────────────────

Beyond「〜を越えて，〜のほかに」

a.「〜に加えて，〜のほかに」　b.「〜どころか，〜から遠く離れて」

c.「〜より後に」　　　　　　　d.「〜以内に」

　　Beyond と意味的に近い，a. In addition to が正解となる。なお，Beyond で始まる文は，前置詞句が文頭にあり，しかも主語である those actions が関係代名詞節を伴って長くなっているために，主語と動詞（are）が倒置されている点に注意する。

⑦ **正解は b** ──────────────────────────

explicit「明白な，明らかな」

a.「抽象的な」　　　　　　　　b.「明白な」

c.「暗黙の，間接的な」　　　　d.「間接的な」

　　explicit と意味的に近い b. clear が正解となる。

⑦ **正解は c** ──────────────────────────

plea「嘆願，要求，口実」

a.「不平」　　　　　　　　　　b.「設計，デザイン」

c.「要求」　　　　　　　　　　d.「条約」

　　plea と意味的に近い c. request が正解となる。

㈱　正解は　c ─────────────────────────────

alternatives to「～に代わるもの，～の代替物」

a.「～との違い」　　　　　　　b.「～に対する機能」

c.「～の代替物，～の代わり」　d.「～の解決策」

alternatives to と意味的に近い c. replacements for が正解となる。

C. 内容真偽

正解は　d・f ─────────────────────────────

a ─×「人間にとって，身体行動だけでは，意思の疎通に不十分である」

　　第2段最終文（In other words, …）に，多岐にわたる方法で，目に見える体の動きを使い，さまざまな表現をするという内容が述べられており，身体行動でかなりの意思の疎通ができることがわかるので，本文の内容に**一致しない**。

b ─×「身体行動は非常に誤解を招きやすい」

　　第1段最後の2文（Here we find …）から，身体行動で多くの意思伝達が図れていると判断できるので，本文の内容に**一致しない**。

c ─×「言語の運用能力を持っている人間は，日常生活で身振りに頼るべきではない」

　　第2段第3文（There are also …）に，話し言葉の代わりに用いることのできる目に見える動作の存在が指摘されており，それらは社会で広く定着しているとも述べられているので，言葉が操れるからといって，動作を用いないわけではなく，本文の内容に**一致しない**。

d ─○「体の動きや体の向きは，相互にどうかかわっているかや，意図や姿勢をそれとなく示す」

　　第1段第3文（How people arrange …）に，どのように体を動かすか，どの向きにするかというようなことで，他人とのかかわり方，意図や考え方の本質に関する重要な情報が得られるという点が述べられており，本文の内容に**一致する**。

e ─×「視線の方向は人の意図を知ることとは無関係である」

　　第1段第2文（For example, it …）に，体の向きや，特に視線の向きで，人が何に注意を向けているかについての情報が得られると述べられており，本文の内容に**一致しない**。

f ─○「動作は，意思の疎通において，発話を助けるのに使われている」

　　第2段第1文（Beyond these, however, …）に，発話というプロセスの一部として，すなわち明確な方法で話す行為の一部として動作を用いるという内容が述べられており，動作は言葉による意思の疎通の一部となっていることがわかるので，本文の内容に**一致する**。

g ─×「どれほど人間が頑張っても，目に見える動作は話し言葉と同等に役立つこと

はあり得ない」

　第2段最終文（In other words, …）に，目に見える体の動きを使い，さまざまな表現をするという内容が述べられており，動作は話し言葉と同様にさまざまなことを表現するのに役立つことがわかるので，本文の内容に**一致しない**。

D．英文和訳

・there is 〜 で，何らかのものの存在を示す構文。主語は a wide range of ways「多岐にわたる方法，さまざまな方法」で，in which 以下は主語を修飾する関係代名詞節となっている。

・visible bodily actions are employed は直訳すると「可視的身体行動が採用される」だが，「目に見える体の動きを使う」のような訳がわかりやすい。

・in the accomplishment of expressions も直訳すると「表現の達成の際に」だが，「さまざまなことを表現する際に」などの訳がわかりやすい。

●語句・構文……………………………………………………………………………………

☐ *l.* 1　willingly or not「進んでそうしているのであってもそうでなくても，好むと好まざるとにかかわらず」

☐ *l.* 2　by means of 〜「〜によって」

☐ *l.* 4　orientation「方向づけ，姿勢」

☐ *l.* 6　in relation to 〜「〜に関して，〜とのかかわりにおいて」

☐ *l.* 9　manipulate「〜を操作する，〜を操る」

☐ *l.*11　Of equal importance は equally important の意味で用いられており，この文の補語であるが，文頭にあるため，主語（actions）と動詞（are）が倒置されている。

☐ *l.*20　refer to 〜「〜に言及する，〜のことを言う」

☐ *l.*27　serve as 〜「〜としての機能を果たす，〜の代わりになる」

☐ *l.*30　from a functional point of view「機能的観点からすると」

A．(1)—b　(2)—d　(3)—a　(4)—c　(5)—a
B．(ア)—c　(イ)—a　(ウ)—a　(エ)—a　(オ)—b　(カ)—c　(キ)—c
C．d・f
D．さまざまなことを表現する際に，目に見える体の動きを用いる，多岐にわたる方法がある

21

次の英文を読み，下記の設問（A～D）に答えなさい。

Fire is "a good servant but a bad master." In my house, in summer, I smell the air for the faintest hint of smoke as keenly as any horse or dog or kangaroo. I watch for columns of smoke, visualising again and again how fire could rush （ 1 ） the hill towards us. But if you are philosophical about it, fire is a natural part of the Australian environment and has been for millions of years. Living with the threat of fire in the bush, or in the wild, is like living with sharks when diving, or with snakes while walking, or with traffic accidents on a city street. The idea that we should remove every shark from the sea, or every snake from the land, and control-burn, or deliberately set fire, to prevent any risk of bushfires is a recipe for making the environment even worse.

As Phil Koperberg, head of the New South Wales Fire Brigades, said （ 2 ） the Sydney bushfires of 1994, amid calls for massive control burning, "Do you want to concrete over all the bush ?" If you choose to live in the bush, you choose to accept the risk.

It is often claimed that some Australian plants and animals have actually adapted to fire, evidence of an extraordinarily long period （millions of years before human arrival） during which fire has been more significant in the Australian environment than it has been on any other continent, but this is probably not strictly true. <u>Many plants have adapted to the environment in ways that also happen to be valuable in times of fire.</u> （ 3 ）, animals have adapted to a variety of different habitats, and can therefore survive during different periods of vegetation regrowth after a fire （or after, say, a cyclone, a flood, or just a tree falling in a forest）.

A tree that has the ability to regenerate from roots or lower trunk when the upper tree dies as a result of being broken off in a storm, or falls over, rotten to the core, will also be able to respond when the upper part is killed by a fire. Seeds adapted to long hot droughts, and requiring a combination of heat and water for germination[*], will also find a fire, if followed by rain, a good stimulus for growing new plants. There does appear to be evidence that chemicals in smoke can help promote growth in plants, but whether this is a direct adaptation to fire or the incidental effect of some other adaptation is uncertain. But hasty statements that Australian plants and animals have adapted to fire should be treated (4   ) caution, and indeed it is difficult to see how such an adaptation could evolve.

> From *The Pure State of Nature : Sacred Cows, Destructive Myths and the Environment* by David Horton, George Allen & Unwin

*germination：発芽

設　問

A. 本文中の空所（1～4）に入れるのに最も適当なものを，それぞれ下記（a～d）の中から1つ選び，その記号をマークしなさい。

(1)　a．of　　　　　b．through　　　c．above　　　d．up
(2)　a．within　　　b．following　　c．giving　　　d．off
(3)　a．Conversely　b．Ironically　　c．Similarly　　d．Unlikely
(4)　a．by　　　　　b．through　　　c．with　　　　d．on

B. 次の問い（1～3）の答えとして最も適当なものを，それぞれ下記（a～d）の中から1つ選び，その記号をマークしなさい。

(1)　What does the author compare living with the risk of fire to ?
　　a．Being nervous about smell of smoke.
　　b．Watching for columns of smoke.
　　c．Living with traffic accidents on a city street.
　　d．Removing every shark from the sea.

(2)　What risk do we have to accept if we choose to live in the bush ?
　　a．The faintest smell of smoke.
　　b．Control burning.
　　c．A worsening environment.
　　d．Bushfires.

(3)　How have trees in Australia survived bushfires ?
　　a．By regenerating from the lower part of the trunks.
　　b．By producing various chemicals.
　　c．By causing long hot droughts.
　　d．By concreting over the bush.

C．本文の標題として最も適当なものを，下記（a～d）の中から1つ選び，その記号をマークしなさい。
  a．Trees' Adaptation to the Australian Environment
  b．The Fire Risk in New South Wales
  c．The Mechanism of Bushfires
  d．The Adaptation Necessary for Australians

D．本文中の二重下線部 <u>Many plants have adapted to the environment in ways that also happen to be valuable in times of fire.</u> を日本語に訳しなさい。答えは記述式解答用紙の所定欄に記入しなさい。

≪オーストラリアの環境への木々の適応≫

全訳

　火は「良き召使いではあるが，悪しき主人である」（火は使いよう）。私の家では夏になると，私が，どんな馬や犬やカンガルーにも負けないくらい鋭敏に，ほんのかすかな煙の気配をも探して空気の匂いを嗅ぐ。私は，どのように火事が私たちに向かい，丘に沿って駆け上がってくる可能性があるかを，何度も何度も心に思い描いて煙の柱を探す。しかし，冷静に考えれば，火事はオーストラリアの環境の自然な一部であり，何百万年もの間，その状態が続いているのだ。森林地帯，すなわち，未開の状態で火事の脅威とともに暮らすことは，ダイビングのときにサメ，歩いているときにヘビ，都会の道路で交通事故とともに暮らすようなものである。海からすべてのサメを取り除くべきだとか，陸上からすべてのヘビを取り除くべきだとか，山火事のリスクを防ぐために管理して火をつける，つまり意図的に火を放つべきだ，という考えは，環境を一層悪化させる方策となる。

　ニューサウスウェールズ州消防長官のフィル＝コパーバーグは1994年のシドニー山火事の後，管理下において大規模に火を放つことを求める声が出ている真っ只中に「あなた方はすべての森林地帯をコンクリートで覆いたいのですか？」と言った。もしあなたが森林地帯で暮らすことを選ぶのであれば，そのリスクを受け入れることを選ぶことになるのだ。

　たびたび主張されているのは，オーストラリアの動植物の中には，実際に火事に適応してきたものもおり，これは，火事が他のどの大陸よりもオーストラリアの環境の中でより際立っていた，きわめて長期間（人間が生まれる前の数百万年）の証拠である，ということだが，これはおそらく，厳密には正しいとは言えない。多くの植物は，火事のときにもたまたま役に立つようなやり方で，環境に適応してきたのである。同様に，動物たちは多様な生息地に適応してきたし，だから火事の後（あるいは，たとえばサイクロン，洪水，あるいは単に森で木が倒れた後），植物が再生するさまざまな期間に生き延びることができるのだ。

　嵐で折れた結果，木の上部が枯れてしまったり，倒れて芯まで腐ったりしても，根や低いところにある幹から再生する能力をもつ木は，上部が火事でやられたときにも対応できるであろう。長期間の激しい干ばつに適応し，発芽するのに熱と水の組み合わせが必要な種にとっても，火事は，その後に雨が降れば，新しい植物を育てるよい刺激になるであろう。煙の中の化学物質が植物の成長を促進する手助けになるという証拠も確かにあるようだが，これが火事への直接的な適応なのか他の何らかの適応の副次的な影響なのかどうかはわかっていない。しかし，オーストラリアの動植物が火事に適応してきたという軽はずみな発言は注意して扱われるべきであり，実際，そのような適応がどのように進んできたのかを理解することは難しいのだ。

解　説

Ａ．空所補充

(1)　**正解は　d**

　　空所を含む部分は，山火事が多発する夏には，筆者は火が丘を駆け上がってくる
様子を思い描きながら，火事の気配を探しているという内容である。火は丘の下か
ら上に向かって広がるものであることから，d．up が正解となる。a の of は
rush という動詞の後では不適。b の through だと丘の「中を通り抜けて」という
意味になるので不適。c の above は「（接することなく）上方に」という意味なの
で不適。

(2)　**正解は　b**

　　空所の後に the Sydney bushfires of 1994 という具体的な山火事の例が挙がって
いることから，後続の発言はこの山火事の後になされたものと判断でき，「〜の後
の，〜の直後に」という意味の前置詞として用いることができる b．following が
正解となる。a の within「〜以内に」，c の giving「〜を与えて」，d の off「〜か
ら離れて」はいずれも文脈上不適。

(3)　**正解は　c**

　　a．「反対に，逆に言えば」　　　　　　b．「皮肉なことに」

　　c．「同様に」　　　　　　　　　　　　d．「ありそうにない，ありそうもなく」

　　空所の前文では，植物が環境に適応してきた様が述べられており，空所の後続文
では動物が生息地に適応してきたことが述べられていることから，この 2 文をつな
ぐ語としては，c．Similarly が正解となる。他の選択肢は文脈上不適。

(4)　**正解は　c**

　　空所の後の caution「注意，用心」という抽象名詞に注目すると，「前置詞＋抽
象名詞」で副詞としての役割をはたす用法と判断できる。caution は with caution
の形で「用心して，大切に，慎重に」という意味になり，文脈上適切なので，c．
with が正解となる。

Ｂ．英問英答

(1)　**正解は　c**

「筆者は火事のリスクとともに暮らすことを何にたとえているか」

　　a．「煙の臭いに神経質になること」

　　b．「煙の柱に目を光らせること」

　　c．「都会の道路で交通事故とともに暮らすこと」

　　d．「海からサメをすべて駆除すること」

　　第 1 段第 5 文（Living with the …）に，森林地帯で火事の脅威とともに暮らす

ことは，ダイビング中にサメ，歩いているときにヘビ，都会の道路で交通事故とともに暮らすようなものだと述べられており，ｃ．Living with traffic accidents on a city street. が正解となる。

(2)　正解は　d ────────────────────

「もし私たちが森林地帯で暮らすことを選ぶなら，どんなリスクを受け入れなければならないか」

　ａ．「ごくわずかな煙の臭い」　　　　ｂ．「管理下で火を放つこと」
　ｃ．「環境の悪化」　　　　　　　　ｄ．「山火事」

　　第2段第2文（If you choose …）に，森林地帯で暮らすことを選ぶなら，そのリスクを受け入れることを選ぶことになると述べられている。このリスクとは，第1段の内容や，前文にある1994年のシドニーの例から，山火事のリスクを指すと判断できるので，ｄ．Bushfires. が正解となる。

(3)　正解は　a ────────────────────

「オーストラリアの木々はどのようにして山火事を生き延びてきたのか」

　ａ．「幹の低い部分から再生することによって」
　ｂ．「さまざまな化学物質を作り出すことによって」
　ｃ．「長期にわたる激しい干ばつを引き起こすことによって」
　ｄ．「森林地帯をコンクリートで覆うことによって」

　　最終段第1文（A tree that …）に，嵐で折れて，上部が枯れたり芯まで腐っても，根や低いところにある幹から再生できる木は，上部が火事でやられたときにも対応できるだろうと述べられており，ａ．By regenerating from the lower part of the trunks. が正解となる。

Ｃ．主題

正解は　a ────────────────────

　ａ．「オーストラリアの環境への木々の適応」
　ｂ．「ニューサウスウェールズ州における火事のリスク」
　ｃ．「山火事の仕組み」
　ｄ．「オーストラリア人にとって必要な適応」

　　第1段と第2段では，山火事がオーストラリアの環境ではよくあることであり，森林地帯で暮らすならそのリスクを受け入れるべきだと述べられている。第3段と最終段では，オーストラリアの動植物は環境に適応しているが，その適応の仕方が，たまたま山火事の場合にも有効だっただけかもしれないという点が述べられている。本文には植物だけでなく動物の適応についても述べられているが，最終段で木々の適応について主に述べられていることから判断して，本文の標題としてはａ．Trees' Adaptation to the Australian Environment が適切。

D．英文和訳

- adapt to ～は「～に適応する，～に順応する」という意味だが，現在完了時制となっているので「～に適応してきた」と訳すとよい。
- in ways that ～における that は ways を先行詞とする関係代名詞で，この部分は「～する（ような）やり方で」という意味になる。
- happen to be ～は「たまたま～である」という意味。この前に also があるので，後の in times of ～「～のときに」という部分を訳す際に「～のときにも」とするとよいだろう。fire はここでは「火事」，厳密には bushfire のこと。
- valuable はここでは「有益な，役立つ」という意味と考えられる。

●語句・構文……………………………………………………………………………………………

- □ *l.* 1　Fire is "a good servant but a bad master." は，"Money is a good servant but a bad master." 「お金は良き召使いではあるが，悪しき主人だ（お金は自分が自在に使うぶんにはいいが，お金に支配されてしまうと不幸だ）」ということわざをもじったもの。火もお金も使い方次第，という意味で用いられている。
- □ *l.* 2　the faintest hint の the faintest は faint の意味を強める用法。
- □ *l.* 4　philosophical about ～「～を冷静に受け止めて，～に達観して」
- □ *l.* 6　in the wild「未開の地で，荒野で」
- □ *l.*12　calls for ～「～を求める声」
  massive control burning「管理下において大規模に火を放つこと」
- □ *l.*16　evidence 以下は直前の that 節で述べられている内容を受けて，それがこの直後の of 以下で述べている内容の証拠だ，と言い換えたもの。
- □ *l.*22　vegetation regrowth「植物の再生」
- □ *l.*28　if followed by rain「もしその後に雨が降れば」
  a good stimulus は find の目的格補語。前にある a fire が目的語となっている。
- □ *l.*29　There does appear to be ～ は同格の that 節をともなった evidence が主語で，does は述語動詞の appear の意味を強める用法。

A. (1)—d　(2)—b　(3)—c　(4)—c
B. (1)—c　(2)—d　(3)—a
C. a
D. 多くの植物は，火事のときにもたまたま役に立つようなやり方で，環境に適応してきたのである。

22

次の英文を読み，下記の設問（A～C）に答えなさい。

Two alarming new reports estimate that between 30 and 50 percent of all the food produced in the world is lost and wasted. These are shocking findings, taking into consideration the scale of malnutrition* and hunger on our planet. One of the new reports is by a British-based independent organization. The two-
5　year study concluded that about half of the 4.4 billion tons of food that is produced worldwide annually is never eaten. The other report was released by a Swedish institute in 2011, which concluded that about one-third of all food produced—1.3 billion tons—is wasted annually, in equal measure by developed and developing nations.

10　With 870 million people already suffering from chronic malnutrition, the world population exceeding 7 billion and climbing, and climate change altering agricultural production, there is no room for such poor management. The causes are many : some food is left in the fields ; more is wasted because of poor storage and transportation ; still more is wasted by markets and consumers.
15　Ultimately, the scale of waste is so large as to prevent the world from "sustainably meeting our future food demands," especially when it is estimated that food production must double by 2050.

There are many steps that can and should be taken to remedy this absurd situation. In hot climates, post-harvest wastage of fruit and vegetables ranges
20　between 35 and 50 percent. Ghana lost 50 percent of its stored corn in 2008 because of poor storage facilities. Improved storage in Pakistan could reduce food losses by 16 percent. Better transportation will speed up the time it takes for crops to reach markets, and more accurate information about demand— relayed by cellphone for example—could help ensure that farmers get their
25　goods to the right markets.

In the developed world, much of the food loss occurs at the corporate end, because the food does not meet aesthetic standards. Incredibly, as much as 30 percent of the British vegetable crop is not harvested, because it does not meet marketing standards for size and appearance. The Japanese should understand
30　that problem, as consumers in this country are some of the most (ア)finicky in the

world, demanding products that are perfect, spotless and pretty.

　Food scandals of recent years have also encouraged consumers and supermarkets to keep a close eye on sell-by dates. Food retailers all over the world adhere strictly to such warnings, resulting in severe losses. Estimates of the amount of waste in Japan range from 17 million to 23 million tons a year ; the low end of that forecast is equivalent to 30 percent of the country's domestic production—a stunning number in light of the oft-cited goal of obtaining "food security**." The high end, which comes from the Ministry of Agriculture, Forestry and Fisheries, is worth almost 11 trillion yen and is the monetary equivalent of Japan's annual agricultural output. Experts reckon it costs another 2 trillion yen to dispose of that waste. Tokyo alone produces about 6,000 tons of food waste a day, an amount sufficient for the nutritional needs of 4.5 million people. In total, some 40 percent of all food in Japan ends up in the garbage. And this occurs when 750,000 people in Japan lack food security and 60 percent of food is imported into the country. Short sell-by dates for prepared foods — often just several hours long at convenience stores — also result in tremendous waste of perfectly edible food.

　Obviously, we need to pay more attention to shopping and eating habits. It is not uncommon for shoppers in the developed world to throw away as much as half the food they buy. The tendency to indulge is driven by marketing schemes that offer "(イ)buy one, get one free," even if we really do not need that second item. It is hard to say "no" to a bargain. We need to learn to say "no" more effectively.

　It is unrealistic to expect to eliminate all waste in food. But the idea that one-half of food production is wasted—and that much of it is because of aesthetic reasons—is intolerable. While it is tempting to blame governments for this appalling state of affairs, the truth is that almost all of us contribute to this problem. Governments must (ウ)do the lion's share of the work, but individual citizens can also help to reduce loss, waste and hunger.

The Japan Times, January 21, 2013

*malnutrition：栄養失調
**food security：食料安全保障

設　問

A．本文中の下線部（ア～ウ）の文中での意味に最も近いものを，それぞれ下記（a
　～ d）の中から 1 つ選び，その記号をマークしなさい。

　(ア)　finicky
　　　　a．health-minded　　　　　　　b．quite moderate
　　　　c．hard to please　　　　　　　d．price-conscious

　(イ)　buy one, get one free
　　　　a．if you buy a product, you get an additional one without paying
　　　　b．if you want to buy something necessary, you must earn money
　　　　　 earnestly
　　　　c．you will feel free to obtain anything without paying money
　　　　d．you should support the freedom to buy anything

　(ウ)　do the lion's share of the work
　　　　a．snatch food from starving people
　　　　b．share the burden equally with private companies
　　　　c．desperately try to get food to survive in poverty
　　　　d．shoulder chief responsibility for the task

B．次の英文（a～j）の中から本文の内容と一致するものを 3 つ選び，その記号を
　各段に 1 つずつマークしなさい。ただし，その順序は問いません。

　a．It has been considered true for a long time that too much food is wasted
　　 all around the world, while many people are suffering from inadequate
　　 nutrition.

　b．The report by a British organization found that around 2.2 billion tons of
　　 food is produced every year in the world.

　c．In 2011, a Swedish institute estimated a lower percentage of wasted food
　　 than the British organization.

　d．As 870 million people do not get proper nourishment and the world's
　　 population continues to increase, it is urgent that we reduce the amount of
　　 the wasted food.

　e．The major reason of wasting food is that poor people cannot buy food
　　 products, which are, after all, left unsold at stores.

　f．People cannot touch vegetables in British supermarkets because
　　 marketing standards there are too strict for retailers to display the
　　 products.

g. Food makers and retailers give special heed to such warnings as short sell-by dates, which contributes to the reduction of wasted food.

h. According to one estimate, 30 percent of food imported to Japan is thrown out before getting into consumers' mouths.

i. The amount of food which is produced in Tokyo but thrown away every day would allow 750,000 people to overcome serious hunger.

j. People in rich countries are accustomed to disposing of as much as half the food they purchase in daily life.

C. 本文中の二重下線部 <u>Better transportation will speed up the time it takes for crops to reach markets</u> を日本語に訳しなさい。答えは記述式解答用紙の所定欄に記入しなさい。

全訳

≪食品ロスの現状と対策≫

　2つの憂慮すべき最新の調査報告書では，世界で生産される食料全体の30～50パーセントが失われ，あるいは捨てられていると推定されている。この地球上の栄養失調と飢餓の規模の大きさを考えると，これらは衝撃的な調査結果である。最新報告書の一つは，イギリスに拠点をおく独立行政法人によるものだ。2年に及ぶ調査によって，世界で年間に生産される44億トンの食料の約半分が食べられていないと結論づけている。もう一方の報告書は，スウェーデンの研究機構が2011年に発表したもので，生産された食料全体の約3分の1にあたる13億トンが，毎年，先進国と発展途上国で同程度に廃棄されているとの結論である。

　すでに8億7千万の人々が慢性的な栄養失調に苦しみ，世界の人口は70億を超えてなお増え続けており，気候変動によって農業生産が様変わりしているというのに，そんなお粗末な管理をしている余地などない。原因は数多くある。食料の一部は農地に放置されたままであり，さらに多くが貯蔵や輸送の不備で廃棄されており，なおそれ以上に多くが市場や消費者のもとで処分されているのだ。結局のところ，廃棄される規模があまりに大きくて，とりわけ，食料生産が2050年までに倍増していなければならないと推定されている状況では，世界の「食料の将来的な需要を持続的に満たす」ことなどできないのだ。

　このとんでもない状況を改善するためにとりうる，またとるべきでもある方策は多い。気温の高い地域では，果物や野菜が収穫後に廃棄される量は35～50パーセントに及ぶ。ガーナでは貯蔵施設がお粗末なために，2008年には貯蔵したトウモロコシの50パーセントが廃棄された。パキスタンでは貯蔵方法の改善によって食品ロスを16パーセント削減することができた。輸送手段の改善によって農作物が市場に届くのにかかる時間が短縮されるだろうし，需要に関するもっと正確な情報があれば——たとえば携帯電話で伝えることで——農家が確実に自分たちの商品を適切な市場に出荷することができるようになるだろう。

　先進国では，食品ロスの多くが企業の側で生じているが，それは食品が見た目の美しさの基準を満たさないためである。信じられないことだが，イギリスの野菜作物の30パーセントもが，大きさや見た目の市場基準に合わないという理由で収穫されていない。日本人がそういう問題を理解すべきなのは，この国の消費者は世界で最も好みがうるさい人たちの一部であり，完全で，染み一つなく，きれいな生産品を求めるからである。

　近年食品関連の不祥事が何件か起こったことも，消費者やスーパーが販売期限に目を光らせるのを促してきた。世界中の食品小売業者がそのような警告を厳格に守ろうとして，結果的に多大な廃棄物が生じている。日本における食品廃棄物の量は推定，年間1,700万トンから2,300万トンの範囲であるが，その予測の最も低い値でも，国内生産の30パーセントに相当しており，「食料安全保障」を確保するという何度も言及されてきた目標からすると，驚きの数値である。最も高い値は，農林水産省が出したもので，ほぼ11兆円分だが，これは日本の年間農業生産高に相当する額である。専門家たちは，その廃棄物を処分するのにもう2兆円かかると推計

している。東京だけでも，一日に約 6,000 トンの食品廃棄物が出ており，それは 450 万人が必要とする栄養をまかなうのに十分な量である。合計すると，日本では全食品の約 40 パーセントが最終的にはごみとして廃棄されている。しかも，日本では 75 万人が食料安全保障のない状態で，食料の 60 パーセントが国内へ輸入されたものだというのに，こういう状況が生じているのだ。調理済み食品類の販売期限が短いことも――コンビニではわずか数時間であることも多い――何の問題もなく食べられる食品が大量に廃棄される結果となっている。

　私たちが購買の慣行や食習慣にもっと注意を払う必要があるのは明らかである。先進国では，買い物客は購入する食品の実に半分を捨てているのも珍しくはない。つい買いすぎてしまう傾向は，実際には 2 つめの品物はいらないとしても，「一つ買えば，もう一つはただ」を提供する市場戦略にあおられたものだ。お買い得品に対して「いりません」と言うのは難しい。私たちはもっとその効果を考えて「いりません」と言えるようになることが必要なのだ。

　食品の無駄をすべてなくせると期待するのは非現実的である。しかし，食料生産の半分が廃棄される――しかもその多くが見た目が悪いという理由で廃棄される――などというのは考えただけでも耐え難い。このぞっとするような状況をつい政府のせいにしたくなるけれども，実のところ，私たちのほぼ全員がこの問題の一因となっているのだ。政府はその仕事に対して最も大きな責任を負わなければならないが，国民の一人一人もまた，食品ロスや廃棄，さらには飢餓を減らすために一役買うことができるのである。

解　説

A．同意表現

㋐　正解は　c

finicky「（食べ物などについて）好みがうるさい，気難しい」

　a．「健康志向の」　　　　　　　　b．「極めて穏やかな」
　c．「気難しい，小うるさい」　　　d．「価格に敏感な，価格重視の」

　finicky という語は馴染みがないかもしれないが，この後の demanding products that are perfect, spotless and pretty「完全で，染み一つなく，きれいな生産品を求める」という部分がその説明となっており，c．hard to please が意味的に近いと判断できる。

㋑　正解は　a

buy one, get one free「一つ買えば，もう一つはただ（でもらえる）」

　a．「もしあなたがある生産品を買えば，もう一つはお金を払わずにもらえる」
　b．「もしあなたが何か必要なものを買いたければ，せっせとお金を稼がなければならない」

c．「あなたはお金を払わず，何でも自由に手に入るだろう」

d．「あなたは何でも買える自由を支持すべきだ」

　　buy one, get one free は商売でよく用いられるフレーズで「一つ買えば，もう一つはただ（でもらえる）」という意味。a．if you buy a product, you get an additional one without paying が意味的に近い。

㋑　正解は　d ────────────────────────────────

do the lion's share of the work「仕事の大部分を行う」

　a．「飢えている人たちから食べ物をひったくる」

　b．「民間企業で責任を公平に分担する」

　c．「貧しい生活で生き残るために必死で食べ物を手に入れようとする」

　d．「仕事に対して主たる責任を担う」

　　lion's share は「最大の分け前，一番大きな部分」という意味だが，do the lion's share of the work は「仕事の大部分を行う」という意味になる。食品の無駄をなくすという仕事は，政府が最も大きな役割をはたすべきものと考えられることから，d．shoulder chief responsibility for the task が意味的に近いと判断できる。

B．内容真偽

正解は　c・d・j ───────────────────────────

a─×「多くの人たちが栄養失調で苦しんでいるというのに，世界中であまりにも多くの食べ物が廃棄されているというのは，久しく本当だと考えられてきた」

　　第1段第1文（Two alarming new …）に，世界で生産される食料の30〜50パーセントが失われたり，捨てられているという深刻な現状が，2つの最新の報告書で明らかになったと述べられており，本文の内容に一致しない。

b─×「あるイギリスの機関による報告では，世界で毎年およそ22億トンの食料が生産されていることがわかった」

　　第1段第4文（The two-year study …）に，イギリスの独立行政法人による調査報告書の内容の一部として，世界で年間に生産される食料は44億トンで，その半分が食べられていないと述べられており，22億トンは食べられていない食料の量なので，本文の内容に一致しない。

c─○「2011年に，スウェーデンの研究機構は，イギリスの機関よりも食品廃棄率を低く推定した」

　　第1段第4文に述べられているイギリスの機関の調査結果では，食べられていない食料の量は総生産量の半分の22億トンとなっているが，同段最終文（The other report …）で述べられているスウェーデンの研究機構の結論では，食品廃棄の量は13億トンとなっており，イギリスの機関の推定より少ないので，本文の内容に一致する。

d－〇「8億7千万の人たちが適切な栄養を取れておらず，世界の人口は増え続けているのだから，廃棄される食品の量を減らすのは急を要することだ」

　　第2段第1文（With 870 million …）に，8億7千万の人たちが栄養失調の状態なのに，世界の人口は70億を超えてなお増え続けており，気候変動による農業生産への影響も考慮すると，食品を無駄にしている余地などないと述べられており，本文の内容に**一致する**。

e－×「食品を無駄にしている最大の理由は，貧しい人たちが食料品を買うことができず，それらが結局は店で売れ残るからである」

　　本文には，貧しい人たちが食料品を買うことができなくて売れ残るという記述はないので，本文の内容に**一致しない**。

f－×「イギリスのスーパーでは人は野菜に触れることができないのは，現地の市場の基準が厳しすぎて小売業者が生産品を陳列できないからだ」

　　第4段第2文（Incredibly, as much …）に，イギリスでは大きさや見た目が市場の基準に合わないという理由で，野菜の30パーセントが収穫されないという点は述べられているが，基準が厳しくて小売業者が生産品を陳列できないという記述はないので，本文の内容に**一致しない**。

g－×「食品メーカーや小売業者は短い販売期限などの警告に特に注意を払っており，それが無駄になる食品の削減に寄与している」

　　第5段第1・2文（Food scandals of …）に，小売業者が販売期限を守ろうとして，大量の食品廃棄が出ている現状が述べられており，本文の内容に**一致しない**。

h－×「ある推定によると，日本に輸入される食品の30パーセントが消費者の口に入る前に捨てられている」

　　第5段第3文（Estimates of the …）に，日本における食品廃棄物の量は国内生産の30パーセントと述べられているが，それは輸入される食品に関する数字ではないので，本文の内容に**一致しない**。

i－×「東京で生産され，毎日捨てられている食品の量があれば，75万人の人々が深刻な飢餓を克服できるだろう」

　　第5段第6文（Tokyo alone produces …）に，東京で一日に出る食品廃棄物は450万人が必要とする栄養をまかなえるほどだと述べられており，本文の内容に**一致しない**。75万人という数は同段第8文（And this occurs …）に，食料安全保障がない状態の人の数として述べられている。

j－〇「富裕国の人々は日々の生活で購入する食品の半分もの量を捨ててしまうのに慣れっこになっている」

　　第6段第2文（It is not …）に，先進国では買い物客が購入する食品の半分を捨てているのも珍しくないと述べられており，本文の内容に**一致する**。

C. 英文和訳

- 英文の主語である better transportation が条件節の役割をはたしているために，動詞に will がついていると考えられる。文の中心となる部分は，直訳すると「よりよい輸送が時間を迅速化するだろう」となるが，無生物主語なので，日本語として不自然でない訳に変える必要があり，「輸送手段が改善されれば時間が短縮されるだろう」というような訳がよいだろう。
- speed up 〜「〜を加速する，〜を迅速化する」
- it takes 以下は the time を先行詞とする関係代名詞節で関係代名詞の目的格が省略されている。この take は It takes ＋時間＋ for 〜 to *do*「〜が…するのに（時間が）かかる」という形で用いる用法。

●語句・構文……………………………………………………………………………

- □ *l.* 8　in equal measure「同程度に」
- □ *l.*10　With 870 million people already suffering from 〜　「with ＋名詞＋分詞」の形で独立分詞構文と同じ機能をはたす用法。この後の the world population exceeding … と，climate change altering … と，合わせて 3 組ある点に注意する。文脈から判断して「（名詞）が〜していて，（名詞）が〜しているのに」という訳が考えられる。
　　　chronic malnutrition「慢性的な栄養失調」
- □ *l.*12　there is no room for 〜「〜の余地はない」
- □ *l.*15　ultimately「結局のところ，最終的には」
　　　the scale of waste is so large as to prevent the world from 〜「廃棄される規模があまりに大きくて世界は〜できない，廃棄の規模は世界が〜できないほど大きい」　so 〜 as to *do*「…するほど〜，非常に〜なので…する」
- □ *l.*16　meet「（要求など）を満たす」
- □ *l.*33　sell-by date「販売期限」
- □ *l.*35　the low end of that forecast「その予測の最も低い値」
- □ *l.*37　a stunning number「驚くべき数字」以下は，30 percent of the country's domestic production「国内生産の 30 パーセント」を言い換えて説明した部分。
- □ *l.*43　end up in the garbage「結局はごみになる」
- □ *l.*50　The tendency to indulge「つい買いすぎてしまう傾向」　この indulge は「ほしいままにする，（好きなだけ）ふける」という意味。
- □ *l.*57　state of affairs「事態，状況」

A. ㋐ー c　㋑ー a　㋒ー d
B. c・d・j
C. 輸送手段の改善によって農作物が市場に届くのにかかる時間が短縮されるだろう

23

次の英文を読み，下記の設問（A〜D）に答えなさい。

Advertising remains an inescapable fact of everyday life in contemporary America. According to recent estimates, most Americans see or hear nearly two thousand advertisements a day. The promises and pleas of Madison Avenue[*] (イ)compete for our attention no matter where we are or what we are doing—whether at work or at play, on the road or in what advertisers call "the 5 privacy of your own home." Advertising beckons[**] us even when we try to imagine ourselves going off to a remote, peaceful location seemingly free （　1　） commercial appeals. No place, no object, no person, no activity, no life style, and no way of thinking or talking can be completely exempt from advertising. Ours is a commercial world. 10

The advertising industry has changed remarkably in the past one hundred years—from the simplicity of selling space in newspapers to the complexity of integrating the informational necessities and nuances[***] of effective copywriting （　2　） promotional "campaigns" with obviously successful results. In 1880, American business spent approximately $175 million on advertising. By 15 the turn of the century, that (ロ)figure had grown to $300 million. In 1987, American corporations spent nearly $100 billion advertising their goods and services.

The look and sound of advertisements have undergone similar dramatic transformations. From their origins as individual efforts to sell (ハ)items by 20 circulating basic news about their availability, advertisements have developed in the twentieth century into corporate efforts to invent memorable relationships between people and products. Along the way, advertisers have helped change the American public's relationship （　3　） products. We were once a nation in which people searched for products in order to survive ; we are now a 25 nation in which products endlessly search for people in order to survive.

Behind advertising's enormous expenditure of intelligence and imagination lies at least one truth on which both the practitioners and the critics of advertising agree : advertising is an aggressive, creative force that helps stimulate the public's desire （　4　） particular goods and services as well as 30

reflecting and affecting virtually every ₍₂₎dimension of the American public's daily life. While fascinated, if not preoccupied, with discovering and purchasing better ways to live, few Americans pause to consider how advertising influences and mirrors our changing individual hopes and fears, our shifting
35 collective expectations and anxieties.

   Standard American history books contain few, if any, references to advertising, although recent studies of American social history have begun to attend more rigorously to the scholarly significance of advertising. Yet, to examine the advertisements of a nation is essentially to view most aspects of its
40 existence. Advertising is the story of a nation's people. And, although advertising certainly did not originate (5) America, this country has probably done more than any other to foster advertising's growth and development. It has been said that some foreign politicians have studied American advertisements as a gauge for measuring and understanding
45 America's tastes and values. Advertising is probably the most ₍₄₎pervasive form of popular culture but, surprisingly, has rarely been examined from this perspective.

   From *Handbook of American Popular Culture, Volume 1* by M. Thomas Inge, Greenwood Publishing Group, Inc.

 ＊Madison Avenue：New York 市にある米国広告業の中心街
  ＊＊beckon：手招きする，誘う
＊＊＊nuance：微妙な差異，ニュアンス

設　問
A．本文中の空所（1〜5）に入れるのに最も適当なものを，それぞれ下記（a〜d）の中から1つ選び，その記号をマークしなさい。

(1)　a．from　　　b．within　　　c．away　　　d．without
(2)　a．about　　　b．at　　　c．of　　　d．into
(3)　a．that　　　b．among　　　c．to　　　d．between
(4)　a．inside　　　b．so　　　c．for　　　d．after
(5)　a．below　　　b．through　　　c．in　　　d．toward

B．本文中の下線部（イ～ホ）の文中での意味に最も近いものを，それぞれ下記（a
　～d）の中から1つ選び，その記号をマークしなさい。

　　(イ)　compete
　　　　　a．comprehend　　　　　　　b．participate
　　　　　c．compute　　　　　　　　d．strive
　　(ロ)　figure
　　　　　a．number　　　　　　　　b．price
　　　　　c．statue　　　　　　　　d．countenance
　　(ハ)　items
　　　　　a．topics　　　　b．columns　　　c．spaces　　　d．articles
　　(ニ)　dimension
　　　　　a．a blank or empty area
　　　　　b．a measure of spatial extent
　　　　　c．an aspect or feature of a situation
　　　　　d．a physical property, such as mass, length, or time
　　(ホ)　pervasive
　　　　　a．widespread　　　　　　　b．personal
　　　　　c．attractive　　　　　　　d．social

C．下記の文（a～e）の中から，本文の内容と一致するものを1つ選び，その記号
　をマークしなさい。

　　a．アメリカでも，人里離れた落ち着いた所へ行けば広告などを目にすることはな
　　　い。
　　b．広告事業はこの一世紀の間に驚くべき変化を遂げたが，広告そのものの形態は
　　　それほど変化をしていない。
　　c．アメリカの企業が1987年に費やした広告費は，広告媒体の多様化に伴い，
　　　1880年に比べると減少した。
　　d．標準的なアメリカ史に関する書物では，これまでずっと，必ず広告についての
　　　記述がなされることになっていた。
　　e．アメリカは，おそらくほかのどの国よりも広告の成長発展を助長してきた。

D．本文中の二重下線部 a gauge for measuring and understanding America's
　tastes and values を日本語に訳しなさい。答えは，記述式解答用紙の所定欄に記
　入しなさい。

≪アメリカにおける広告≫

全 訳

　広告は今なお，現代のアメリカの日常生活では避けて通れない現実である。最近の推定によると，アメリカ人の大半が一日にほぼ 2 千に及ぶ広告を見聞きしているらしい。マディソン通りが約束したり嘆願することが，私たちがどこにいようが，何をしていようが——それが，仕事中であろうが，遊んでいる時であろうが，路上であろうが，広告主の言う「自宅でのプライベートな時間」であろうが——私たちの注目を得ようとしのぎを削っている。広告は，私たちが人里離れたのどかな，一見，コマーシャルを目にすることなどなさそうな場所に出かけている自分を想像しようとしている時でさえ，私たちに誘いをかけてくる。およそいかなる場所，品物，人，活動，生活様式，考え方や話し方であれ，完全に広告から逃れることなどできない。この世はコマーシャルの世界なのだ。

　広告事業はこの百年の間に，新聞の広告欄という単純な形から，情報として必要な部分と効果的な広告文の微妙な言葉のあやを販売促進の「キャンペーン」に取り込むという複雑な形へと驚くべき変化を遂げたが，結果的には明らかに成功をおさめている。1880 年に，アメリカの企業は広告におよそ 1 億 7 千 5 百万ドルを投じた。その世紀の終わりまでに，その総額は 3 億ドルに膨れ上がった。1987 年に，アメリカの企業が自社の商品やサービスの広告に費やした額はほぼ 1 千億ドルである。

　広告の外見や音声も同様に劇的な変化を遂げている。広告はもともと，商品の効用に関する基本的な情報を広めることで，商品を売ろうとする個人の努力が始まりだったが，20 世紀になると，人と製品との間に記憶に残る関係を作りだそうとする企業努力へと姿を変えていった。その過程で，広告主はアメリカの人々と製品との関係を変えるのに一役買ったのである。我が国はかつて，人々が生き残るために製品を捜していた国であった。それが今や，製品が生き残るために果てしなく人を捜す国となっているのだ。

　広告に知力と想像力がとてつもなく費やされている背景には，少なくとも一つの真実があり，その点に関しては広告を行う側とそれを批判する側双方の意見が一致している。つまり，広告とは，アメリカ国民の日常生活のほぼすべての面を反映し，そこに影響を及ぼしているだけでなく，人々がある特定の商品やサービスが欲しいと思う気持ちを起こすよう促す，攻撃的かつ創造的な力なのだ。より快適な暮らし方を発見し，手に入れることに心を奪われるとまでは言わないまでも，魅力を感じていると，変化する一人一人の望みや不安，移ろいゆく集団全体の期待や不安に広告がどのように影響を及ぼし，それを映し出しているかをあらためて考えてみるアメリカ人などほとんどいない。

　標準的なアメリカ史に関する書物では，広告についての記述はたとえあるとしてもごくわずかしかない。もっとも，アメリカの社会史に関する最近の研究では，研究対象としての広告の重要性に，これまで以上にしっかりと視線が向けられるようになっている。しかし，ある国の広告を検証するというのは，本質的にその国の在り方のほとんどの面を見ることである。広告はある国の国民を物語る。そして，広

告はアメリカが発祥の地ではないのは確かだが，この国はおそらくほかのどの国よりも広告の成長と発展を助長するために多くのことをやってきた。よその国の政治家の中には，アメリカの広告を<u>アメリカにおける嗜好や価値観を推測し，理解するための尺度として研究した人もいるという話は昔からある</u>。広告はおそらく最も広範囲に及ぶ大衆文化の形だろうが，驚くべきことに，こういう視点から検証されてきたことはほとんどないのである。

解　説

A．空所補充

(1)　正解は　a

　　seemingly から appeals までは location を修飾する働きをしていることに気付くことがポイント。修飾語句の中心となる形容詞の free に注目すると，free from 〜 で「〜がない」という意味のイディオムとなるので，**a．from** が正解となる。

(2)　正解は　d

　　空所の前には動名詞 integrating の後に and でつながれた2つの名詞が，空所の後には promotional "campaigns" というもう1つの名詞がある。広告が単純な形態から現在のような複雑なものへ変化してきたという全体の主旨を把握できていれば，空所の前後にある名詞が integrate A into B「A を B に取り入れる，A を B に結合する」という表現の中で用いられていることがわかり，**d．into** が正解となる。

(3)　正解は　c

　　第3段第2文（From their origins …）に，20世紀になると，広告は人と製品の間に記憶に残る関係を作りだそうとする企業努力へと変化したと述べられているが，この内容から判断して，American public's relationship と products をつなぐ前置詞としては，A's relationship to B「A の B に対する関係」となる**c．to** が正解。

(4)　正解は　c

　　直前の desire と，後続の particular goods and services とのつながりを考えると desire for 〜 で「〜を欲しがる気持ち」という意味になる**c．for** が正解となる。

(5)　正解は　c

　　直前の originate に注目すると，originate in 〜 で「〜に始まる，〜に起源がある」という意味になる**c．in** が正解となる。

B．同意表現

(イ)　正解は　d

compete「競う」

　　a．「〜を理解する」　b．「参加する」　c．「計算する」　　d．「競う，努力する」

　　compete は compete for 〜 で「〜を得るために競う」という意味であり，strive for 〜 で「〜を得ようと奮闘する」という意味をもつ**d．strive** が意味的に近い。

(ロ)　正解は　a ────────────────────────
figure「数字，数値」
　a.「数，数字」　　　b.「価格」　　　c.「像」　　　　d.「表情，落ち着き」
　この figure は「数字，数値，総額」という意味。a. number にも「数字，合計」という意味があり，これが意味的に近い。

(ハ)　正解は　d
items「商品，品物」
　a.「話題」　　b.「コラム記事，欄」　c.「空間，スペース」　d.「品物，記事」
　item には「品目，記事，事項」などの意味があるが，sell の目的語であることから，ここでは「商品，品物」という意味であり，d. articles が意味的に近い。

(ニ)　正解は　c ────────────────────────
dimension「側面」
　a.「空白，あるいは空っぽの領域」　　　b.「空間の広がりの測定」
　c.「ある状況の側面や特徴」　　　　d.「量，長さ，時間などの物理的特性」
　dimension には「寸法，範囲，側面，次元」などの意味があるが，ここでは「アメリカ人の日常生活のさまざまな側面」という文脈で用いられており，c. an aspect or feature of a situation が意味的に近い。

(ホ)　正解は　a ────────────────────────
pervasive「広がる，行き渡る」
　a.「広範囲に及ぶ」　b.「個人的な」　　c.「魅力的な」　　d.「社会的な」
　pervasive は pervade「〜に広がる，〜に行き渡る」という意味の他動詞の形容詞形で「広がる，行き渡る」という意味であり，a. widespread が意味的に近い。

C．内容真偽
正解は　e ────────────────────────
a－×　第1段第4文（Advertising beckons us …）に，アメリカでは，人里離れたのどかな場所でも，広告が私たちに誘いをかけてくると述べられており，本文の内容に一致しない。
b－×　第2段第1文（The advertising industry …）に，広告事業がこの1世紀の間に驚くべき変化を遂げたと述べられているが，第3段第1文（The look and sound …）には，広告の見かけや音も同様の変化を遂げたと述べられており，本文の内容に一致しない。
c－×　第2段第2〜4文（In 1880, American …）に，1880年にはアメリカの企業は広告に約1億7千5百万ドルを投じたが，1987年にはその額が約1千億ドルになっていることが述べられており，本文の内容に一致しない。
d－×　最終段第1文（Standard American history …）に，標準的なアメリカ史に

関する書物では，広告についての記述はほとんどないと述べられており，本文の内容に**一致しない**。

e—〇　最終段第4文（And, although advertising …）の後半に，アメリカはおそらく他のどの国よりも広告の成長と発展を助長するために多くのことをやってきたと述べられており，本文の内容に**一致する**。

D．英文和訳

・gauge は「基準，尺度」という意味であり，この名詞を2つの動名詞を伴った for 以下の前置詞句が修飾する形となっている。
・America's tastes and values「アメリカ人の嗜好や価値観」は measuring と understanding の両方の目的語となっている。
・measure は「～を測る，推測する」という意味の他動詞。
・value はここでは「価値観」の意。「価値」という訳にしないよう注意が必要。

●語句・構文・・

☐ *l.* 1　inescapable「避けて通れない」
☐ *l.* 3　plea「嘆願」
☐ *l.* 9　exempt from ～「～を免除されて」
☐ *l.*14　with obviously successful results という部分は前文に付け加える形で「～だが，結果的には明らかに成功をおさめている」と訳すとよい。
☐ *l.*15　by the turn of ～「～の終わりまでに」
☐ *l.*22　corporate efforts「企業努力」
☐ *l.*23　along the way「途中で，ここに至るまでに」
☐ *l.*32　While fascinated, if not preoccupied, with ～「～に心を奪われるとまでは言わないまでも，～に魅力を感じていると」　fascinated と preoccupied はいずれも with 以下とつながっている点に注意する。この While は「～する間に」という同時性を表す用法で用いられている。
☐ *l.*36　few, if any, ～「～はたとえあるとしてもほとんどない」
☐ *l.*38　rigorously「厳密に，徹底的に」
　　　　　scholarly significance「学問的な重要性」
☐ *l.*47　perspective「見方，観点」

A. (1)—a　(2)—d　(3)—c　(4)—c　(5)—c
B. (イ)—d　(ロ)—a　(ハ)—d　(ニ)—c　(ホ)—a
C. e
D. アメリカにおける嗜好や価値観を推測し，理解するための尺度

解　答

記述式

24

次の "Compatibility and Complementarity"（適合性と補完性）と題された英文を読み，下記の設問（A〜C）に答えなさい。

The old saying "when in Rome do as the Romans do" is perhaps the most obvious example of active compatibility. Too many foreign residents do their best to recreate a micro version of the society from which they are in temporary exile and to lead a life which is unchanged. Some British travellers are perhaps
5　the worst, in that they colonize resorts in hotter climates and do their best to avoid any contact with the local culture, cuisine or people. In fact, compatibility does not mean changing one's culture ; it simply means looking for what is good in another and enjoying it. Indeed, it would be a mistake to be disloyal to one's own culture or to pretend to be so. As long ago as the first century AD, a Roman
10　writer remarked of the Greek tutors which were fashionable in stylish Roman households at the time : "When you smile they laugh, when you look sad they shed tears and when you say 'I'm hot,' they begin to sweat." He was not complimenting them on their active compatibility, rather he was criticizing them for dissimulation*. Any individual who has any national pride expects
15　others to have national pride too, and s/he will not respect someone who seems to leave behind their nationality or their culture as they move around the world.

　　Some elements of individual culture seem so deep-rooted as to be genetic. Whether they are or not does not really matter. The fact that they are never questioned does. Attitudes to time are one such example. If you are the
20　monochronic** type who believes that a meeting scheduled at 10:00 a.m. should begin at 10:00 a.m. sharp and that anyone arriving after that time is late, rude, unprofessional, incompetent and a host of other negative things, you probably have never thought that they may not consider themselves to be late. What ?! You say, how can they deny their lateness ? It's a matter of fact, not opinion.
25　However, it may be that your counterpart, be s/he from overseas or not, has (a)<u>a different perception</u>. In the case of meetings of a group or a team, attendance at

the 10:00 a.m. meeting can be seen as being present at some point in a meeting which may or may not begin at 10:00 a.m. To this counterpart, 10:00 a.m. may be a guideline, it may be an ideal, even if it is an official start-time it will have a certain tolerance built into it. The person who perceives things in this way is 30 quite likely to annoy you further by holding side conversations during the meeting, using their mobile phone or leaving the meeting to take messages, even leaving the meeting altogether before it has finished. You may believe that there is no way that this person can be effective, but you have no evidence to support your theory. In fact, it's quite the opposite. How many times have you 35 dreamt of being the kind of person who happily has three telephone conversations at the same time, shouting "Buy" into one, "Sell" into another and "How about dinner tonight ?" into a third ? If this person has noticed that you are always on time, s/he may even think less of you as a result. Haven't you got anything else to do, other than to attend meetings ? If this counterpart of yours 40 is on his/her way to the monthly briefing and bumps into a colleague or client that s/he has not seen for sometime, s/he will stop and chat. That is how the polychronic*** person prefers to communicate, through informal discussions, personal networks and so on. However annoying it may be for you that s/he seems better informed than you, after attending less than half the meetings, you 45 have to recognize that it can be effective. On the exceptional occasion when you arrive late, or after your polychronic counterpart, you don't find him/her tapping feet, looking at the clock and complaining about your nationality ; s/he has got the briefcase out, laptop computer on, or mobile phone running, and ridiculous though it may seem, (b)<u>s/he seems less stressed than you.</u> 50

Compatibility means recognizing that your counterpart's way of behaving is valid—and maybe learning something from it. You will not become polychronic, but you may have something to do while you wait for him/her in the future. Difference does not exclude compatibility. What you are looking for when you have recognized the validity of a different way of looking at things, is 55 complementarity. (c)<u>The monochronic and polychronic types can be members of a very successful team together. Every strength implies a weakness and the other way around, and only by combining different types can you achieve a really substantial whole.</u> The key word which makes complementarity a possibility is respect. Respect for different points of view, respect for different 60 behaviours, respect for the person who is rarely seen after 6:00 p.m. because they value their home life, respect for the person who can tell a joke in the pub after work but who appears to be humourless at work—since they do not see humour as playing a role in professional life.

    *dissimulation：（感情の）偽装
  **monochronic：モノクロニック（「一度に行うことは一つだけ」という時間に対する考え方）
***polychronic：ポリクロニック（「同時に複数のことを行う」という時間に対する考え方）

設　問

A．本文中の下線部(a)a different perception について，本文の内容に従って日本語（90字以上120字以内で，句読点を含む。記号や数字を含む場合は1文字を1マスに記入すること）で説明しなさい。答えは記述式解答用紙の所定欄に記入しなさい。

B．本文中の下線部(b)s/he seems less stressed than you について，その理由を本文の内容に従って日本語（130字以上160字以内で，句読点を含む。記号や数字を含む場合は1文字を1マスに記入すること）で説明しなさい。答えは記述式解答用紙の所定欄に記入しなさい。

C．本文中の下線部(c)The monochronic and polychronic types can be members of a very successful team together. Every strength implies a weakness and the other way around, and only by combining different types can you achieve a really substantial whole. を日本語に訳しなさい。答えは記述式解答用紙の所定欄に記入しなさい。

≪適合性と補完性≫

全訳

　昔からのことわざ「ローマにいるときは，ローマ人のするようにせよ（＝郷に入っては郷に従え）」は，おそらく，積極的な適合性の最もわかりやすい例だろう。あまりにも多くの外国在住者たちが，一時的に離れている社会の超小型版を再現し，以前と同じままの生活を送るのに全力を尽くしている。イギリスからの旅人たちの一部は，イギリスより暖かい気候のリゾート地に移住し，その地域の文化，料理，人々との接触を避けるのに全力を尽くすという点において，おそらく最悪である。実のところ，適合性とは，自身の文化を変えることを意味しているのではなく，別の文化のいいところを探し，それを楽しむことを意味しているにすぎない。実際，自分自身の文化に不誠実であったり，不誠実であるようなふりをしたりするのは，間違っていることだろう。西暦1世紀の遠い昔，あるローマ人の著述家は，当時，おしゃれなローマ人の家庭で流行していたギリシャ人の家庭教師のことについて，次のように述べていた。「あなたが微笑むと彼らは笑い，あなたが悲しそうに見えると彼らは涙を流し，あなたが『暑い』と言えば彼らは汗をかき始める」と。彼は，彼らの積極的な適合性を褒めていたのではなく，むしろ，彼らの感情の偽装を非難していたのだった。愛国者としての誇りを持っている人なら，他の人も愛国者としての誇りを持つだろうと思っているし，世界中を動き回る際に自分の国や文化を置き去りにするように見える人のことは敬わないだろう。

　それぞれの文化の構成要素の中には，遺伝的と言えるほど非常に深く根ざしていると思えるものがある。実際にそうであるかどうかはあまり重要ではない。それらを疑問に思うことがないという事実が重要なのだ。時間への姿勢がその一つの例である。もしあなたが，午前10時に予定されている会議は午前10時ちょうどに始まるはずだし，その時間より後に到着する人は遅刻で，失礼で，プロとしては失格で，無能で，他の否定的なことを内に宿している人であると信じているようなモノクロニックなタイプであるなら，おそらくあなたは，そういう人たちは自分たちが遅刻していると思っていないかもしれないとは一度も思ったことがないだろう。何だって?!　彼らは自分の遅刻をどうやって否定するんだ？　それは事実の問題であって，考え方の問題ではない，とあなたは言うだろう。しかし，あなたの相手方は，外国出身であろうとなかろうと，異なった認識を持っているのかもしれない。グループやチームの会議の場合，午前10時の会議への出席は，午前10時に始まるかもしれないし，始まらないかもしれないような会議の中のどこかの時点で出席していることだと見なしているのかもしれない。この相手方にとって，午前10時というのはガイドラインであるかもしれないし，理想であるのかもしれず，たとえ，それが公式の開始時刻であっても，その中には何らかの許容範囲が組み込まれているのだろう。物事をこのように認識する人は，会議の間に雑談を続けたり，携帯電話を使ったり，あるいはメッセージを受けるために会議を離れたり，さらには，会議が終わるまでに会議からすっかり退出してしまったりすることにより，あなたをいっそうイライラさせる可能性がかなり高いのである。あなたは，こんな人物が有能であることはあり得ない，と信じているかもしれないが，あなたの理論を立証する証拠は

ない。実際のところは，全くの反対なのである。あなたは，楽しそうに同時に電話
で三つの会話をし，一つには「買え」と叫び，もう一つには「売れ」と叫び，そし
て三つめには「今夜夕食でもどう？」と言うような人になることを何回夢見たこと
があるだろうか？　もしそんな人が，あなたがいつも時間通りなのに気づいたら，
その人は結果的にあなたのことを低く評価しさえするかもしれない。あなたは会議
に出席すること以外他にすることはなかったのか？と。もし，あなたのこの相手方
が，月例報告会に行く途中で，しばらく会っていない同僚とか顧客に偶然出会った
ら，立ち止まっておしゃべりをするだろう。ポリクロニックの人は，そんなふうに
くだけた議論や個人的なネットワークなどを通じて情報交換することの方が好きな
のである。その人が会議の半分も出席していないのに，あなたより情報通であるよ
うに思われることが，あなたにとってどんなにイライラすることであっても，あな
たはそれが有効な方法だと認めなければならない。あなたが遅刻してきたり，ある
いはポリクロニックの相手方より後に来たりという例外的な場合にも，あなたはそ
の人が足をトントン鳴らしたり，時計を見たり，あなたの国民性について文句を言
ったりする姿は見かけない。その人は，ブリーフケースを取り出し，ラップトップ
コンピュータの電源を入れたり，携帯電話を作動させたりしているのだ。ばかげて
いるように思えるかもしれないが，その人の方があなたよりストレスが少ないよう
だ。

　適合性とは，あなたの相手方の行動方法が妥当だと認識し，ひょっとしたらそこ
から何かを学びとることを意味している。あなたがポリクロニックになることはな
いにしても，もしかしたら，将来その人のことを待つ間に何かすることがあるとい
うことはあるかもしれない。違うということは適合性を締め出すことではない。あ
なたが異なったものの見方の妥当性を認めたときに探し求めるのが補完性である。
モノクロニックなタイプの人とポリクロニックなタイプの人は，一緒だと非常にう
まくいくチームのメンバー同士になり得る。あらゆる強さには当然弱さも伴い，そ
して逆もまた同じであり，異なるタイプを結びつけることによってのみ，あなたは
本当に実のある統一体を得ることができるのである。補完性を可能なものにするキ
ーワードは，敬意である。それは，異なったものの見方への敬意であり，異なった
行動への敬意や，家庭生活を重視しているため午後6時以降はほとんど姿を見かけ
ない人への敬意，仕事の上でユーモアが役割を果たすとは思っていないため，仕事
の後，パブではジョークを言えるのに，職場ではユーモアがなさそうな人への敬意
なのである。

解　説

A．内容説明

> **ポイント**　第2段第9文（However, it may …）中の下線部 a different perception について，90字以上120字以内で説明する問題。第2段では，モノクロニックなタイプの人と，ポリクロニックなタイプの人との対比がなされており，第5～8文（If you are …）にはモノクロニックなタイプの人が時間に対してどんな認識を持っているかが説明されている。第9文は However で始まっていることから，「異なった認識」とはその逆，つまりポリクロニックな人の時間に対する認識だとわかる。具体的な内容については第10文（In the case …）以降に述べられているが，制限字数から判断して，第10・11文を中心にまとめることになる。第10文については，何をもって会議に出席するととらえるかという点，第11文（To this counterpart, …）については，午前10時という会議の開始時刻そのもののとらえ方について述べられているので，この2点を中心にまとめる。

- attendance at the 10:00 a.m. meeting「午前10時の会議への出席」
- can be seen as ～は，see *A* as *B*「*A* を *B* と見なす」という表現が受動態で用いられている。*B* にあたるのが being present 以下の動名詞句であるが，at some point in a meeting which ～という前置詞句が，関係代名詞節を伴って長いため，制限字数以内に収めるには，この部分はふれずにすますことになる。
- To this counterpart「この相手方にとって」の「相手方」とは，ポリクロニックな人を指す。
- guideline「ガイドライン，指針」と，直後の ideal「理想」から，ポリクロニックな人も，会議を an official start-time「公式の開始時刻」（この例では午前10時）に開始できることを目指すか，午前10時に始められたら理想的としていることがわかる。
- it will have ～の it と，同文末の it はどちらも an official start-time を指す。
- have a certain tolerance built into it における have は使役動詞としての用法で，直訳すると「ある程度の容認がその中に組み込まれている」となるが，この tolerance は開始時刻に遅れてもそれを容認することであり，それが組み込まれているというのは，容認することが最初から想定されている，という意味と考えられる。

B．内容説明

> **ポイント**　第2段第19文（That is how …）に the polychronic person という語が初めて登場する。その前の部分でも，第19文以降も，ポリクロニックな（タイプの）人は，モノクロニックな（タイプの）人の counterpart「相手方」として，対比する形でその特徴が述べられている。設問自体は polychronic person「ポリクロニックな（タイプの）

人」を指す s/he が，時間に遅れたあなた（モノクロニックなタイプの人）を待つときで
もあなたほどストレスを感じていないように見える理由を，130 字以上 160 字以内で説明
するという問題。両者を比べている点がポイントであり，直接の理由は，下線部を含む第
2段最終文（On the exceptional …）のセミコロン（;）以下に述べられている。しかし，
これはポリクロニックな人が待たされた場合の話であり，逆に，ポリクロニックな人は，
自分が会議の時間に遅れたとしても，そのことがストレスにならないとわかる理由が，第
2段第 18・19 文（If this counterpart …）に述べられているので，制限字数から判断して，
この部分も解答に盛り込む必要がある。順序としては，モノクロニックな人の特徴を示し
てそれと対比する形でポリクロニックな人について述べ，その後に続ける形で，最終文の
内容を述べるとよいだろう。

- on his / her way to ～「～へ行く途中で」
- monthly briefing「月例の（情報）報告会」
- bump into ～「～と偶然出会う」
- That is how ～「そのようにして～」
- informal discussion「気軽な話し合い，非公式の意見交換」

C. 英文和訳

ポイント この箇所は，直前の complementarity「補完性」について具体的に述べた部
分であることを押さえた訳とすること。

- successful「うまくいく，良好な」
- together「一緒に，全体で，まとまって」
- imply は「～という意味を含む，～を当然伴う」という意味であり，Every
  strength implies a weakness「どんな強さも当然，弱さを伴う」とは，強さと弱
  さは表裏一体のものという内容を伝えていると考えられる。
- the other way around は「逆に，あべこべに」という意味だが，ここでは直前の
  内容の逆，すなわち every weakness implies a strength ということで，「逆もま
  たそうだ，逆もまた同じだ」という意味になる。
- only by combining 以下は，by *doing*「～することによって」という表現に only
  がついて文頭に出たために，助動詞の can が主語に先行する倒置形となってい
  る。
- substantial「実体のある，中身の充実した」
- whole「全体，統一体」

●語句・構文……………………………………………………………………………
□ *l.* 2　do *one's* best「全力を尽くす，最善のことをする」

□ *l.* 3　micro version「超小型版」とはあるものを非常に小さい形にしたもののこと。
　　　　in temporary exile「一時的に亡命中で，一時的に逃れていて」
□ *l.* 5　in that ～「～だという点で」
　　　　colonize「～に移住する」
□ *l.* 6　cuisine「料理」
□ *l.* 9　as long ago as ～「～というはるか昔に」
□ *l.* 13　compliment *A* on ～「*A* の～を褒める」
□ *l.* 16　leave behind ～「～を置き去りにする，～を後に残してくる」
□ *l.* 17　so deep-rooted as to be ～「～であるほど深く根づいていて」
□ *l.* 18　The fact that … does. の does は matters を指す代動詞。matter「重要である」
□ *l.* 21　sharp「きっかりに」
□ *l.* 22　host はここでは「宿主」という意味。
□ *l.* 25　it may be that ～「それは～ということかもしれない」
□ *l.* 31　hold side conversations「雑談を続ける」　この side は「副次的な」という意味。
□ *l.* 36　the kind of person who ～「～するような人」
□ *l.* 39　think less of ～「～を見くびる，～を軽んじる」
□ *l.* 44　However annoying it may be for you that ～「～があなたにとってどれほどイライラ
　　　　することであっても」　it は that 以下の節を受ける形式主語。
□ *l.* 48　tap feet「足をトントン鳴らす」
□ *l.* 55　validity「有効性，妥当性」

A. 午前 10 時開始の会議がある場合，会議中のどこかの時点でそこにいれば出
　席と見なされると考えたり，午前 10 時という公式な開始時刻は指針や理想
　とする時間にすぎず，前提として多少の遅刻は許容されるはずと考える，時
　間厳守の考え方とは異なる認識。(117 字)

B. モノクロニックな人は，一度に一つのことしかやらず，誰かが約束の時間に
　遅れると苛立ちを感じるのに対し，ポリクロニックな人は，会議に行く途中
　でも知人に会えば話し込むというように，他者と情報交換をする時間を持つ
　方を時間厳守より重視しており，人を待つにしても他の作業をしながら待つ
　ので，待ち時間が苦にならないから。(153 字)

C. モノクロニックなタイプの人とポリクロニックなタイプの人は，一緒だと非
　常にうまくいくチームのメンバー同士になり得る。あらゆる強さには当然弱
　さも伴い，そして逆もまた同じであり，異なるタイプを結びつけることによ
　ってのみ，あなたは本当に実のある統一体を得ることができるのである。

25

香港の教育事情に関する次の英文を読み，下記の設問（A〜C）に答えなさい。

As both a father and a former school principal, I sometimes despair when I observe how Hong Kong children are pushed into the academic rat race at a young age. People here have been trained to look for the same dreams and lifestyle, to share the same value system, and to support the same political
5　views. Learning as much as possible is seen as the way to realize those dreams. But is this the responsible way to go? In my teaching work, I've seen many cases of parents forcing their children to learn as much as possible and as early as possible so that they can stand out academically. But what about giving them time for moments of reflection?
10　　Getting a place at an elite school is at the top of the to-do list of almost every parent in this city. Children are put into classes to learn a *third* language before they have even mastered their first one. Families are prepared to move to apartments near schools that parents value. The child is told he or she should give up the piano once they reach eighth grade. Despite achieving a grade A in
15　mathematics, they are still pushed into cram schools on weekends. (a)They are encouraged to paint, not so that they can express their inner selves or even have an artistic outlet, but so that their parents can get them a seat at a fine art class conducted by a famous artist.

　　The parents also borrow a lot of books from the public libraries for their
20　offspring to digest, even though they have no established reading habits themselves. So, what happens to the children who don't fit this mold—those who don't cope well in such a strictly organized society? I am worried. These children are constantly fed materialistic values to prepare for materialistic lives.

　　But where is the time and space for reflection? All too often, success is
25　measured in terms of the number of helpers a family has, the school the children attend, the apartment the family lives in, the vehicles they own, and their holiday destinations (if they have any time left to go on holiday). Children generally do not have the chance to plan their own futures, but they should have the right to do so. Their futures, after all, belong to them.
30　　Many young people are socially withdrawn, or isolated. They stay in their

rooms at home and suffer from depression and a fear of going out. In 2009, a charity organization launched a three-year project to help non-engaged* young people. (b)A new term, NEET (Not currently in Employment, Education, or Training), describes the problematic transitions encountered by young people aged 15 to 24. Recently, a report noted a dramatic rise in the proportion of 35 NEETs in the total youth population since the late 1990s. It said more than 7 % of young people were identified as NEETs in 2010. More than 25 % of the respondents were early school dropouts who had left school before completing compulsory education (ninth grade). Another 20 % withdrew without finishing high school. Among the reasons for their early departures from education were 40 lack of interest, dissatisfaction with the school environment, the strict education system and its atmosphere, and interpersonal problems. Moreover, it seems only those who fit into this city can survive. We are building walls instead of bridges, and not integrating non-engaged or poorly educated children into society.   45

As a father of three children, I do not believe that making money to get dream houses, cars, food, and services is the sole purpose of life in this city. I would like to see and believe my children have the ability to do amazing things with their lives. (c)I want them to live their lives, not just survive. The prime function of a family is to discover and develop the potential of its members and help them 50 pursue their own dreams in their own way. It's crucial to talk to your children with respect so that they respect themselves. It's important to maintain a variety of choices so that children become creative individuals.

*non-engaged：就業も就学もしていない

設 問

A. 下線部(a)They are encouraged to paint, not so that they can express their
inner selves or even have an artistic outlet, but so that their parents can get
them a seat at a fine art class conducted by a famous artist. を，日本語に訳し
なさい。答えは記述式解答用紙の所定欄に記入しなさい。

B. 下線部(b)A new term, NEET (Not currently in Employment, Education, or
Training), describes the problematic transitions encountered by young
people aged 15 to 24. について，ニートはなぜ発生するのか，本文中から原因を
探して日本語（90字以上140字以内，句読点を含む）で述べなさい。答えは記述
式解答用紙の所定欄に記入しなさい。

C. 下線部(c)I want them to live their lives, not just survive. について，筆者は親
や家族が子供に対してどのように接するべきだと考えているか，本文を通して述べ
られている香港の教育をめぐる現状を簡潔に要約した上で，日本語（150字以上
200字以内，句読点を含む）で述べなさい。答えは記述式解答用紙の所定欄に記入
しなさい。

全訳

≪香港の詰め込み教育の弊害≫

　父親であり元校長として，香港の子どもたちが幼いころから学業の過当競争に追いやられているのを見て時折絶望的な気持ちになる。ここに暮らす人たちは，同じ夢や生活様式を追い求め，同じ価値体系を共有し，同じ政治的意見を支持するように訓練されている。できる限り多くのことを学ぶことが，その夢を実現する方法だと考えられているのである。しかし，これは信頼して進むことができる道なのであろうか。教員生活の中で私は，子どもが学業においてずば抜けられるように，親が子どもにできる限り多くのことをできる限り早い時期から学ぶことを強いる例をたくさん見てきた。しかし，じっくり考える時間を彼らに与えてみてはどうなのだろうか。

　エリート校に入学させることが，この街に住むほとんどすべての親のすべきことの最上位に位置づけられている。子どもは母語すら習得しないうちから，「第3」言語を習う教室に入れられる。親がよいと思う学校の近くのマンションに喜んで引っ越すという家族もある。子どもは第8学年になったらピアノはやめなさいと言われる。数学でAの成績をとっているにもかかわらず，週末には塾通いをさせられる。子どもたちは絵を描くよう促されるが，それは彼らが自己を表現できるようにするためでも，また，芸術面での表現の機会を得られるようにするためですらなく，親が，自分の子どもが有名な芸術家が主宰する美術教室に入れるようにするためである。

　また，自分たちの読書習慣が確立していないのにもかかわらず，親は公立図書館から子どもが読むための本をたくさん借りる。それで，この型にうまくはまらない子ども，このように厳格に組織立てられた社会にうまく対処できない子どもはどうなるのか。私は心配だ。これらの子どもは，物質主義的な生活に備えるために物質主義的な価値観を常に植えつけられているのである。

　しかし，じっくり考えるための時間や空間はどこにあるのか。成功したかどうかが，家に家政婦が何人いるかとか，子どもがどの学校に行っているかとか，家族がどんなマンションに住んでいるかとか，どんな車を持っているかとか，（もし休日に出かける時間が残っていればだが）休日にどこに行くかとかで測られることがあまりに多いのだ。一般的に子どもは，自分の将来を自分で計画する機会がないが，そうする権利は与えられてしかるべきなのだ。彼らの将来はつまるところ，彼ら自身のものなのだから。

　多くの若者が社会から引きこもって孤立した生活を送っている。自宅の自分の部屋から出ないで，鬱病にかかり，外に出るのが怖いのである。2009年に，ある慈善団体が就業も就学もしていない若者を支援する3年計画の事業を始めた。ニート（現在仕事にもついていなければ教育も職業訓練も受けていない）という新語が，15歳から24歳までの若者が直面している問題のある変化を表している。最近，ある報告書では，1990年代後半以降若年人口全体の中でニートが占める割合が急増していると述べていた。2010年には，若者の7パーセント以上がニートだとされているというのである。回答者の25パーセント以上は義務教育修了（第9学年）

より前に学校をやめた，早期中退者である。高校卒業前に退学している者が他に20 パーセントいる。早く学校をやめた理由には，興味がなかった，学校環境に満足できなかった，厳しい教育の制度やその雰囲気，対人関係の問題などがある。さらに，この都会になじめる者だけが生き残っていけるように思える。われわれは架け橋ではなく壁を築いているのであり，就業も就学もしていない子どもや教育を十分に受けていない子どもを社会に組み込んではいないのである。

　3 人の子をもつ父親として，夢の家，車，食べものやサービスを手に入れるためにお金を稼ぐことだけがこの都会で暮らす唯一の目的だとは思わない。子どもたちには人生ですばらしいことを成し遂げてほしいし，またそうしてくれることを信じている。彼らには単に生き残るだけではなく，自分の人生を生きてほしいのである。家庭の果たすべき最も重要な役割は，家族の潜在能力を見つけて伸ばすことであり，自分なりの方法で自分の夢を追求するのを手助けすることである。子どもが自分のことを大切に思えるように，子どもを尊重する気持ちをもって話すことが必要不可欠である。子どもが創造的な人間になるように，さまざまな選択肢を残しておくことが大切なのである。

解　説

A．英文和訳

・encourage *A* to *do*「*A* に～するよう促す〔勧める〕」　また，主語である They は前後の文脈から children を指すのは明らかであり，単に「彼らは」とするより，「子どもたちは」とするほうが，全体の文意がわかりやすくなるので望ましい。

・not so that 以下はこの後の but so that 以下とともに not ～ but …「～ではなく…」という表現の後に，目的を表す so that S can *do*「S が～できるように」という構文が続く形となっている。この部分は，主節を修飾する副詞節なので先に訳すこともできるが，長いので，先に主節を訳してから「～だが，それは…できるようにするためである」というように，後につけ足す形で訳すほうがわかりやすくなるだろう。

・their inner selves は「内なる自身」という直訳も可能だが，単に「自己」という訳も可能。

・have an artistic outlet は直訳すると「芸術的はけ口をもつ」だが，ここでは絵という芸術を通して自分自身を表現する機会をもつという内容の訳が必要であろう。

・get them a seat も直訳すると「彼らに席を手に入れてやる」だが，them はここでは「（自分の）子どもたち」を指し，「席を手に入れる」とは，美術教室に入れるようにするという意味だと解釈できるので，ここでも内容に沿った訳出が求められている。

・conducted by ～「～によって運営されている，～が指導する」以下は a fine art class「美術教室（ここでは文脈から絵画教室だとわかる）」を修飾する分詞句。

B．内容説明

> **ポイント**　ニートが発生する原因について 90 字以上 140 字以内でまとめる問題。このタイプの内容説明問題は，下線部の直前か直後に説明すべき箇所があるのが普通だが，本問では，下線部の英文の少し後の，第 5 段第 9 文（Among the reasons …）から同段最終文にかけて，その理由が 2 点述べられていることに気づくかどうかがポイントとなる。該当箇所の特定を間違う（たとえば，本文前半の香港の教育制度の現状を理由にするなど）と致命的である。また，2 つ目の理由にあたる第 10 文（Moreover, it seems …）〜最終文は間接的な表現が用いられているためにまとめにくく，解釈力が必要となっている。

・early departure「早期の出発」とは，第 5 段第 7・8 文（More than 25 % …）にあるように，義務教育を修了する前に中退したり，高校を退学することを指す。

・第 5 段第 9 文に述べられているのは，ニートと呼ばれる人たち自身から生じている理由であり，lack of interest「興味関心の欠如」，dissatisfaction with the school environment「学校環境に対する不満」，the strict education system and its atmosphere「厳しい教育制度やその雰囲気」，interpersonal problems「対人関係の問題」の 4 つである。

・第 5 段最終 2 文では，ニートを取り巻く社会をニートが生まれる理由として取り上げている。第 10 文は，この都市に適応できる者だけが生き残れるという内容。最終文（We are building …）は，We are building walls という部分が，not integrating non-engaged or poorly educated children into society「就業も就学もしていないとか，学歴の低い子どもたちを社会に組み入れないこと」という表現につながっている。

C．内容説明

> **ポイント**　設問では①香港の教育をめぐる現状を簡潔に要約する，②それを踏まえた上で，筆者は親や家族が子どもに対してどのように接するべきだと考えているかを述べる，という 2 点が求められている。まず，この 2 点を片方にかたより過ぎないように注意しながらまとめること。また，他の設問で答えた内容とあまり重複しないよう，各設問の解答が本文全体の内容をバランスよくとらえたものになっているかも確認するようにしよう。150 字以上 200 字以内という字数制限があることから，180 字程度をめどにするとよいだろう。

・香港の教育をめぐる現状については，第 1 段第 1 〜 3 文や，第 3 段最終文（These children are …）などに述べられている，画一的な詰め込み教育やその弊害についてまとめるとよい。

・第 1 段第 1 文中の rat race とは比喩的に「激しい出世競争」という意味で用いるが，ここでは，the academic rat race で「学業の過当競争」という意味。

・第 2 段第 5 文（Despite achieving a …）中の cram school は「（詰め込み教育を

行う）塾，予備校」のこと。

・第3段最終文（These children are …）中の materialistic values「物質主義的価値観」とは物質的豊かさを重視する価値観のこと。

・第5段はニートの増加を例に，香港の教育がもたらす弊害が述べられている。

・親や家族が子どもにどう接するべきかは最終段第4文（The prime function …）〜最終文にあるので，この3文を要領よくまとめる。 potential「潜在能力」 its members は子どもたちを指す。creative「創造的な」

●語句・構文⋯⋯⋯⋯⋯⋯⋯⋯⋯⋯⋯⋯⋯⋯⋯⋯⋯⋯⋯⋯⋯⋯⋯⋯⋯⋯⋯⋯⋯⋯⋯

□ *l.* 5　see *A* as *B*「*A* を *B* とみなす」

□ *l.* 6　responsible way to go「しっかりした判断に基づいた進むべき道」

□ *l.* 8　stand out academically「学問的に目立つ」とは「学業がずば抜けている」という意。

□ *l.*10　get a place at an elite school「エリート校に場所を得る」はここでは親が子どもを「エリート校に入学させる」という意味で用いられている。

□ *l.*21　what happens to 〜 ?「〜はどうなるのか」

　　　　those who 〜 以下は，直前の the children who 〜 以下の内容を説明した部分。

□ *l.*22　cope well in 〜「〜でうまく対処する」

□ *l.*24　all too often「あまりにも頻繁に，何度も」

□ *l.*25　in terms of 〜「〜の観点から」

□ *l.*27　go on holiday「休日に出かける，休暇で旅行する」

□ *l.*31　suffer from depression「鬱病にかかる」

A．子どもたちは絵を描くよう促されるが，それは彼らが自己を表現できるようにするためでも，また，芸術面での表現の機会を得られるようにするためですらなく，親が，自分の子どもが有名な芸術家が主宰する美術教室に入れるようにするためである。

B．興味関心の欠如，学校環境に対する不満，厳しい教育制度やその雰囲気，対人関係の問題などの理由で，早い時期に学校を離れてしまうということや，適応できる者だけが生き残れるという社会では，就業していないとか，学歴の低い子どもたちを社会が受け入れないということが原因となっている。（135字）

C．香港は競争社会で，同じ夢や生活様式を追い求め物質主義的価値観や政治的意見を共有するよう，子どもを塾漬けにして早期から詰め込み教育がなされており，それに適応できず社会から排除される子も増えている。親や家族は子どもの潜在能力を見つけて伸ばしてやり，自分なりの方法で自分の夢を追求するのを手助けし，子どもが自尊心をもてるよう声をかけ，創造的な人になれるよう多様な選択肢を残してやることが大切だと考えている。（200字）

第2章

文法・語彙

空所補充

26

目標解答時間 10 分　**配点** 30 点

次の英文（1～10）の空所に入れるのに最も適当なものを，それぞれ下記（a～d）の中から 1 つ選び，その記号をマークしなさい。

(1) It is obvious (　　) the earth is not flat.
　a．in which　　　　b．on which　　　c．that　　　　d．what

(2) The medical system in this country should be reformed right now, (　　) party wins the next election.
　a．how　　　　　b．however　　　c．which　　　d．whichever

(3) (　　) the most frequently asked customer questions this week was "Is butter sold out?".
　a．According to　b．Among　　　c．Within　　　d．Without

(4) What do you (　　) is the matter with this plan?
　a．give　　　　　b．have to　　　c．keep　　　d．think

(5) The more I learned about the history of the country, (　　) I found it.
　a．more interested　　　　　　b．more interesting
　c．the more interested　　　　d．the more interesting

(6) The scientists were astonished at the speed (　　) the polar ice was melting.
　a．from　　　　　　　　　　b．from which
　c．with　　　　　　　　　　d．with which

(7) Fortunately, we managed to rescue the man; (　　) he might have died.
　a．otherwise　　b．therefore　　c．unless　　　d．yet

⑻ She left the office a while ago (　　　) she could have dinner with her family.
　a ．and that　　　　　　　　　b ．as far as
　c ．so that　　　　　　　　　　d ．until

⑼ I remember (　　　) this movie when I was younger.
　a ．watch　　　　　　　　　　b ．to watch
　c ．watching　　　　　　　　　d ．that I will watch

⑽ Never have I seen a photo more (　　　) than this !
　a ．bored　　　　　　　　　　b ．excited
　c ．favorite　　　　　　　　　d ．impressive

解　説

空所補充

(1)　**正解は　c**

「地球が平らではないのは明らかだ」

　It は形式主語であり，obvious「明らかな」が補語の場合，真主語として that 節が続くことから，c．that が正解。a．in which と b．on which では疑問詞節と考えても意味が通じず，obvious は先行詞になれないので関係代名詞節でもなく，不適。d．what は後続部分が完全文であり，文の要素になれないので不適。

(2)　**正解は　d**

「この国の医療制度は，どちらの政党が次の選挙で勝利しようとも，ただちに改革すべきだ」

　空所の直後に無冠詞の party「政党」が続いていることから，選択肢の中では複合関係形容詞として用いることができ，コンマの後では「どちらの～が…するとしても」という意味の譲歩を表す副詞節となる d．whichever が正解。a．how や b．however は party の直前には置けず，c．which は関係形容詞として用いることはできるが，先行詞が必要であり不適。

(3)　**正解は　b**

「今週，最も頻繁に尋ねられた客からの質問の一つが，『バターは売り切れですか？』だった」

　a．「～によると」　　　　　　　　　b．「～の中に」

　c．「～以内に」　　　　　　　　　　d．「～なしに」

　この文は前置詞句が文頭にあり，主語である "Is butter sold out?" という質問と，動詞の was が倒置された形となっている。b．Among だと「～の中に」という意味で，Is 以下が客からの質問の一つだったことになり，文脈上も適切なので，これが正解。

(4)　**正解は　d**

「あなたはこの計画のどこが問題だと思いますか？」

　a．「～を与える」　　　　　　　　　b．「～しなければならない」

　c．「～を保つ」　　　　　　　　　　d．「～と思う」

　この文は，What is the matter with ～?「～のどこが問題なのか？，～はどうしたのか？」という疑問文が空所に入る動詞の目的語となる間接疑問文。話し相手の考えを尋ねていると判断できるので，文脈上も適切な d．think が正解。

(5)　**正解は　d**

「その国の歴史について学べば学ぶほど，ますますそれが面白くなった」

　a．「さらに興味を抱いて」　　　　　b．「さらに面白い」

c．「それだけ一層興味を抱いて」 　　d．「それだけ一層面白い」

　文全体が The＋比較級 ～，the＋比較級 …「～すればするほど，ますます…」という構文になっている。後半部分は，I found it interesting「それが面白いと思った」という文の補語である interesting が前に出た形であり，**d．the more interesting** が正解。interested は「興味があって」という意味で，人が興味を持っているときに用いるので不適。

(6) **正解は d** ─────────────────────────────

「科学者たちは極地圏の氷が溶けていく速さに驚いた」

　空所の前の the speed は with the speed of ～ の形で「～のスピードで」という表現となる。後続文とのつながりから，the polar ice was melting with the speed という文で考えると，先行詞の the speed に対し，with 以下が with which の形で文頭に出て関係代名詞節となっていることがわかり，**d．with which** が正解。

(7) **正解は a** ─────────────────────────────

「幸運にも，私たちはどうにかその男性を救助することができた。さもなければ，彼は死んでいたかもしれない」

　　a．「さもなければ」 　　　　　　b．「その結果，したがって」
　　c．「～でない限り」 　　　　　　d．「けれども」

　空所の後続文が might have died という仮定法過去完了の帰結節で用いられる時制である点に注目する。選択肢の中では，**a．otherwise**「さもなければ」だけが単独で条件節の役割ができ，文脈上も適切なので，これが正解。

(8) **正解は c** ─────────────────────────────

「彼女は家族と夕食をとるために，少し前に会社を出た」

　　a．「しかも」 　　　　　　　　　b．「～に関する限りは」
　　c．「～できるように」 　　　　　d．「～まで」

　空所の後の節には could が用いられており，退社したのは家族と食事をするためと考えられるので，so that S can *do* の形で「S が～できるように，S が～するために」という意味の目的を表す節となる**c．so that** が正解。

(9) **正解は c** ─────────────────────────────

「私はもっと若かった頃，この映画を観た覚えがある」

　remember という動詞は，to 不定詞が続くと「～することを覚えている，忘れず～する」，動名詞が続くと「～したことを覚えている」という意味になる。映画を観たのは過去の話なので，**c．watching** が正解。

(10) **正解は d** ─────────────────────────────

「私はこれほど感動的な写真をこれまで見たことがない！」

　　a．「退屈した」 　　　　　　　　b．「興奮した，わくわくして」
　　c．「大好きな」 　　　　　　　　d．「感動的な」

　空所には photo を修飾する語が入り，d．impressive であれば，文脈上も適切。a．bored と b．exited は物に対して用いる語としては不適。c．favorite は名詞の前に置くか，「大好きなもの」という意味の名詞として用いるだけでなく，通例，比較級では用いないので不適。

(1)—c　(2)—d　(3)—b　(4)—d　(5)—d　(6)—d　(7)—a　(8)—c　(9)—c
(10)—d

27

目標解答時間 10 分　**配点** 30 点

次の英文（1〜10）の空所に入れるのに最も適当なものを，それぞれ下記（a〜d）の中から1つ選び，その記号をマークしなさい。

(1) A 3-year-old girl has been rescued （　　　） from an apartment building destroyed following Friday's strong earthquake.

a．living　　　　　b．to live　　　　c．lively　　　　d．alive

(2) Tim sat in his car with his （　　　） as the police officer issued him a speeding violation.

a．fold arms　　　　　　　　　b．folding arms

c．arms folded　　　　　　　　d．arms folding

(3) The judge should enforce the rules of the game and control the match properly （　　　） expose players to unnecessary risk.

a．as it will　　　　　　　　　b．because it will

c．not so as to　　　　　　　　d．so as not to

(4) All persons, regardless （　　　） age, sex, or racial background, have human and civil rights.

a．in　　　　　　b．of　　　　　c．from　　　　d．with

(5) The customers don't think that the company is capable （　　　） an order that large.

a．with handling　　　　　　　b．to handle

c．for handling　　　　　　　　d．of handling

(6) Among （　　　） present at the conference was Tim Thompson, Professor of Climate Physics.

a．that　　　　　b．them　　　　c．those　　　　d．whom

(7) It isn't important what you believe （　　　） you're sincere.

a．as long as　　　　　　　　　b．during

c. in   d. as much as

(8) She loved ballet and opera, neither of (   ) interested him in the
slightest.
  a. her   b. it   c. what   d. which

(9) The time will come (   ) I feel satisfied with what I have achieved
and I will leave my position.
  a. as   b. when   c. which   d. why

(10) The football players take your (   ) away with their amazing speed
and power.
  a. breath   b. eyes   c. foot   d. heart

解 説

空所補充

(1) **正解は d**

「3歳の少女が，金曜日の強い地震の直後に壊れたアパートの建物から生きて救出されたばかりだ」

a.「生きている」　　　　　　　b.「生きるために」
c.「元気な，元気よく」　　　　d.「生きていて」

空所には救助された際の状態を表す形容詞が入る。選択肢の中でそのときの状態を表す補語として用いることのできるのは d. alive だけであり，これが正解。a. living は形容詞としては名詞を修飾する限定用法で用いる。c. lively はこの位置では副詞扱いになり，形容詞としても文脈上不適。b. to live だと目的を表すことになり，文脈上不適。

(2) **正解は c**

「ティムは，警察官が彼にスピード違反の書類を発行している間，腕を組んだまま車に座っていた」

with *A done*「*A* を〜して」の形で付帯状況を表す用法であり，c. arms folded が正解。d だと arms が folding の主語としてはたらくので不適。

(3) **正解は d**

「審判は，選手を無用の危険にさらさないように，競技の規則を施行し，試合を適切に取り仕切るべきだ」

空所以下は，審判が競技の規則を施行し，試合を適切に取り仕切る目的と判断できる。so as not to *do* の形で「〜しないように」という意味になるので，d. so as not to が正解。

(4) **正解は b**

「人はみな，年齢，性別，人種的背景にかかわらず，人権，および市民権を有する」

空所の前の regardless に注目すると，regardless of 〜 の形で「〜にかかわらず」という意味になるので，b. of が正解。

(5) **正解は d**

「客たちには，その会社がそれほど大量の発注を処理できるとは思えない」

空所の前の capable に注目すると，be capable of *doing* の形で「〜する能力がある，〜できる」という意味になるので，d. of handling が正解。

(6) **正解は c**

「会議の出席者の中に，気候物理学の教授であるティム=トンプソンがいた」

この文全体は，among「〜の中に」で始まる前置詞句が文頭にきて，主語である Tim Thompson と述語動詞の was が倒置された形となっている。those は「人々」

という意味で用いることができ，those present で「出席者」という意味になるので，c．those が正解。present は「出席して」という意味の形容詞として用いるときは名詞を後置修飾する形となる点に注意する。

(7)　正解は a ─────────────────────────────

「あなたが誠実である限り，あなたが何を信じるかは重要ではない」

a．「~である限り」　　　　　　　b．「~の間」

c．「~において」　　　　　　　　d．「誰に，誰を」

　空所の後に文が続いている点に注目すると，as long as S V の形で「S が V する限り，S が V しさえすれば」という限定条件を表す表現となる a．as long as が文脈上も適切。

(8)　正解は d ─────────────────────────────

「彼女はバレエとオペラが大好きだったが，そのどちらもまったく彼の興味を引かなかった」

　空所の前の neither of は，接続詞がないまま空所の部分を含んで interested の主語となっている点に注目する。d．which であれば，ballet and opera を先行詞とする関係代名詞の継続用法として用いることができ，neither of which で「そのどちらも~ない」という意味になり，文脈上も適切。

(9)　正解は b ─────────────────────────────

「私は自分が成し遂げたことに満足感を覚えて，持ち場を離れることになるときがくるだろう」

　I feel 以下の2つの文は come の後に接続詞のないまま続いていることから，The time を先行詞とする関係副詞節が離れた形で後置されていると判断でき，時を先行詞とする関係副詞として用いることができる b．when が正解。

(10)　正解は a ─────────────────────────────

「そのサッカー選手たちは，その驚異的なスピードとパワーであなたの度肝を抜く」

a．「息」　　　　b．「目」　　　　c．「足」　　　　d．「心」

　空所の前の take と直後の away に注目する。take one's breath away の形で「~の度肝を抜く，~をあっと言わせる」という意味のイディオムとなるので，a．breath が文脈上も適切。

---

(1)—d　(2)—c　(3)—d　(4)—b　(5)—d　(6)—c　(7)—a　(8)—d　(9)—b

(10)—a

28

目標解答時間 10 分　**配点** 30 点

次の英文（1 ～10）の空所に入れるのに最も適当なものを，それぞれ下記（a ～ d）の中から 1 つ選び，その記号をマークしなさい。

(1)　My father's constant encouragement （　　　） me to survive those hard years.

a．enabled　　　　b．had　　　　c．rescued　　　　d．trusted

(2)　The moment that funny idea （　　　） me, I felt like laughing aloud.

a．came　　　　b．causes　　　　c．reminds　　　　d．struck

(3)　It turned （　　　） that the weather was ideal for our picnic.

a．in　　　　b．down　　　　c．out　　　　d．well

(4)　As he is everyone's favorite, he is （　　　） to be chosen as the president of the club next year.

a．like　　　　b．liked　　　　c．likely　　　　d．liking

(5)　It （　　　） me a few minutes to realize that his email was a kind of joke.

a．consumed　　　　b．lasted　　　　c．spent　　　　d．took

(6)　No one could understand （　　　） to interpret her mysterious comment on our new product.

a．how　　　　b．what　　　　c．which　　　　d．while

(7)　Her mother was a famous author whose works have been （　　　） all over the world.

a．admired　　　　b．producing　　　　c．reading　　　　d．wrote

(8)　He is not suitable for this position, as it calls （　　　） leadership and communicative skills.

a．at　　　　b．by　　　　c．for　　　　d．from

(9) (   ) of the committee members has to submit a list of possible new candidates by the end of this year.

   a. All   b. Each   c. Every   d. Most

(10) Could you tell me which document the teacher (   ) in the class last Friday?

   a. being referred   b. did refer

   c. referred to   d. referring at

解　説

空所補充

(1)　正解は　a

「私の父がいつも励ましてくれたおかげで，私はあのつらい年月を乗り切ることができた」

a．「～を可能にした」　　　　　　　b．「～させた，～してもらった」
c．「～を救った」　　　　　　　　　d．「～に任せた，～を信用した」

　　主語が無生物主語である点と，空所の後の me to survive という形に注目すると，S enable *A* to *do* の形で「S は *A* が～するのを可能にする」，つまり「S のおかげで *A* は～できる」という構文になる a．enabled が正解。b．had には have *A* do の形で「*A* に～させる，*A* に～してもらう」という意味があるが，動詞は原形なので不適。c．rescued だと，rescue *A* from *B* の形で「*A* を *B* から救う」という意味になり，不定詞は続かないので不適。d．trusted は trust *A* to *do* の形で「*A* は～すると確信する，*A* に安心して～させる」という意味で用いるが，主語は「人」であり，無生物主語とはならないので不適。

(2)　正解は　d

「その面白い考えが思い浮かんだとたん，私は声を出して笑いたい気分になった」

a．「来た」　　　　　　　　　　　　b．「～を引き起こす」
c．「～に思い出させる」　　　　　　d．「～の心に浮かんだ」

　　空所に入る動詞の主語が that funny idea である点と，直後に me が続いていることから，「（考えなどが）～の心に浮かぶ」という意味で用いる strike の過去形である d．struck が正解。a．came は come to *A* の形であれば「（考えなどが）*A* に思いつく」となるが，to がないので不適。b．causes と c．reminds は時制が後続文から判断して過去形のはずなので不適。b．causes は，cause *A* to *do* の形で「*A* に～させる」という意味があるが，to 不定詞がなく，また，c．reminds も remind *A* of *B* の形で「*A*（人）に *B* を思い出させる」という意味であるが，of 以下がないことからも不適。

(3)　正解は　c

「結局，天気は私たちのピクニックにとって申し分のないものだった」

　　turn out ～ は「（結局）～ということになる，～という結果になる」という意味のイディオムで，It turns out that ～「～ということがわかる，～という結果になる」という形で用いることも多い。したがって，c．out が正解。他の選択肢については，turn in ～ は「～を提出する」などの意味を持つイディオム，turn down ～ は「～を却下する，衰退する」などの意味を持つイディオムだが，that 節を続けることはできない。turn well は well が turn の補語にも目的語にもなれず，

意味的にも，文構造としても不適。

(4)　正解は　c ──────────────

「彼はみんなの人気者なので，来年のクラブの会長に選ばれそうだ」

　like のさまざまな語形のうち，適切なものを選ぶ問題。空所の前の is と，直後の to be chosen に注目すると，be likely to *do* の形で「～しそうである，～する可能性が高い」という意味のイディオムとなる c．likely が正解。a．like は to be chosen が続く語としては不適。b．liked だと受動態だが，文脈上不適。d．liking は，like「～が好きだ」は状態を表す動詞なので，基本的には進行形で用いず，不適。

(5)　正解は　d ──────────────

「私が，彼の e メールは一種の冗談だとわかるのに，数分かかった」

　空所の後に me a few minutes という形で，人と時間が続いていることから，It takes *A B* to *do* で「*A*（人）が～するのに *B*（時間）かかる」という意味になる d．took が正解。a．consumed は consume が「～を消費する，～を摂取する」という意味で，人を直接目的語にしないので不適。b．lasted は last *A B* の形で「（物が）*A*（人）には *B*（時間）続く〔もつ〕」という意味で用いることができるが，主語は具体的な物である必要があるため，形式主語（つまり to 不定詞）を用いることはなく，不適。c．spent は spend が人を主語にして「～を費やす，～を過ごす」などの意味で用いるので不適。

(6)　正解は　a ──────────────

「私たちの新製品に関する彼女の不可解なコメントを，誰もどう解釈していいのかわからなかった」

　　a．「どう，どのように」　　　　　　b．「何を」
　　c．「どれを，どちらを」　　　　　　d．「～の間」

　疑問詞＋to *do* の形で「～すべきか，～したらいいか」という意味になる用法。interpret「～を解釈する」は目的語を1つしかとれない動詞であり，目的語の her mysterious comment がその後に続いている。したがって，疑問副詞の a．how であれば「どのように～したらいいか」という意味になり，文脈上も適切。b．what や c．which は疑問代名詞で，すでに目的語のある interpret には使用できず，不適。d．while は接続詞なので不適。

(7)　正解は　a ──────────────

「彼女の母親は，その作品が世界中で称賛されている有名な作家だった」

　　a．「称賛されて」　　　　　　　　b．「創作している」
　　c．「読んでいる」　　　　　　　　d．「書いた」

　whose works 以下が author を先行詞とする関係代名詞節で，whose works が主語になっていることから，この節は受動態と判断できる。したがって，have been

の後には過去分詞が続くはずであり，語形も文脈上も適切な a．admired が正解。

(8)　正解は c　————————————————————————————

「このポジションには指導力とコミュニケーション能力が必要なので，彼はそこには向いていない」

　call を用いたイディオムの知識を問う問題。ポジションと指導力，コミュニケーション能力との結びつきを考えると，call for ~ で「~を必要とする」という意味になり，文脈上も適切なので，c．for が正解。a．at は call at ~ で「~（家，場所など）を訪問する」，b．by は call by ~ で「~に立ち寄る」，d．from は call from ~ で「~から電話する」などの意味が考えられるが，いずれも文脈上不適。be suitable for ~ は「~にふさわしい，~に適している」という意味。

(9)　正解は b　————————————————————————————

「委員会の各委員は，今年度末までに，考えられる次期候補者のリストを提出しなければならない」

　a．「すべての人」　　　　　　　　b．「各人，一人一人」
　c．「すべての」　　　　　　　　　d．「大多数」

　空所の語は前置詞句で修飾されており，名詞または代名詞だとわかる。また，動詞の部分が has to submit となっており，三人称単数扱いをする語だということもわかる。したがって，この2つの条件に合う b．Each が正解。a．All と d．Most は of 以下が可算名詞の複数形だと複数扱いになり，c．Every は形容詞なので，いずれも不適。

(10)　正解は c　————————————————————————————

「先週の金曜日の授業で，先生がどの文書を引用されたのか教えていただけませんか？」

　refer という動詞の適切な表現と語形を問う問題。which document「どの文書」に続く部分は疑問詞節で，間接疑問文の形で tell の目的語となっている。refer は refer to ~ の形で「~に言及する，~を引用〔参照〕する」という意味になり，which document を目的語とする表現として適切なので，c．referred to が正解。他の選択肢はすべて，間接疑問文における動詞の語形としても，refer に関する表現としても不適。

(1)—a　(2)—d　(3)—c　(4)—c　(5)—d　(6)—a　(7)—a　(8)—c　(9)—b
(10)—c

29

次の英文（1～10）の空所に入れるのに最も適当なものを，それぞれ下記（a～d）の中から1つ選び，その記号をマークしなさい。

(1)　The contents of the document will remain secret（　　　）he does not give them away.
　　a．in order to
　　b．with regard to
　　c．as long as
　　d．in spite of

(2)　（　　　）was it like growing up in such an old and traditional city as Kyoto?
　　a．Which　　　b．What　　　c．When　　　d．Where

(3)　The father did not want to turn on the light for（　　　）of waking the baby.
　　a．the benefit　　b．fear　　　c．the sense　　d．want

(4)　（　　　）I got to the school, the class had already started.
　　a．By the time　　b．Since　　　c．Until　　　d．While

(5)　This book（　　　）that we show more respect for our parents.
　　a．describes　　b．encourages　　c．suggests　　d．wants

(6)　You should（　　　）the tour guide to go with you if you do not want to get lost.
　　a．get　　　b．promise　　　c．let　　　d．make

(7)　The next day the tour around the city continued, but（　　　）did the rain.
　　a．neither　　b．only　　　c．so　　　d．yet

(8)　He found the idea of going back to the disaster site rather（　　　）.
　　a．pain　　　b．painful　　　c．sorrow　　　d．sorry

⑼ Would you mind (   ) me to call Dan tomorrow ?

  a．having remind   b．having reminded

  c．remind   d．reminding

⑽ Do you remember the scene in the movie (   ) the police officer finds the robber ?

  a．for   b．there   c．where   d．which

解　説

空所補充

(1)　**正解は　c**

「その文書の内容は，彼がもらさない限り秘密のままだろう」

　　a．「～するために」　　　　　　　b．「～に関しては」

　　c．「～である限り」　　　　　　d．「～にもかかわらず」

　　as long as は，この後に文が続くと「～である限り，～でさえあれば」という意味で用いられ，文脈上も適切なので，**c．as long as** が正解。give *A* away は「*A*（秘密など）をもらす」という意味。後に動詞の原形が続くはずの a．in order to，名詞や代名詞が続くはずの b．with regard to や d．in spite of はいずれも不適。

(2)　**正解は　b**

「京都のような，昔ながらの伝統的な都市で育つというのはどういう感じでしたか」

　　What is *A* like? 「*A* とはどのようなものですか」という表現の *A* に形式主語の it が用いられており，growing up 以下の動名詞句が主語という構文で，**b．What** が正解。

(3)　**正解は　b**

「父親は，赤ちゃんを起こすといけないから，明かりをつけたくなかった」

　　空所の前後の for と of に注目すると，**b．fear** であれば，for fear of *doing* の形で「～するといけないから，～しないように」という意味になり，文脈上も適切なので，これが正解。a は for the benefit of ～で「～の（利益の）ために」という意味，c は for the sense of ～で「～の意味のために」という意味，d は for want of ～で「～がないので，～が足りないので」という意味になり，いずれも文脈上不適。

(4)　**正解は　a**

「私が学校に到着するまでに，授業はもう始まっていた」

　　a．「～するまでに」　　　　　　b．「～なので，～してから」

　　c．「～するまで」　　　　　　　　d．「～する間」

　　前半の文が文脈上適切な副詞節となるものを選ぶ問題。主節に，had already started という過去における動作の完了を表す表現があることから判断して，**a．By the time** が正解。c の Until だと主節には動作の継続を表す表現が用いられているはずであり，不適。

(5)　**正解は　c**

「この本は，私たちは両親にもっと敬意を表するよう勧めている」

　　a．「～と言い表す」　　　　　　　b．「～を勇気づける」

　　c．「～を提案する，～を勧める」　d．「～を望む，～を必要とする」

　　c．suggests であれば，後続の that 節の内容を提案したり，勧めることになり，

文脈上も適切なので，これが正解。a．describes は文脈上不適。b．encourages
と d．wants は動詞の後に that 節は続かないので不適。

(6)　**正解は　a**

「もし道に迷いたくなければ，ツアーガイドに一緒に行ってもらうといい」

　　目的語の tour guide の後に to 不定詞が続いている点に注目する。a．get であ
れば，get *A* to *do* の形で「*A* に～してもらう，*A* に～させる」という意味になり，
文脈上も適切なので，これが正解。b．promise だとツアーガイドに一緒に行く約
束をすることになり文脈上不適。c．let と d．make は目的語の後は動詞の原形
が続くので不適。

(7)　**正解は　c**

「次の日，市内を回る観光が続いたが，雨も続いた」

　　空所の後の did は continued を受けた代動詞と判断できる。c．so であれば，
so VS（V の位置には be 動詞や助動詞，代動詞の do, does, did が入る）の形で
前文（肯定文）の内容を受けて，「S も（同様）だ」という意味になり，文脈上
適切なので，これが正解。a．neither は前文が否定文であれば，同様の意味にな
る。

(8)　**正解は　b**

「彼は被災地に戻ることを考えるのは，むしろつらいことだとわかった」

　　問題文は S find O C「S は O が C だとわかる」という第 5 文型となっており，C
には形容詞，分詞などが用いられる。目的語は the idea of … site までで，idea「考
え」という名詞の後にその内容を表す of 以下の動名詞句が続き，長くなっている。
補語が b．painful であれば「痛みを伴う，つらい」という意味で文脈上も適切な
ので，これが正解。O と C は「O は C である」というつながりになっていなければ
ならず，idea は a．pain「痛み」や c．sorrow「悲しみ」や人の感情を表す d．
sorry「残念に思って」とはつながらないので不適。

(9)　**正解は　d**

「明日ダンに電話をするように，私に念押ししてくれませんか」

　　Would you mind *doing*?は「～していだだけませんか」という丁寧な依頼を表す
表現で，mind の後には動名詞が続くので，正解は b か d に絞られる。電話をする
のは明日なので，過去の動作を表す完了形の動名詞は不適切であり，d．remind-
ing が正解。remind *A* to *do*「*A* に～することを思い出させる，*A* に～するよう念
を押す」

(10)　**正解は　c**

「その映画で，警察官が強盗を見つけるシーンを覚えていますか」

　　空所の後に完全な形の文が続いていることから，空所には接続詞か関係副詞が入
ると考えられるので，b．there と d．which は不適。a．for には「というのも

～だからだ」という意味の接続詞としての用法はあるが，その前にコンマが必要であり，文脈上も不適。ｃ．where であれば，the police officer 以下が scene を先行詞とする関係副詞節となり，文脈上も適切なので，これが正解。なお，問題文では scene を in the movie という前置詞句も修飾する形となっているが，文脈から，movie が先行詞ではないことはわかるだろう。

(1)— c　(2)— b　(3)— b　(4)— a　(5)— c　(6)— a　(7)— c　(8)— b　(9)— d
(10)— c

解答

30

目標解答時間 10分　**配点** 30点

次の英文（1～10）の空所に入れるのに最も適当なものを，それぞれ下記（a～d）の中から1つずつ選び，その記号をマークしなさい。

(1)　I (　　　　) her this afternoon, but I forgot.
　a．should phone
　b．should have phoned
　c．will phone
　d．will have phoned

(2)　I told the police (　　　) little I knew.
　a．where　　　　b．what　　　　c．when　　　　d．whose

(3)　I (　　　) a strange dream last night.
　a．dreamed　　　b．looked at　　　c．caught　　　d．viewed

(4)　(　　　) parents are coming to Osaka.
　a．Both his
　b．Either of his
　c．Either his
　d．The his both

(5)　I am (　　　) the opinion that children should be taught good manners.
　a．in　　　　　b．of　　　　　c．on　　　　　d．to

(6)　Your worries are nothing (　　　) I am concerned about.
　a．what is compared
　b．to compare which
　c．compared to what
　d．comparing which is

(7)　I'm not (　　　) essays in English.
　a．used to write
　b．used to writing
　c．used to have written
　d．using to write

(8)　Prices have (　　　) in this country recently.
　a．had arisen　　　b．aroused　　　c．raised　　　d．risen

(9)　Had (　　　) me for advice, he could have dealt with the problem more appropriately.

 a. asked he   b. if he asked

 c. if asked he   d. he asked

(10) She was sitting on the bench with ( ).

 a. closed her eyes   b. closing her eyes

 c. her eyes closed   d. her eyes close

解 説

空所補充

(1) 正解は b

「私は今日の午後，彼女に電話をすべきだったのに，忘れていた」

　問題文後半の but I forgot に注目すると，彼女に電話をしていないことがわかり，未来時制の c と d は不適。b. should have phoned であれば，should have *done* で「〜すべきだった（のにしなかった）」という後悔を表す表現となり，適切。

(2) 正解は b

「私はわずかながら知っていることをすべて警察に話した」

　空所以下の部分が told の目的語となっていることから，この部分は名詞節であることがわかる。また，knew に目的語がないことから，空所と直後の little の2語で knew の目的語となっていることがわかる。「全部の〜」という意味で，関係形容詞としての用法がある b. what であれば，what little I knew で「わずかながら私が知っていることすべて」という意味になり，文脈上も適切なので，これが正解。なお，この little は「わずかのこと」という意味の名詞。

(3) 正解は a

「私は昨夜，不思議な夢を見た」

　「〜な夢を見る」という表現では，形容詞のついた dream という名詞を，動詞の dream の目的語となる形で用いる。したがって，a. dreamed が正解。このように，動詞と同じ形，またはその名詞形を目的語とする場合，その目的語は同族目的語と呼ばれる。同族目的語の表現としては，他にも live a happy life「幸せに暮らす」や sigh a deep sigh「深いため息をつく」などがある。なお，「夢を見る」は have a dream というように，have を動詞として用いることもある。

(4) 正解は a

「彼の両親は大阪に来る予定です」

　動詞の are に注目する。both を用いた場合，「〜の両親」は both *one's* parents または both of *one's* parents の語順となるので，a. Both his が正解。either は代名詞の「どちらか」として用いても，形容詞の「どちらかの〜」として用いても，主語としては単数扱いになるので，b と c は不適。d は語順が不適切。

(5) 正解は b

「私は，子供たちが良いマナーを教えられるべきだという意見だ」

　be of the opinion that で「〜という意見である」という意味なので，b. of が正解。

(6) 正解は c

「あなたの心配事なんか，私が気にかけていることに比べたら何でもない」

　空所の後に続く文の about の後に目的語がないことから，空所には about の目

的語となる語が必要。また，compared to〔with〕〜の形であれば「〜と比較して，〜に比べて」という意味の分詞構文となる。この2点から，c．compared to what であれば，what が関係代名詞として about の目的語となれるので，これが正解。また，be nothing compared to 〜で「〜と比べたら何でもない，〜と比べたら物の数ではない」という意味の表現になっている点も覚えておくとよい。

(7)　**正解は b**

「私は英語で作文を書くことに慣れていない」

　　主語の後に be 動詞が続いている点に注目する。be used to *doing* は「〜することに慣れている」という意味のイディオムであり，文脈上も適切なので，b．used to writing が正解。なお，used to *do* は「昔はよく〜したものだ，以前は〜だった」という意味になるので，混同しないこと。

(8)　**正解は d**

「この国の物価は最近上昇した」

　　空所の後に in で始まる前置詞句があることから，空所には自動詞が入る。d．risen であれば rise「上昇する」は自動詞であり，文脈上も適切なので，これが正解。a．had arisen は had が不要なだけでなく arise が「生じる，起こる」という意味で，文脈上も不適。b．aroused だと，arouse「目覚める，〜を目覚めさせる，〜を喚起する」は自動詞としても他動詞としても用いられるが文脈上不適。c．raised は raise「〜を上昇させる，〜を育てる，〜を集める」が他動詞なので不適。

(9)　**正解は d**

「私にアドバイスを求めていたら，彼はもっと適切にその問題に対処できただろう」

　　仮定法の条件節では，If を省略すると，be 動詞や助動詞が文頭に出る倒置形となる。問題文が Had で始まっていることから，前半部分は If が省略されて，助動詞の had が文頭に出た仮定法過去完了の条件節と判断でき，d．he asked が正解。

(10)　**正解は c**

「彼女は目を閉じて，ベンチに座っていた」

　　with には，with A〜という形で，「A が〜して，A を〜して」という意味で付帯状況を表す用法がある。「〜」の部分には現在分詞，過去分詞，形容詞，副詞，前置詞句などが入る。分詞に関しては，A が分詞となる動詞の主語にあたる場合は現在分詞，目的語にあたる場合は過去分詞となる。ここでは eyes は close の目的語に相当するので，c．her eyes closed が正しい形。

---

(1)— b　(2)— b　(3)— a　(4)— a　(5)— b　(6)— c　(7)— b　(8)— d　(9)— d
(10)— c

31

目標解答時間 10 分　**配点** 20 点

次の英文（1 〜 10）の空所に入れるのに最も適当なものを，それぞれ下記（a 〜 d）の中から 1 つ選び，その記号をマークしなさい。

(1)　It rained every day last week, (　　　) messed up many school events.
　　a．what　　　　b．whatever　　c．which　　　　d．whichever

(2)　Some Americans believe that Plymouth, a small town south of Boston, is
　　(　　　) their ancestors settled in the New World.
　　a．what　　　　b．where　　　c．which　　　　d．who

(3)　I heard one side of the story. Now, I need to hear (　　　) side since I must
　　be fair to both sides.
　　a．two　　　　b．each other　　c．any　　　　d．the other

(4)　Look at all the garbage in the park ; this would (　　　) be a perfect place
　　for children to play.
　　a．accordingly　b．otherwise　　c．subsequently　d．without

(5)　I (　　　) run faster, if I had practiced more.
　　a．having　　　b．could have　　c．had　　　　d．have

(6)　This university is (　　　) gender equality.
　　a．composed of　　　　　　　b．committed to
　　c．distributed among　　　　　d．supposed to

(7)　This paper is (　　　) tomorrow, so you have to turn it in tomorrow at the
　　latest.
　　a．due　　　　b．not until　　　c．through　　　d．within

(8)　Soon after I moved here, I (　　　) like this town.
　　a．became to　　　　　　　　b．came to
　　c．have become to　　　　　　d．have to

(9) I felt a little awkward (　　　) by such a big audience.

　　a. be surrounded　　　　　　　　b. surrounded

　　c. surrounding　　　　　　　　　d. to be surrounding

(10) I would like to congratulate you on the successful (　　　) of the program. You made it!

　　a. completion　　b. complete　　c. completed　　d. completely

解 説

空所補充

(1) 正解は c ──────────────────────

「先週は毎日雨が降ったが，そのために多くの学校行事が台無しになった」

mess up ～は「～を台無しにする，～をめちゃくちゃにする」という表現であり，「先週は毎日雨が降った」という前文の内容が，その原因となっていることから，c．which であれば，関係代名詞として前文の内容を先行詞にできる用法があるので，これが正解。

(2) 正解は b ──────────────────────

「一部のアメリカ人は，ボストン南部の小さな町であるプリマスは，先祖が新世界で定住した場所だと信じている」

空所以下は，believe の目的語である that 節の一部で，主語の Plymouth に対する補語となる名詞節と考えられる。b．where には先行詞の the place が省略された形で「～する場所」という意味になる用法があり，where 以下は名詞節となって，文脈上も適切なので，これが正解。

(3) 正解は d ──────────────────────

「私は一方の側の話を聞いた。さて，私は双方に対して公平でなければならないから，もう一方の側の話も聞く必要がある」

空所を含む文中の both sides に注目する。2つのものに関しては，一方は one，もう一方は the other で表す。したがって，one side に対して「もう一方の側」は the other side となるので，d．the other が正解。

(4) 正解は b ──────────────────────

「公園のごみを全部見てごらんよ。それさえなければ，ここは子供たちが遊ぶのにもってこいの場所だろうに」

a．「それに応じて，その結果」　　b．「そうでなければ，その他の点で」
c．「その後，それ以降」　　　　　d．「～なしに，～がなければ」

問題文前半の，公園にごみが散乱している状況と，ここが子供たちが遊ぶのにいい場所になるだろうという後半とをつなぐ語を考える。would に注目すると，仮定法の帰結節に用いて推量を表す用法と判断できる。b．otherwise なら，仮定法の条件節の役割を果たすことができ，文脈上も適切なので，これが正解。

(5) 正解は b ──────────────────────

「もっと練習していたら，もっと速く走れただろうに」

if 以下の節が過去完了時制である点に注目すると，空所を含む文は，仮定法過去完了時制の条件節に対する帰結節と判断でき，助動詞の過去形が用いられている b．could have が正解。

⑹　正解は　b ────────────────────────

「この大学は男女の平等を公約している」

　　a．「〜からなって」　　　　　　　b．「〜を公約して，〜に専念して」

　　c．「〜に配られて」　　　　　　　d．「〜することになって，〜と考えられて」

　　空所の後の gender equality「男女の平等」という語とのつながりを考えると，

be committed to 〜で「〜を公約している，〜に専念している」などの意味を持つ，

b．committed to が正解。d．supposed to は動詞の原形が続くので不適。

⑺　正解は　a ────────────────────────

「この論文は明日が締め切りだから，あなたはいくら遅くても明日にはそれを提出

しなければならない」

　　so 以下から，明日が提出期限となっている状況がわかるので，「期限で，締め切

りで」という意味を持つ，a．due が正解。他の選択肢はいずれも文脈上不適。

⑻　正解は　b ────────────────────────

「私はここに移り住んですぐに，この町が好きになった」

　　b．came to であれば，come to *do* の形で，to 不定詞の動詞には心的な状態を

表す動詞が続き，「〜するようになる」という意味になる。文脈上も適切であり，

これが正解。なお，become には to 不定詞を補語とする用法はないので a．be-

came to と c．have become to は不適。d．have to は文脈上不適。

⑼　正解は　b ────────────────────────

「私は非常に大勢の聴衆に囲まれて，ちょっと戸惑った」

　　空所の後の by に注目する。過去分詞形の b．surrounded であれば，空所以下

が「大勢の聴衆に囲まれて」という意味の付帯状況を表す分詞構文となり，文脈上

も適切なので，これが正解。a．be surrounded は be が不要であり，不適。

⑽　正解は　a ────────────────────────

「君がその計画を首尾よく仕上げたことにおめでとうを言いたいと思う。君，よく

やったね！」

　　空所の前には定冠詞の the がついた successful という形容詞があり，空所の後に

は前置詞句が続いていることから，選択肢の中で名詞形の a．completion が正解。

congratulate *A* on *B* は「*A* に *B* のお祝いの言葉を述べる，*A* の *B* を祝福する」と

いう意味の表現。

⑴— c　　⑵— b　　⑶— d　　⑷— b　　⑸— b　　⑹— b　　⑺— a　　⑻— b　　⑼— b

⑽— a

32

目標解答時間 10分　**配点** 30点

次の英文（1～10）の空所に入れるのに最も適当なものを，それぞれ下記（a～d）の中から1つ選び，その記号をマークしなさい。

(1) I (　　　) my success to your teaching.
　　a．believe　　　b．have　　　　c．owe　　　　d．thank

(2) The graph is (　　　) on the experiment that we did three years ago.
　　a．base　　　　b．based　　　　c．basing　　　d．basis

(3) (　　　) afraid. That dog doesn't bite.
　　a．Don't have　　b．Don't be　　c．Don't　　　d．Not be

(4) I know (　　　) will be admitted to this university.
　　a．whether　　　b．if　　　　c．who　　　　d．how

(5) The sun rises in the east and (　　　) in the west.
　　a．falls　　　　b．goes　　　　c．sets　　　　d．drops

(6) There must be (　　　) in the process of this project.
　　a．wrong something　　　　b．wrong anything
　　c．something wrong　　　　d．anything wrong

(7) This rule applies to everything in this building (　　　) otherwise stated.
　　a．if　　　　　b．unless　　　　c．when　　　　d．whether

(8) Every student is (　　　) at least two books in a month.
　　a．encouraged to read　　　　b．encouraging to read
　　c．encouraged reading　　　　d．encouraging reading

(9) I know I should go to the dentist's, but I simply (　　　).
　　a．don't want　　　　b．don't want to
　　c．want　　　　　　d．should want

(10) It is likely （　　　）.

    a．had rained   b．rained   c．to rain   d．to raining

解　説

空所補充

(1)　正解は　c ――――――――――――――――――――――――

「私が成功したのはあなたが教えてくれたおかげです」

　owe *A* to *B* は「*A* は *B* のおかげだ」という意味の表現であり，c．owe が正解となる。a の believe は第5文型では believe *A* (to be) ～「*A* が～であると信じる，思う」の形で用いる。b の have には目的語の後に to が来る用法はない。d の thank だと thank *A* for ～「～のことで *A* に感謝する」という形になる。

(2)　正解は　b ――――――――――――――――――――――――

「そのグラフは，私たちが3年前に行った実験に基づいている」

　空所の前の is と空所の後の on に注目すると，be based on ～ という受動態で「～に基づいている」という意味になる b．based が正解。

(3)　正解は　b ――――――――――――――――――――――――

「怖がらなくていいよ。あの犬はかみつかないから」

　afraid は形容詞であり，形容詞を使って命令文にするには be 動詞が必要なので，b．Don't be が正解となる。

(4)　正解は　c ――――――――――――――――――――――――

「私は誰がこの大学に入学が許可されるかを知っている」

　空所以下は know の目的語となる名詞節が続いていると判断できる。空所の後に主語がないことから，選択肢の中では疑問代名詞で主語となれる c．who が正解。

(5)　正解は　c ――――――――――――――――――――――――

「太陽は東から昇り，西に沈む」

　太陽に関する文で，前半が rises in the east「東から昇る」となっていて，空所の後には in the west「西に」とあることから，「沈む」という意味の c．sets が正解。

(6)　正解は　c ――――――――――――――――――――――――

「このプロジェクトの進め方には何か問題があるに違いない」

　something，anything，nothing など，-thing という語尾を持つ代名詞を修飾する形容詞はその代名詞の後に置くことから，c．something wrong が正解となる。d の anything wrong だと，前半は否定文になっているはずであり不適。

(7)　正解は　b ――――――――――――――――――――――――

「別途記載されていない限り，この規則はこの建物内のすべてのものに適用される」

　a．「もし～なら」　　　　　　　　　b．「もし～でなければ，～でない限り」
　c．「～するとき」　　　　　　　　　d．「～かどうか」

　規則が建物内のすべてのものに適用されるという主文と，otherwise stated「別

途記載されて」という表現とを結ぶ接続詞としては，b．unless が適切。なお，ここでは unless という接続詞の後に主語と be 動詞（it is）が省かれた形となっている。

⑻　正解は　a

「どの学生も月に少なくとも2冊の本を読むように推奨されている」

encourage は encourage *A* to *do* の形で「*A* に〜するよう勧める，促す」という意味で用いる。問題文ではそれが受動態となっているので，a．encouraged to read が正しい形。

⑼　正解は　b

「歯医者に行くべきなのはわかっているが，本当に行きたくない」

後半部分は逆接の意味を持つ接続詞の but でつながっていることから，I simply don't want to go to the dentist's という内容が続くはずである。語句の繰り返しをさけるために，go to the dentist's の部分が省略されて，to 不定詞の to だけが残る代不定詞となっていると考えられるので，b．don't want to が正解となる。simply はここでは否定の意味を強調する用法で「とても，本当に」という意味。

⑽　正解は　c

「雨が降りそうだ」

likely は，*A* is likely to *do* や It is likely that *A* will *do* の形で「*A* は〜しそうだ，*A* は〜する可能性が高い」という意味になる。この問題では，天候を述べるときに用いる It が *A* にあたり，to 不定詞を用いた c．to rain が正解となる。

(1)—c　(2)—b　(3)—b　(4)—c　(5)—c　(6)—c　(7)—b　(8)—a　(9)—b
(10)—c

解答

33

目標解答時間 10 分　**配点** 20 点

次の英文（ 1 ～10）の空所に入れるのに最も適当なものを，それぞれ下記（ a ～ d ）の中から 1 つ選び，その記号をマークしなさい。

⑴　It is necessary to (　　　) out the problems before we proceed to the next step.

　　a ．solve　　　　　b ．turn　　　　　c ．stand　　　　　d ．sort

⑵　I would (　　　) not meet Catherine in this complicated situation.

　　a ．like　　　　　b ．prefer　　　　　c ．rather　　　　　d ．better

⑶　(　　　) all this, I still think she is the greatest novelist of the period.

　　a ．Having said　　　　　　　b ．Granting to

　　c ．Being attended　　　　　　d ．Putting with

⑷　Farming is to (　　　) for the decline in the number of wild animals.

　　a ．harm　　　　　b ．damage　　　　　c ．accuse　　　　　d ．blame

⑸　I was just getting (　　　) to go out when the doorbell rang.

　　a ．used　　　　　b ．urgent　　　　　c ．ready　　　　　d ．almost

⑹　Students are (　　　) to consult their instructor before they submit a research plan.

　　a ．introduced　　b ．accounted　　c ．advised　　　　d ．deserved

⑺　Do whatever you like, as it all (　　　) to the same thing.

　　a ．equals　　　　b ．amounts　　　　c ．ends　　　　　d ．arrives

⑻　We all (　　　) the publication of his new book at a party yesterday evening.

　　a ．joyed　　　　　b ．amused　　　　c ．celebrated　　　d ．congratulated

(9) It is important to consider what gives (　　) to this idea, rather than what it means.

  a. rise   b. weigh   c. high   d. heavy

(10) The economic growth of the country after the post-Cold War period was (　　).

  a. able   b. remarkable   c. surprised   d. amazed

解 説

空所補充

(1) 正解は d

「私たちは次の段階に進む前に，その問題を整理する必要がある」

空所の後の out the problems という語句とのつながりを考えると，sort であれば，sort out ～ で「～を整理する，～を分類する」という意味になり，文脈上も適切なので，d．sort が正解となる。a については，solve out という表現がなく，b については turn out (to be) ～ は「～であるとわかる」という意味で文脈上不適，c については stand out「目立つ」は目的語をとらないので不適。

(2) 正解は c

「私はこの複雑な状況ではむしろキャサリンに会いたくない」

直前の would と，空所の後に not meet という動詞の原形が続いていることから判断して，would rather (not) *do*「むしろ～したい（～したくない）」となる c．rather が正解。a の like や，b の prefer であれば，後には to 不定詞が続くので不適。

(3) 正解は a

「とは言ったものの，私はまだ彼女がその時代の最も優れた小説家だと思う」

having said all this は「とは言ったものの，それでもやはり」という意味になり，文脈上も適切なので，a．Having said が正解となる。b については granting が granting that ～「～ということを認めるとしても，～だとしても」の形で用いるので不適。c の attend は他動詞としては「～に出席する」という意味なので不適。d については put with という表現はないので不適。

(4) 正解は d

「農業は，野生動物の数の減少に対して責任がある」

空所の前の is to という形に注目すると，blame であれば be to blame for ～ の形で「～の責任がある，～の責めを負うべきである」という意味になり，文脈上も適切なので，d．blame が正解となる。

(5) 正解は c

「玄関の呼び鈴が鳴ったとき，私はちょうど出かける用意をしているところだった」

get ready to *do* で「～する準備をする」という意味になり，文脈上も適切なので c．ready が正解となる。

(6) 正解は c

「学生たちは研究計画を提出する前に，講師に相談するよう助言されている」

受動態となっていることから，students は本来，動詞の目的語となっていたはずである。advise であれば advise *A* to *do* の形で「*A* に～するよう助言する」とい

う意味になり，文脈上も適切なので，c．advised が正解となる。a．introduced
「～を紹介した」，b．accounted「説明した」，d．deserved「～に値した」には
このような用法がないのでいずれも不適。

(7) **正解は b**

「結局はすべて同じことになるので，好きなようにやりなさい」

　空所の後の to に注目すると，amount であれば，amount to ～ で「結局～になる，
要するに～ということになる」という意味になり，文脈上も適切なので，b．
amounts が正解となる。a．equals は形容詞の equal であれば，be equal to ～ で
「～に等しい」という意味になるが，動詞形では不適。c．ends は ends up ～ で
あれば「結局～になる」という意味になる。d．arrives は「到着する」という意
味では，後に to ではなく at や in が続く動詞であり，文脈上も不適。

(8) **正解は c**

「私たちはみな，昨夜のパーティーで彼の新しい本の出版祝いをした」

　空所の後が the publication であることに注目する。celebrate は「（物事）を祝
う」という意味であり，文脈上も適切なので，c．**celebrated** が正解となる。d
の congratulated は congratulate A on ～「A（人）の～を祝う」という使い方をす
るので不適。a の joyed は自動詞なので at や in が必要。b の amused は他動詞で
「～を楽しませた」となるので不適。

(9) **正解は a**

「それが何を意味するかよりも，どうしてこういう発想が出るのかを考慮するほう
が重要だ」

　空所の前の gives と後の to に注目すると，rise であれば give rise to ～ で「～を
引き起こす，～を生じさせる」という意味になる。文脈上も適切なので，a．**rise**
が正解となる。残りの選択肢はいずれも give の目的語として不適。

(10) **正解は b**

「冷戦時代後のその国の経済成長は目覚ましいものだった」

　b．**remarkable** であれば「目覚ましい，素晴らしい」という意味で，文脈上も
適切なので，これが正解となる。a．able は単独だと「能力のある」という意味
で不適。c．surprised と d．amazed はいずれも現在分詞形であれば適切。

---

(1)─d　(2)─c　(3)─a　(4)─d　(5)─c　(6)─c　(7)─b　(8)─c　(9)─a
(10)─b

解答

34

目標解答時間 10 分　**配点** 30 点

次の英文（1～10）の空所に入れるのに最も適当なものを，それぞれ下記（a～d）の中から 1 つ選び，その記号をマークしなさい。

(1) I regret (　　　) to the party yesterday. I wish I'd been there!
　　a. going　　　　b. not going　　　c. not to go　　　d. to go

(2) She looks younger than me, but (　　　) she's two years older.
　　a. actually　　　b. especially　　　c. eventually　　　d. specially

(3) I've never worn glasses before, but now I'll have to (　　　) them.
　　a. get used to wear　　　　　b. get used to wearing
　　c. use to wear　　　　　　　 d. use to wearing

(4) We stayed at a bed and breakfast (　　　) spend too much money on accommodation.
　　a. for the sake of　　　　　b. instead of
　　c. so as not to　　　　　　 d. so that

(5) Your car (　　　) 50,000 km—you'll need to get it serviced.
　　a. can often have done　　　　b. may likely have risen
　　c. shall possibly have measured　　d. will soon have gone

(6) A large supermarket was robbed. The police (　　　) the crime.
　　a. arrested　　　b. charged　　　c. investigated　　　d. judged

(7) The car looks like it needs (　　　). Shall I take it to the car wash?
　　a. cleaning　　　b. to clean　　　c. to wash　　　d. wash

(8) (　　　) you didn't tell me it was your birthday? You should have told me that!
　　a. How about　　　b. How come　　　c. What for　　　d. What need

(9) As soon as I (   ) the train, I sat down in the first empty seat.

   a．filled in   b．got on   c．took off   d．turned out

(10) The police (   ) that one of their officers shot the demonstrator intentionally.

   a．deny   b．denies   c．decline   d．declines

解 説

空所補充

(1) 正解は b

「昨日パーティーに行かなかったのが残念だ。そこにいたらよかったなあ」

　regret は後に動名詞が続くと「〜したことを後悔する」という意味になる。後続文の内容から，パーティーには行かなかったと判断できるので，否定形のはずであり，b．not going が正解となる。

(2) 正解は a

「彼女は私より若く見えるが，実際には 2 歳年上だ」

a．「実際は，実のところ」　　　　　　b．「特に」

c．「最終的に，結局」　　　　　　　　d．「特別に，特に」

　見かけと実際の年齢とが違うという文脈であり，a．actually が正解となる。

(3) 正解は b

「私はこれまで眼鏡をかけたことがないが，これからは眼鏡をかけるのに慣れなければならないだろう」

　文脈から「〜するのに慣れる」という意味になる get used to *doing* が適切な形であり，b．get used to wearing が正解となる。この to は前置詞であり，後には動名詞が続くので，a．get used to wear は不適。use を動詞として用いる場合「〜を用いる」という意味であり，目的語となる名詞が必要なので，c と d はともに不適。

(4) 正解は c

「私たちは宿泊施設にお金をかけすぎないよう，一泊朝食付きのところに泊まった」

a．「〜のために」　　　　　　　　　　b．「〜の代わりに」

c．「〜しないように」　　　　　　　　d．「〜するために」

　空所の直後に動詞の原形が続いていることからも判断はつく。夕食なしの宿泊プランにしていることから，宿舎にあまりお金をかけないようにしたはずであり，文脈上も適切な c．so as not to が正解となる。

(5) 正解は d

「君の車はもうすぐ 5 万キロ走行したことになるよ——修理してもらう必要があるだろうね」

　車の走行距離を話題にしていると判断できるので，動詞 go が使われ，will (soon) have *done* の形で「(もうすぐ) 〜したことになるだろう」という意味の d．will soon have gone が正解となる。a．can often have done は助動詞の can は後が完了形の場合，否定文「〜したはずがない」か疑問文「一体〜したのだろうか」で用いられるので不適。b．may likely have risen は文脈から may likely や risen

が不適。c．shall possibly have measured は助動詞の shall に推量の用法はなく，measured も不適。

(6)　正解は　c ————————————————————————————

「大型スーパーが強盗に入られた。警察はその犯罪を捜査した」

　a．「〜を逮捕した」　　　　　　　b．「〜のせいにした，〜を非難した」

　c．「〜を捜査した，〜を調べた」　　d．「〜を判断した」

　　動詞の目的語が the crime「犯罪」であることから，c．investigated が正解となる。

(7)　正解は　a ————————————————————————————

「その車は洗う必要があるようです。洗車にもっていきましょうか」

　　need は物が主語の場合，need *doing* または need to be *done* の形で「〜する必要がある」という意味になるので，動名詞形の a．cleaning が正解となる。c．to wash は to be washed なら可能。

(8)　正解は　b ————————————————————————————

「なぜ誕生日だってことを教えてくれなかったのか。教えてくれてもよかったのに」

　　空所の後が平叙文の語順になっている点に注目すると，How come S V？の形で「どうして〜なのか」という意味の b．How come が正解となる。a．How about は後に名詞や動名詞が続くので不適。c は What 〜 for？の形なら理由を問う表現となるが，疑問文の語順となる。

(9)　正解は　b ————————————————————————————

「列車に乗るとすぐに，最初の空席に座った」

　a．「〜に記入した」　　　　　　　b．「〜に乗った」

　c．「〜を脱いだ，〜を外した」　　d．「(灯りなど) を消した」

　　後続文の内容から判断して，列車に乗ったという内容になる b．got on が正解。

(10)　正解は　a ————————————————————————————

「警察は，警官の一人が意図的にそのデモの参加者を狙撃したことを否定している」

　　文脈から判断して，動詞は decline「〜を拒否する」ではなく deny「〜を否定する」が適切だと判断できる。the police「警察」は複数扱いをする集合名詞なので，a．deny が正解となる。

(1)—b　(2)—a　(3)—b　(4)—c　(5)—d　(6)—c　(7)—a　(8)—b　(9)—b
(10)—a

35

次の英文（1～10）の空所に入れるのに最も適当なものを，それぞれ下記（a～d）の中から1つ選び，その記号をマークしなさい。

(1) When it comes to baseball, he is (　　　) to none.
　　a．second　　　b．first　　　c．best　　　d．worst

(2) In the (　　　) of cruel fighting, she saved the lives of many civilians.
　　a．aspect　　　b．side　　　c．regard　　　d．middle

(3) (　　　) my knowledge, he is not actively involved in this murder case.
　　a．Regarding　　b．For　　　c．To　　　d．According

(4) We must try to do (　　　) with prejudice and discrimination.
　　a．away　　　b．without　　　c．out　　　d．in

(5) People felt nothing (　　　) disappointment with the unrealistic proposals
　　of their leader.
　　a．for　　　b．but　　　c．against　　　d．more

(6) A damaged product will not be replaced free of charge, (　　　) notification
　　is made on the very day of its purchase.
　　a．otherwise　　b．unless　　　c．whenever　　　d．whoever

(7) As you admit you were wrong in this regard, you (　　　) better apologize
　　to him.
　　a．get　　　b．make　　　c．had　　　d．take

(8) Though every staff member will work until late tonight, you (　　　) as
　　well return home earlier because you are not in good shape.
　　a．could　　　b．can　　　c．shall　　　d．might

(9) We are looking forward to (　　　) with you after your employment by our company.

 a. farewell b. rely   c. working d. compensating

(10) He is not tolerant, to say (　　　) of his indifference to the problems of others.

 a. whole b. entirety c. everything d. nothing

解 説

空所補充

(1) 正解は a

「彼は野球となると，誰にも負けない」

second to none は「誰にも負けない，一番で」という意味のイディオムであり，文脈上も適切なので，a．second が正解となる。文頭の When it comes to ～ は「～ということになると」という意味のイディオム。

(2) 正解は d

「悲惨な戦いの中で，彼女は多くの市民の命を救った」

a．「面」　　　　b．「側」　　　　c．「観点，見地」　　d．「最中，真ん中」

in the middle of ～ は「～の最中に」という意味のイディオムであり，文脈上も適切なので，d．middle が正解となる。

(3) 正解は c

「私の知る限り，彼はこの殺人事件に積極的には関与していない」

to (the best of) one's knowledge は「～の知る限り」という意味のイディオムであり，文脈上も適切なので，c．To が正解となる。a の Regarding は「～に関して」という意味で，関係を示す語なので，文脈上不適。d の According は according to ～「～によると」という形で用いる。

(4) 正解は a

「私たちは偏見と差別をなくそうと努めなければならない」

空所の直前の do と直後の with に注目すると，do away with ～ なら「～を廃止する，～をなくす」という意味のイディオムで，文脈上も適切なので，a．away が正解となる。

(5) 正解は b

「人々は指導者の非現実的な提案に対して，失望しか感じなかった」

nothing but ～ は「～しか，～のみ」という意味のイディオムであり，非現実的な提案にどう感じたかを考えると，文脈上も適切なので，b．but が正解となる。

(6) 正解は b

「購入の当日に申し出がなされない限り，破損した商品を無料でお取替えすることはありません」

a．「さもないと」

b．「もし～しなければ，～しない限り」

c．「～するときはいつでも，いつ～しても」

d．「～する人は誰でも」

商品の無料交換の条件を述べている部分であり，文脈上適切な b．unless が正

解となる。a．otherwise は副詞なので不適。c．whenever は文脈上不適。d．whoever は主格なので，後に文の要素がそろっている文が続いていることから不適。free of charge「無料で」 notification「申し出，通知」

(7) 正解は c

「あなたはこの点では間違っていたことを認めているのだから，彼に謝るべきだ」

　空所の後の better に注目すると，had better *do* の形で「～したほうがよい，～するべきだ」という意味になり，文脈上も適切な c．had が正解となる。

(8) 正解は d

「職員は全員，今夜は遅くまで仕事をするけれど，あなたは体調がよくないのだから早めに帰宅したほうがよさそうだ」

　空所の後の as well に注目すると，might as well *do* の形で「～したほうがよかろう，～したほうがよさそうだ」という意味になり，文脈上も適切な d．might が正解となる。be in good shape「体調がよい」

(9) 正解は c

「私たちはあなたが当社に入社されてから，一緒に仕事をすることを楽しみにしています」

　look forward to *doing* は「～するのを楽しみにして待つ」という意味のイディオムであり，to は前置詞で，後には名詞や動名詞が続くので，c．working が正解。a．farewell「別れ（の挨拶），送別会」や，d．compensating「償いをすること，埋め合わせをすること」は文脈上不適。

(10) 正解は d

「彼は他人の問題に対して無関心であることは言うまでもなく，寛容ではない」

　空所の前の to say と直後の of に注目すると，to say nothing of ～ の形で「～は言うまでもなく，～はもちろん」という意味のイディオムで，文脈上も適切な d．nothing が正解となる。

(1)—a　(2)—d　(3)—c　(4)—a　(5)—b　(6)—b　(7)—c　(8)—d　(9)—c
(10)—d

36

目標解答時間 10 分　**配点** 30 点

次の英文（1 ～10）の空所に入れるのに最も適当なものを，それぞれ下記（a ～ d）の中から 1 つ選び，その記号をマークしなさい。

⑴　Although he is an old friend of mine, I have to dismiss him（　1　）the less.
　　a．all　　　　　b．none　　　　c．not　　　　　d．any

⑵　Having sat through a long and boring five-hour meeting, he was absolutely （　2　）.
　　a．tiresome　　b．hard　　　　c．sharp　　　　d．exhausted

⑶　You can download the program（　3　）free.
　　a．for　　　　　b．in　　　　　c．with　　　　d．under

⑷　（　4　）not for the money we are borrowing from him, we couldn't start the project.
　　a．Was there　　b．As if　　　　c．Were it　　　　d．Even if

⑸　A fire（　5　）out and burnt down the whole house while he was away washing the car.
　　a．rang　　　　b．shut　　　　c．cut　　　　　d．broke

⑹　Every student in the class really looks（　6　）the young teacher.
　　a．up to　　　　b．on to　　　　c．after to　　　　d．upon to

⑺　I came（　7　）a new bakery on my way to the station.
　　a．across　　　b．at　　　　　c．cross　　　　d．under

⑻　Left alone in the desert, we cannot（　8　）water even for a day.
　　a．help but　　b．manage of　　c．do without　　d．keep to

⑼　Would you mind（　9　）the door?
　　a．to open　　　b．open　　　　c．being open　　d．opening

(10) I was attracted to him (10) for his faults.

   a. all or nothing   b. all the more

   c. rather the same   d. all with all

解 説

空所補充

(1)　正解は　b
「彼は旧友だが，それでも彼を解雇しなければならない」
　　空所の後の the less に注目すると，none the less の形で「それでもやはり」とい
う意味のイディオムになり，文脈上も適切な b . none が正解となる。

(2)　正解は　d
「長い退屈な会議に5時間出席して，彼はすっかり疲れ果てた」
　　exhaust は他動詞で「～を疲れさせる」という意味だが，exhausted と過去分詞
になると「疲れ切った，疲弊した，枯渇した」などの意味になり，文脈上適切なの
で，d . exhausted が正解となる。a . tiresome は「退屈な，うんざりさせる」
という意味の形容詞だが，主語が疲れさせられる側なので不適。

(3)　正解は　a
「そのプログラムは無料でダウンロードできます」
　　空所の後の free に注目すると，for free の形で「無料で」という意味のイディオ
ムとなり，文脈上も適切な a . for が正解となる。

(4)　正解は　c
「彼から借りているお金がなければ，私たちはこの計画を始められないだろう」
　　空所の後の not for ～ に注目すると，If it were not for ～ の形で「もし～がなけ
れば」という仮定の条件を表し，If が省略されると，倒置形の Were it not for ～
となって，文脈上も適切なので，c . Were it が正解となる。

(5)　正解は　d
「彼が洗車をしに出かけているうちに，火事が起こって家が全焼した」
　　空所の後の out と，主語の A fire「火事」に注目すると，break out の形で「（火
事，地震，戦争などが）起こる」という意味のイディオムとなり，文脈上も適切な
d . broke が正解となる。a，b，c はそれぞれ ring out ～「～（行く年など）を
鐘を鳴らして送り出す」，shut out ～「～を締め出す，～を隠す」，cut out ～「～
を切り取る，～をやめる」という意味のイディオムとなるが，いずれも文脈上から
だけでなく，目的語が必要なことからも不適。

(6)　正解は　a
「そのクラスの生徒はみな，本当にその若い先生を尊敬している」
　　空所の前の looks に注目すると，look up to ～ の形で「～を尊敬する」という意
味のイディオムとなり，文脈上も適切な a . up to が正解となる。

(7)　正解は　a
「私は駅に行く途中で新しいパン屋を見つけた」

　空所の前の came に注目すると，come across ～ の形で「～に偶然出会う，～を見つける」という意味のイディオムとなり，文脈上も適切な a . across が正解となる。

(8)　正解は　c

「砂漠に一人取り残されれば，私たちは一日でも水なしではすごせない」

　砂漠に取り残されるという状況と，空所の後の water から判断して，c . do without であれば「～なしですませる，～なしでやっていく」という意味のイディオムとなり，文脈上も適切なのでこれが正解となる。a は cannot help but *do* の形で「～せざるをえない」という意味になるが，文脈上不適。d の keep to ～ は「(規則など)に従う」という意味で，文脈上不適。

(9)　正解は　d

「ドアを開けていただけませんか」

　Would you mind *doing*?「～していただけませんか」は丁寧な依頼を表す。mind の後は動名詞形が続くので，d . opening が正解となる。

(10)　正解は　b

「彼の欠点のために，私は一層彼に魅力を感じた」

　空所の後の for に注目すると，all the more for ～ の形で「～のために一層…」という意味のイディオムとなり，文脈上も適切な b . all the more が正解となる。all は the のついた比較級の意味を強める用法。残りの選択肢は，文脈上も，後に for が続かないことからも不適。

(1)─b　(2)─d　(3)─a　(4)─c　(5)─d　(6)─a　(7)─a　(8)─c　(9)─d
(10)─b

解　答

37

目標解答時間 10分　**配点** 30点

次の英文（1〜10）の空所に入れるのに最も適当なものを，それぞれ下記（a〜d）の中から1つ選び，その記号をマークしなさい。

⑴　(　　　) in the heart of the old district, this hotel is ideally situated for visitors to the famous temples and gardens.
　a. Locate　　　b. Located　　　c. Locating　　　d. Location

⑵　Since the end of the 1990s, when unemployment in the country was not so serious, the number of people out of work (　　　) climbed steadily.
　a. has been　　b. has　　　　c. have been　　　d. have

⑶　(　　　) to popular belief, aerobic exercise does not necessarily mean jumping around in a classroom for an hour.
　a. Behind　　　b. Contrary　　c. Despite　　　　d. Throughout

⑷　The software has been on the market for some time, and is (　　　) being used by many of the world's largest companies.
　a. afterward　　b. already　　c. soon　　　　　d. yet

⑸　The transplant patient was fighting for her life after (　　　) a new heart.
　a. being given　b. give　　　c. giving　　　　d. having given

⑹　(　　　) the players show a dramatic change in form, they could face a struggle for the rest of the season.
　a. However　　b. Moreover　　c. Nor　　　　d. Unless

⑺　Three hours of exercise a week may be all (　　　) is required to improve your level of fitness.
　a. that　　　　b. those　　　　c. wherever　　　d. whose

⑻ Paul Williams, Operations Director of KGU Hotels, (　　　) as the president.
  a. are nominated
  b. has been nominated
  c. has nominated
  d. will nominate

⑼ (　　　) half the students wished to attend the introductory course.
  a. Approximate
  b. Approximately
  c. Approximating
  d. Approximation

⑽ In our Western diet we eat more than twice as (　　　) protein as we actually need.
  a. any
  b. lot
  c. many
  d. much

解 説

空所補充

⑴　**正解は b**

「このホテルは古くからある地区の中心部に位置していて，有名な寺や庭園を訪れる人たちにとってはもってこいの場所にある」

　空所を含む部分は分詞構文となっている。locate は他動詞で，受動態の be located in ～ の形で「～に位置する，～にある」という意味になるので，**b．Located** が正解となる。後続の is situated も「位置している」という意味。

⑵　**正解は b**

「その国の失業率がそれほど深刻な状態ではなかった 1990 年代の終わりから，失業者の数は一貫して上昇してきた」

　since「～以来」に続く語句があることから，継続を表す現在完了時制と判断できる。climb はここでは「上昇する」という意味で，自動詞なので能動態のはず。the number of people「人々の数」という表現では，中心となる語は people ではなく number なので，主語は 3 人称単数形であり，**b．has** が正解となる。

⑶　**正解は b**

「一般に考えられていることとは異なり，有酸素運動とは必ずしも 1 時間，教室中を跳び回ったりすることではない」

　a．「～の背後に，～の後ろに」
　b．「反する，反対の，逆の」
　c．「～にもかかわらず」
　d．「～の間中ずっと，～の至るところで」

　空所の後の to に注目する。contrary to ～ は「～に反して，～とは異なり」という意味のイディオムであり，文脈に合うので，**b．Contrary** が正解となる。

⑷　**正解は b**

「そのソフトウェアは市場に出てしばらくになるが，すでに世界の最も大手の企業の多くに使われている」

　a．「後で」　　　　　　　　　　b．「すでに」
　c．「すぐに」　　　　　　　　　d．「まだ」

　前半の部分でソフトウェアが販売開始からしばらくたっていることがわかるので，is being used「使用されている」という時制にふさわしい副詞としては **b．already** が適切。on the market「売りに出されて」

⑸　**正解は a**

「その移植患者は，新たな心臓をもらってから，生きるために闘っていた」

　after の後に主語がないことから，after は前置詞で，後に動名詞句が続いている

と判断できる。transplant patient「移植患者」は心臓をもらう側なので受動態が正しい語形であり，a. being given が正解となる。

(6) **正解は d**

「選手たちはフォームを大きく変えない限り，そのシーズンの残りの間，大変な困難に直面しかねないだろう」

a.「しかしながら」   b.「さらに」

c.「～もまた…でない」   d.「～しない限り」

　コンマの前後の2つの文をつなぐには接続詞が必要であり，後続文の内容とのつながりから判断して d. Unless が正解となる。

(7) **正解は a**

「健康のレベルを改善するのに必要なのは，週に3時間の運動だけかもしれない」

　空所の後に動詞が続いていることから，空所には all を先行詞とする関係代名詞の主格が入ると考えられ，a. that が正解となる。all that is required is ～ は「必要なのは～だけだ」という表現だが，ここでは all that is required という部分が補語として用いられている。

(8) **正解は b**

「KGU ホテルの常務取締役のポール=ウィリアムズは，社長に指名されている」

　空所の後の as に注目すると，nominate A as B「A を B に指名する」という表現が受動態となっていることがわかる。主語が3人称であることから b. has been nominated が正解となる。

(9) **正解は b**

「学生のおよそ半数が入門課程に出席することを希望していた」

a.「～を概算する，おおよその」   b.「おおよそ，約」

c.「近似の」   c.「概算，接近」

　half を修飾する語としては副詞形の b. Approximately が正解となる。

(10) **正解は d**

「洋風の食事では，私たちは実際に必要な量の2倍以上のタンパク質を食べている」

　protein「タンパク質」は物質名詞であり，「2倍以上のタンパク質」は more than twice as much protein となるので，d. much が正解となる。

(1)―b　(2)―b　(3)―b　(4)―b　(5)―a　(6)―d　(7)―a　(8)―b　(9)―b

(10)―d

38

目標解答時間 10 分　**配点** 30 点

次の英文（1～10）の空所に入れるのに最も適当なものを，それぞれ下記（a～d）の中から 1 つ選び，その記号をマークしなさい。

(1)　Young urban residents may be meeting up less often in person these days, thanks to social-networking sites that (　　　) them keep in touch digitally.

　　a．let　　　　　b．urge　　　　　c．get　　　　　d．encourage

(2)　Young American people said they expected to use car-rental services in the future, but when (　　　) if owning a car would be an important status symbol, they were much more likely to answer "yes" than older consumers.

　　a．ask　　　　　b．asked　　　　　c．asking　　　　　d．to ask

(3)　The decade and a half through 2013 was unusual, because it saw a big rise in CO_2 emissions, which (　　　) up temperatures everywhere in the world and yet did not.

　　a．pushed　　　　　　　　　　b．had pushed
　　c．should push　　　　　　　　d．should have pushed

(4)　The community efforts that (　　　) rice shaped Japanese culture and identity.

　　a．demanded growing　　　　　b．were demanded growing
　　c．required to grow　　　　　　d．were required to grow

(5)　The map showed those countries already in TPP negotiations (　　　) in yellow.

　　a．color　　　　　b．colored　　　　　c．coloring　　　　　d．to color

(6)　The government has said that it may allow three expressways already under construction (　　　).

　　a．complete　　　　　　　　　b．completed
　　c．completing　　　　　　　　d．to be completed

(7)　Less than two percent of the population of Japan (　　　), a proportion far below that of other high-income countries.

　　a．is original from foreigners　　　　b．is of foreign origin

　　c．is origin from foreigners　　　　　d．originates of foreign countries

(8)　According to statistics, the English football team is worst at penalty shoot-outs, (　　) six losses out of seven contests in World Cup or European Championship tournaments.

　　a．with　　　　b．in　　　　c．at　　　　d．by

(9)　Between the churchyard and the marble fountains (　　) the shadow of the bell tower.

　　a．fall　　　　b．falls　　　　c．falling　　　　d．to fall

(10)　The audience (　　) the conference welcomed the famous scientist with great applause.

　　a．attend　　　b．attended　　　c．attending　　　d．have attended

解　説

空所補充

(1)　正解は　a

「デジタル上で連絡を取り合えるソーシャルネットワークのおかげで，最近，都市に住んでいる若者は直接人と会うことが少なくなってきているかもしれない」

a．「～させる，～させてやる」　　　b．「～を促す，～を勧める」

c．「～させる，～してもらう」　　　d．「～を励ます，～を勧める」

　　目的語の後にある動詞が原形であることから，let *A do* の形で「*A* に～させる，*A* に～させてやる」という意味で用いる a．let が正解となる。urge, get, encourage はいずれも目的格補語は to 不定詞の形となるので不適。

(2)　正解は　b

「アメリカの若者たちは，将来はレンタカーを借りるつもりだと言った。しかし，車を所有することは重要な社会的地位の象徴になるだろうかと尋ねられると，彼らは年配の消費者よりも『その通り』と回答する可能性がずっと高かった」

　　選択肢にある ask という動詞と，空所の後の if 節に注目すると，when に続くのは ask *A* if ～「*A* に～かどうかと尋ねる」という表現の受動態と考えられる。しかし，when の後に主語がないことから，副詞節の中の主語と be 動詞が省略されている形であると判断でき，b．asked が正解となる。

(3)　正解は　d

「その 10 年間と 2013 年半ばまでが異常であったが，それというのもその間は二酸化炭素排出量が大きく増加しており，そのために世界のあらゆる地域の気温が当然上昇したはずなのに，そうはならなかったからだ」

　　which は前文の内容を先行詞とする関係代名詞と考えられ，二酸化炭素排出量が大きく増加していれば，世界各地の気温が上昇していたはずであり，should have *done* の形で「当然～したはずだ」という意味になる d．should have pushed が正解となる。it saw a big rise の it は The decade and a half through 2013 という主語を受けたもので，この see は時代や場所が主語のとき「～を目撃する」という意味になる用法。

(4)　正解は　d

「米を栽培するのに必要とされた共同体の努力が，日本の文化と独自性を形成した」

　　選択肢から判断して空所には rice を目的語とする形の動詞が続いており，that は関係代名詞の主格だとわかる。先行詞の efforts「努力」は米を栽培するために必要とされるものであり，動詞は受動態のはずで，d．were required to grow が正解となる。b．were demanded growing は，demand という動詞を「～を要求する」という意味で用いる場合，目的語は to 不定詞であることから不適。

(5) 正解は b

「その地図は，すでに TPP の交渉中の国々を黄色で色づけして表示していた」

　　color はここでは「～に色をつける」という意味の他動詞で用いられており，空所の後には目的語がないことから受動態と判断できるので，過去分詞形の **b．colored** が正解となる。already in TPP negotiations「すでに TPP の交渉中で」は those countries を修飾する前置詞句。colored in yellow は，those countries が黄色で色づけされた状態であることを述べた部分。

(6) 正解は d

「政府はすでに工事中の３本の高速道路の完成が可能かもしれないと言っている」

　　allow はこの文では allow *A* to *do* の形で「*A* が～するのを可能にする」という意味で用いられている。*A* は to 不定詞の意味上の主語であり，complete「～を完成する」は他動詞なので受動態で用いるのが正しく，**d．to be completed** が正解。

(7) 正解は b

「日本の人口で外国生まれは２パーセント以下だが，その割合は他の高所得の国の割合よりはるかに低い」

　　be of ～ origin は「～生まれである，（人が）～の血を引いている」という意味の表現であり，**b．is of foreign origin** が正解となる。a の original は名詞だと「原型，原本」という意味だが定冠詞の the が必要で，形容詞だと「最初の，独創的な」などの意味があるが，限定用法で用いるので不適。d の originate は originate in ～ で「～に由来する，～から発生する」という意味があるが，ここでは不適。

(8) 正解は a

「統計によると，イギリスのサッカーチームはペナルティーキック戦では最悪で，ワールドカップやヨーロッパ選手権でも，７試合中６試合敗北している」

　　前置詞の with にはその場の状況的理由を述べて「～（という状況が存在する）ので，～の状態で」という意味をもつ用法があることから，**a．with** が正解となる。この with は名詞（または代名詞）の後に，形容詞・副詞・分詞（句）・前置詞句を伴って使用されることが多い。

(9) 正解は b

「教会の敷地と大理石の噴水の間に，鐘楼の影が落ちている」

　　文頭に Between the churchyard and the marble fountains という前置詞句が置かれたために，主語と動詞の位置が逆転する倒置形となっている。主語の the shadow は３人称単数形であることから，**b．falls** が正解となる。

(10) 正解は c

「会議に出席していた聴衆は，拍手喝采してその有名な科学者を迎え入れた」

　　welcomed がこの文の述語動詞であることから，（　　）the conference の部分は主語の The audience を修飾する分詞句だとわかる。attend は「～に出席する」

という意味のときは他動詞として用いるので，現在分詞形が正しい形であり，ｃ.
attending が正解となる。

(1)—a　(2)—b　(3)—d　(4)—d　(5)—b　(6)—d　(7)—b　(8)—a　(9)—b
(10)—c

39

目標解答時間 10分　**配点** 30点

次の英文（1～10）の空所に入れるのに最も適当なものを，それぞれ下記（a～d）の中から1つ選び，その記号をマークしなさい。

(1) As (　　　) as I know, he has never done such a terrible thing.
 a．soon b．long c．far d．much

(2) (　　　) a little more time, I could have met him then.
 a．Within b．With c．Give d．Take

(3) (　　　) from a distance, the mountain looks like Mt. Fuji.
 a．Views b．To view
 c．Having viewed d．Viewed

(4) The baseball game is supposed to start again as soon as it (　　　) raining.
 a．stops b．should stop c．will stop d．stopped

(5) No one will believe in you (　　　) you do.
 a．what b．however c．as d．whatever

(6) That was (　　　) the worst dish I had ever had.
 a．near by b．by far c．more d．very

(7) We can see tall buildings on (　　　) side of the river.
 a．other b．such c．either d．both

(8) The (　　　) half of the symphony was more beautiful than the former half.
 a．later b．late c．latter d．latest

(9) The plan which he suggested was (　　　) considering.
 a．worthy b．worth c．worthiness d．worthless

(10)　George never makes a compromise with anyone and (　　　).

　　　a．neither does Susie　　　　　　b．neither doesn't Susie

　　　c．so Susie does　　　　　　　　d．either does Susie

解 説

空所補充

(1)　**正解は c**

「私の知る限り，彼はそんなひどいことを決してしていない」

　　as（　　）as の形で接続詞の働きをして副詞節を作る表現のうち，文脈上適切なものを選ぶ問題。b の As long as と c の As far as はいずれも「〜する限り」という意味をもつが，As long as は時や条件「〜でさえあれば」を表すのに対し，As far as は範囲や程度を表し，文脈上も適切なので，c. far が正解となる。a の As soon as は「〜するやいなや，〜するとすぐ」，d の As much as は「〜ではあるけれども」という意味で，いずれも文意に合わない。

(2)　**正解は b**

「もう少し時間があったら，その時，彼に会うことができただろうに」

　　後半の I could have met him then は仮定法過去完了時制であり，空所を含む部分が条件節の役割をはたす前置詞句であると判断できる。選択肢の中で，b. With であれば，「〜があれば，〜があったのであれば」という意味になるので，これが正解。a. Within「〜以内に」は文脈上不適。c. Give や d. Take だと命令文の形になり，後続の文との間に接続詞が必要。c は Given の形であれば「〜が与えられれば」の意味となり，使用可能。

(3)　**正解は d**

「遠くから見ると，その山は富士山にそっくりだ」

　　接続詞がないという文構造から，空所を含む部分は to 不定詞句か，分詞構文だと判断できる。いずれの場合も意味上の主語は the mountain であり，view「〜を見る」という動詞は受動態で用いられるはずで，d. Viewed が正解となる。空所を含む部分は，When it（= the mountain）is viewed … が分詞構文となったもの。

(4)　**正解は a**

「その野球の試合は，雨が止み次第，再開することになっている」

　　as soon as S V「S が〜するとすぐに」は時を表す副詞節で，未来時制の文脈で用いる場合，節の中では単純未来の will は使わず，現在時制で代用するので，a. stops が正解となる。

(5)　**正解は d**

「君が何をしようと，誰も君のことを信用しないだろう」

　　No one … in you は完全な文なので，空所を含む部分は副詞節と考えられる。しかも後続の you do には目的語がないことから判断して，d. whatever であれば，関係代名詞として do の目的語になれるうえ，「何をしようとも」という譲歩の意味を表す副詞節としての用法があり，文脈上も適切なので，これが正解となる。

(6)　**正解は　b**

「あれは私がそれまで食べた中で最悪の料理だ」

　選択肢から見て，最上級の the worst の意味を強める表現を選ぶ問題だとわかる。最上級を強めることができるのは，「by far（あるいは much）the＋最上級」か，「the very＋最上級」であり，選択肢の中では b. by far が正解となる。

(7)　**正解は　c**

「私たちは川の両岸に高層ビルを見ることができる」

　「両側に，どちらの側にも」は on either side か on both sides で表すが，side が単数形なので c. either が正解となる。a. other は on the other side であれば「反対側」という意味になる。b. such では side の前に a が必要で，「川のこのような岸」という意味になり，文脈上でも不適。

(8)　**正解は　c**

「その交響曲の後半は前半よりもすばらしかった」

　文中の the former half「前半」という表現に注目すると，空所を含む部分は「後半」という意味だと判断できる。late の比較級は later, latter の 2 つあり，later は時間に関して「もっと遅い，より最近の」という意味であり，latter は順序に関して「後の」という意味になるので，c. latter が正解となる。

(9)　**正解は　b**

「彼が提案した計画は考慮するに値した」

　空所の後の considering という動名詞に注目すると，空所を含む部分が，be worth *doing*「～する価値がある」というイディオムであるとわかり，b. worth が正解となる。a の worthy は「～の価値がある」という意味では，この後に of が必要。

(10)　**正解は　a**

「ジョージは誰とも決して妥協しないし，スージーもそうだ」

　前文の否定文を受けて「S もまた～しない」という内容は，neither〔nor〕V S の形で表現し，V の位置には be 動詞か助動詞を用いる。問題文の前半は never を含むので否定文であり，a. neither does Susie が正解。前半が肯定文の場合，「スージーもそうだ」は，so does Susie となる。

(1)—c　(2)—b　(3)—d　(4)—a　(5)—d　(6)—b　(7)—c　(8)—c　(9)—b
(10)—a

40

目標解答時間 10 分　**配点** 30 点

次の英文（1 ～10）の空所に入れるのに最も適当なものを，それぞれ下記（a ～ d）の中から1つ選び，その記号をマークしなさい。

(1)　She knows that she is in a really tough situation (　　　) way she turns.
　　a．however　　　b．wherever　　　c．whichever　　　d．whoever

(2)　If my friend (　　　) the medicine last week, he would be over the flu by now.
　　a．take　　　　b．takes　　　　c．had taken　　　d．has taken

(3)　I subscribed to your magazine on July 18, but (　　　) received any issue as of today.
　　a．didn't　　　b．don't　　　　c．hadn't　　　　d．haven't

(4)　Under the present circumstances, we (　　　) afford the expense of sending our children to college.
　　a．can't　　　b．mustn't　　　c．needn't　　　d．shouldn't

(5)　Last year the company produced (　　　) cars than the year before.
　　a．fewer　　　b．fewest　　　c．less　　　　d．least

(6)　The amount of money (　　　) for books and magazines adds up to 50 % of my monthly income.
　　a．has spent　　b．spend　　　c．spending　　　d．spent

(7)　She was sitting on the bench with (　　　).
　　a．closed her eyes　　　　　b．closing her eyes
　　c．her closing eyes　　　　　d．her eyes closed

(8)　Keep the snack (　　　) their reach.
　　a．behind　　　b．beside　　　c．between　　　d．beyond

(9) She is a lawyer (   ) very little is known.

　　a．about whom　b．with whom　　c．in whom　　　　d．whom

(10) The woman is quite (   ) to the trouble of others.

　　a．incapable　　　b．incredible　　c．independent　　d．indifferent

解 説

空所補充

(1) **正解は c**

「どちらの方向に曲がっても，実に困難な状況にあることを彼女はわかっている」

　空所の後に way という名詞が続いていることから，名詞と結びついて接続詞の働きをすることのできる関係形容詞である c. whichever が正解となる。whichever way she turns は「彼女がどちらの方向に曲がっても」という譲歩を表す副詞節。

(2) **正解は c**

「もし私の友だちが先週薬を飲んでいたら，彼は今頃はもうインフルエンザから回復しているかもしれないのに」

　主節の would be という時制からこの文が仮定法だと気付く。by now「今頃はもう」という表現から，主節の部分は現在の状況に関して述べているので仮定法過去時制であるが，条件節は last week という語句から過去の行為だとわかるので仮定法過去完了時制にすべきであり，c. had taken が正解となる。

(3) **正解は d**

「7月18日にそちらの雑誌の購読を申し込んだのですが，今日現在，まだ一冊も届いていません」

　as of today は「今日現在，本日の時点で」という意味であり，現在の時点でまだ完了していない行為を表すので，現在完了時制にすべきであり，d. haven't が正解となる。

(4) **正解は a**

「現在の状況では，自分の子どもたちを大学へ行かせてやる費用をまかなう余裕がない」

　空所の後の afford という動詞に注目する。この動詞は can't afford 〜 で「〜を買うことはできない，〜に対する金銭的な余裕がない」という意味になり，文脈上適切なので，a. can't が正解となる。under the present circumstances「現在の状況の下では」

(5) **正解は a**

「昨年，その会社の車の生産数は，一昨年よりも少なかった」

　cars は可算名詞の car の複数形であり，不可算名詞が続く c. less や d. least は不適。than が用いられていることから比較級を用いるべきなので，a. fewer が正解となる。

(6) **正解は d**

「本と雑誌に費やされるお金の総額は，私の月収の50％になる」

この文の主語は The amount of money，述語動詞は adds up to ～「総額～になる」である。よって空所に入る動詞は主語を形容詞的に修飾することのできる分詞であると考えられる。spend「～を費やす」という動詞からすれば money は本来目的語なので「費やされた」という意味の過去分詞形を使用すればよく，d. spent が正解となる。

(7) **正解は d**

「彼女は目を閉じてベンチに座っていた」

with *A* ＋現在分詞で「*A* が～して」，with *A* ＋過去分詞で「*A* を～して」という付帯状況を表す with の用法。her eyes は本来 close「～を閉じる」の目的語であったと考えられるので，過去分詞形を用いている d. her eyes closed が正解となる。

(8) **正解は d**

「お菓子を彼らの手の届かないところに置いて下さい」

beyond *one's* reach で「～の手の届かないところに」という意味のイディオムとなる d. beyond が正解。

(9) **正解は a**

「彼女はほとんど素性が知られていない弁護士だ」

空所の後には lawyer「弁護士」を先行詞とする関係代名詞節が続いている。元の文が Very little is known about her.「彼女についてはほとんど知られていない」という受動態の文であることに気付けば，her が関係代名詞の whom となり，前置詞の about と共に文頭に置かれた節だとわかり，a. about whom が正解となる。

(10) **正解は d**

「その女性は，他人の悩みにはまったく無関心だ」

a.「～できない」　　　　　　　b.「信じがたい，途方もない」
c.「独立した，自立した」　　　d.「無関心な」

空所の後の to に注目すると，be indifferent to ～ で「～に無関心である」という表現であると判断でき，d. indifferent が正解となる。

(1)—c　(2)—c　(3)—d　(4)—a　(5)—a　(6)—d　(7)—d　(8)—d　(9)—a
(10)—d

語句整序

41 2022年度　学部個別日程2月4日実施分　〔V-A〕

目標解答時間 5分　**配点** 12点

次の日本文（1，2）に相当する意味になるように，それぞれ下記（a～h）の語句を並べ替えて正しい英文を完成させたとき，並べ替えた語句の最初から2番目と6番目に来るものの記号をマークしなさい。

⑴　書面に書いておかないと，彼のするどんな約束も法的強制力はないかもしれない。
　　If you don't（　　　）enforceable.
　　a．be　　　　　　　b．promises　　c．in writing　　d．he
　　e．makes　　　　　f．any　　　　　g．might not　　h．get it

⑵　逮捕されたその二人がその後どうなったか，詳しいことは分からない。
　　No（　　　）afterward.
　　a．became　　　　　　　　　b．one
　　c．what　　　　　　　　　　d．arrested
　　e．of　　　　　　　　　　　f．knows exactly
　　g．the two　　　　　　　　　h．men

解　説

語句整序

⑴　（2番目）―c　（6番目）―e

If you don't (get it **in writing** any promises he **makes** might not be) enforceable.

　　まず，「書面に書いておかないと」という条件節の部分だが，don't に続く動詞としては一般動詞の原形である h．get it しかなく，「書面に」にあたる c．in writing がこの後に続く。「彼のするどんな約束も」という主語にあたる部分は，any promises「どんな約束も」を「彼のする」という部分が，目的格の関係代名詞が省略された節の形で修飾しているとわかれば，any promises he makes というつながりがわかる。あとは述語動詞部分にあたる might not be を続けるとよく，2番目は c．in writing，6番目は e．makes となる。

⑵　（2番目）―f　（6番目）―g

No (one **knows exactly** what became of **the two** arrested men) afterward.

　　文の構造としては，「詳しいことは分からない」という部分を No one knows exactly「誰も～のことを詳しく分かっていない」と考え，「逮捕された二人がその後どうなったか」という部分を，疑問詞節の形で，knows の目的語としてその後に続けることになる。「～はどうなったのか？」は What became of ～? という慣用表現であることに気づけば，the two arrested men「逮捕された二人」をその後に続ければよいとわかる。したがって，2番目は f．knows exactly，6番目は g．the two となる。なお，the two men arrested という語順も考えられるが，この場合，「後で逮捕された二人」という意味に解される。

⑴（2番目）―c　（6番目）―e　⑵（2番目）―f　（6番目）―g

42

目標解答時間　5分　**配点**　10点

　　次の日本文（1，2）に相当する意味になるように，それぞれ下記（a～h）の語を並べ替えて正しい英文を完成させたとき，並べ替えた語の最初から3番目と7番目に来るものの記号をマークしなさい。

(1)　私達がたまたま知り合うことになったいきさつはこうです。

　　Here is（　　　）each other.

　　a．to　　　　　　　　b．happened　　　c．how　　　　　d．know

　　e．we　　　　　　　　f．got　　　　　　g．that　　　　　h．it

(2)　驚いたことに，なぜその事故が起こったのかほとんど分かっていない。

　　Surprisingly,（　　　）accident.

　　a．is　　　　　　　　b．about　　　　　c．little　　　　d．known

　　e．the　　　　　　　f．to　　　　　　g．led　　　　　h．what

解 説

語句整序

(1) （3番目）—b （7番目）—a ────────────────

Here is (how it **happened** that we got **to** know) each other.

「～はこうです」が，Here is の後に「私達がたまたま知り合うことになったいきさつ」という名詞節が続く形となっている。この名詞節を「どのようにして私達がたまたま知り合うことになったか」と考えて表現している点を見抜くのがポイント。また，「たまたま～する」は happen to *do* の形か，it happens that ～ の形で表現できるが，選択肢から後者だとわかる。「～することになる」は get to *do* というイディオムの形で表現し，「知り合う」は know each other と表現されているとわかれば，3番目は b．happened，7番目は a．to となる。

(2) （3番目）—d （7番目）—f ────────────────

Surprisingly, (little is **known** about what led **to** the) accident.

「～についてはほとんど分っていない」を，選択肢にある語から判断して，否定の意味を持つ代名詞 little「ほとんど～ない」が主語の受動態にすればよいと気づくかどうかがポイント。about という前置詞の後に「なぜその事故が起こったのか」という疑問詞節が続くが，この部分も，選択肢にある語から判断して，「何がその事故につながったか」と考え，what led to the accident とする。したがって，3番目は d．known，7番目は f．to となる。

（1）（3番目）—b （7番目)—a　　（2）（3番目）—d （7番目）—f　　**解 答**

43

目標解答時間　5分　**配点**　12点

　　次の日本文（1，2）に相当する意味になるように，それぞれ下記（a～h）の語を並べ替えて正しい英文を完成させたとき，並べ替えた語の最初から2番目と7番目に来る語の記号をマークしなさい。

(1)　学校は，全員がオンライン授業についていくのを助けるための支援を提供すると約束した。

　　The school promised to（　　　）the online lessons.

a．with	b．help	c．keep	d．provide
e．up	f．to	g．support	h．everyone

(2)　その研究は，意味や意図を理解するのに私たちが顔の表情に頼れることを示している。

　　The research shows that we（　　　）and intention.

a．understand	b．facial	c．meaning	d．on
e．can	f．rely	g．expressions	h．to

解 説

語句整序

⑴ （2番目）－g　（7番目）－e ─────────────────────────

The school promised to (provide **support** to help everyone keep **up** with) the online lessons.

　promised to の後には「支援を提供する」を意味する provide support が続く。「全員がオンライン授業についていくのを助けるための」という部分は，この support を to 不定詞の形で後置修飾する形。「A（人）が～するのを助ける」は help A (to) do となり，この英文では to は省略されている。「～についていく」は keep up with ～ というイディオムで表現できることから，support 以下は to help everyone keep up with (the online lessons) という語順で，2番目は g. support，7番目は e. up となる。

⑵ （2番目）－f　（7番目）－a ─────────────────────────

The research shows that we (can **rely** on facial expressions to **understand** meaning) and intention.

　that 節の主語である we の後に続くのは「顔の表情に頼れる」という部分であり，「～に頼る」は rely on ～ というイディオムで表現できることから，can rely on facial expressions となる。「意味や意図を理解するのに」という部分は，目的を表す to 不定詞の形でこの後に続ければよく，to understand meaning (and intention) となる。したがって，2番目は f. rely，7番目は a. understand となる。

⑴ （2番目）－g　（7番目）－e　⑵ （2番目）－f　（7番目）－a

解答

44

目標解答時間　5 分　**配点**　12 点

　次の日本文（1，2）に相当する意味になるように，それぞれ下記（a～h）の語を並べ替えて正しい英文を完成させたとき，並べ替えた語の最初から 4 番目と 7 番目に来るものの記号をマークしなさい。

(1)　この手紙を航空便でアメリカに郵送してもらいたい。

　　I would like to (　　　) airmail.

a．this	b．U.S.	c．the	d．letter
e．to	f．by	g．have	h．sent

(2)　図書館から借りていた 2 冊の本を昨日なくしてしまった。

　　Yesterday I (　　　) the library.

a．lost	b．that	c．from	d．had
e．I	f．two	g．borrowed	h．books

解　説

語句整序

(1)　（4番目）－h　（7番目）－b ──────────────

I would like to (have this letter **sent** to the **U.S.** by) airmail.

　「この手紙をアメリカに郵送してもらいたい」という問題文から，have を have *A done* の形で「*A* を〜してもらう，*A* を〜される」という意味の使役動詞として用いることに気づけば，have this letter sent to the U.S. という語順がわかる。空所の後の airmail という語から，by airmail「航空便で」というつながりがわかり，4番目は h．sent，7番目は b．U.S. となる。

(2)　（4番目）－b　（7番目）－g ──────────────

Yesterday I (lost two books **that** I had **borrowed** from) the library.

　yesterday のように過去のある時点を表す語は過去時制で用いるので，I の後は過去形の lost が続く。「〜から借りていた」という部分は「2冊の本」を先行詞とする関係代名詞節の部分と考えられるので，two books の後に，that を関係代名詞として用いて，I had borrowed from と続ければよい。「借りていた」という部分は，本をなくすよりも前のことなので，ここが過去完了時制になり，4番目は b．that，7番目は g．borrowed となる。

(1)（4番目）－h　（7番目）－b　　(2)（4番目）－b　（7番目）－g　　**解答**

45

目標解答時間　5 分　**配点**　16 点

　次の日本文（1，2）に相当する意味になるように，それぞれ下記（a～h）の語句を並べ替えて正しい英文を完成させたとき，並べ替えた語句の最初から 2 番目と 6 番目に来るものの記号をマークしなさい。

(1)　緊急の場合に備えて何をすべきかを考慮しておいた方がよい。

　　We had better （　　　） emergency.

　　a．an　　　　　　b．do　　　　　　c．in　　　　　　d．consider
　　e．to　　　　　　f．of　　　　　　g．case　　　　　h．what

(2)　互いに足りないところを補い合って協力していきましょう。

　　Let's work together （　　　） other's weaknesses.

　　a．each　　　　　b．can　　　　　c．for　　　　　d．that
　　e．up　　　　　　f．we　　　　　g．so　　　　　h．make

解 説

語句整序

(1) （2番目）－h （6番目）－g ─────────────

We had better (consider **what** to do in **case** of an) emergency.

　「何をすべきか」を「疑問詞＋to 不定詞」の形で表して what to do とすると，これが consider「～を考慮する」の目的語となる。「緊急の場合に備えて」という部分は，in case of ～「～の場合に備えて，もし～の場合」というイディオムを用いて，このあとに an emergency「緊急事態」を続けるとよく，2番目は h. what，6番目は g. case となる。

(2) （2番目）－d （6番目）－e ─────────────

Let's work together (so **that** we can make **up** for each) other's weaknesses.

　選択肢にある単語をよく見て，問題文の日本語を「互いの弱点を補い合えるように協力しましょう」と読み替えて考える必要がある。so that S can *do*「S が～できるように」という目的を表す節と，make up for ～「～の埋め合わせをする，～を補う」というイディオムを見つけることができれば正解に至るだろう。2番目は d. that，6番目は e. up となる。

(1) （2番目）－h （6番目）－g　(2) （2番目）－d （6番目）－e 　解答

46

目標解答時間 10分　**配点** 30点

　次の日本文（1～5）に相当する意味になるように，それぞれ下記（a～h）の語句を並べ替えて正しい英文を完成させたとき，並べ替えた語句の最初から2番目と6番目に来るものの記号をマークしなさい。

⑴　私は，あなたが免許証を持たずに運転してしまうほどばかな真似はしないと思っていた。

　　I thought（　　　）a license.

a．better　　　　b．drive　　　　c．know　　　　d．than

e．to　　　　　　f．without　　　g．would　　　h．you

⑵　今週末までに報告書を提出していただけますか。

　　Would（　　　）of this week ?

a．by　　　　　　b．end　　　　　c．mind　　　　d．report

e．submitting　　f．the　　　　　g．you　　　　h．your

⑶　ヘッドホンを持っていないなら，他の人に迷惑をかけないように音を小さくして下さい。

　　If you don't have any headphones with you, please（　　　　）.

a．as　　　　　　b．avoid　　　　c．disturbing　d．others

e．so　　　　　　f．the volume　 g．to　　　　　h．turn down

⑷　私が駅に着くとすぐに列車が発車してしまった。

　　No（　　　）the train left.

a．arrived　　　 b．at　　　　　 c．had　　　　　d．I

e．sooner　　　　f．station　　　 g．than　　　　h．the

⑸　どうぞ遠慮なく新しいパソコン用の割引優待券を利用してください。

　　Please do not（　　　　）for new computers.

a．advantage　　b．coupons　　　c．discount　　d．hesitate

e．of　　　　　　f．our　　　　　g．take　　　　h．to

解　説

語句整序

(1)　（2番目）－g　（6番目）－e ──────────────────

I thought (you **would** know better than **to** drive without) a license.

　　know better than to *do* で「〜するようなばかではない」という意味のイディオムであることに気づけば，後は，drive without a license「無免許運転をする」と続くことがわかる。2番目はg. would，6番目はe. to となる。

(2)　（2番目）－c　（6番目）－a ──────────────────

Would (you **mind** submitting your report **by** the end) of this week?

　　Would you mind *doing*? の形が「〜していただけませんか」という丁寧な依頼を表す表現であることに気づけば，後は「〜の末までに」を by the end of 〜 となるようにつなぐとよい。2番目はc. mind，6番目はa. by となる。

(3)　（2番目）－f　（6番目）－b ──────────────────

If you don't have any headphones with you, please (turn down **the volume** so as to **avoid** disturbing others).

　　turn down 〜 で「〜（の音量など）を下げる」という意味のイディオムであることに気づけば，この後に the volume が続くとわかる。so as to *do*「〜するために」は目的を表すイディオムであることから，この後に動詞の原形である avoid「〜を避ける，〜しない」を置き，その後に avoid の目的語となる動名詞形の disturbing を置くとよい。others は disturbing の目的語。2番目はf. the volume，6番目はb. avoid となる。

(4)　（2番目）－c　（6番目）－h ──────────────────

No (sooner **had** I arrived at **the** station than) the train left.

　　No sooner 〜 than … は「〜するとすぐに…」という構文となっている点に注目する。No sooner の後は，過去完了時制だが，否定語が文頭にあるために，had が主語の前に来る倒置形となる点に注意が必要。2番目はc. had，6番目はh. the となる。

(5)　（2番目）－h　（6番目）－f ──────────────────

Please do not (hesitate **to** take advantage of **our** discount coupons) for new computers.

　　do not hesitate to *do*「遠慮なく〜する」と，take advantage of 〜「〜を利用する」という2つのイディオムに気づく必要がある。discount coupons「割引クーポン，割引優待券」は discount という名詞が，次の名詞を修飾する用法。2番目はh. to，6番目はf. our となる。

(1)（2番目）−g　（6番目）−e　　(2)（2番目）−c　（6番目）−a

(3)（2番目）−f　（6番目）−b　　(4)（2番目）−c　（6番目）−h

(5)（2番目）−h　（6番目）−f

47

目標解答時間 10 分　**配点** 30 点

次の日本文（1〜5）に相当する意味になるように，それぞれ下記（a〜h）の語句を並べ替えて正しい英文を完成させたとき，並べ替えた語句の最初から 2 番目と 6 番目に来るものの記号をマークしなさい。

⑴　実際のところ，英語を一年で習得するのはとても難しい。

Actually, (　　　) a year.

a．difficult	b．English	c．in	d．is
e．it	f．master	g．to	h．very

⑵　最初の質問は，次の質問と関係がなさそうだ。

It seems that the (　　　) one.

a．first	b．has	c．next	d．no
e．question	f．relation	g．the	h．to

⑶　もうそろそろ新しい靴を買わないといけない。

It is (　　　) new shoes.

a．a	b．bought	c．high	d．I
e．of	f．pair	g．that	h．time

⑷　明日，とても素敵だと思っている女の子とデートをするんだ。

Tomorrow, I will have a date (　　　) sweet.

a．a	b．believe	c．girl	d．I
e．is	f．very	g．who	h．with

⑸　お母さんが健康を取り戻すまで，きみは誰かに一緒にいてもらうべきだね。

You should (　　　) gets her health back.

a．have	b．mother	c．someone	d．stay
e．until	f．with	g．you	h．your

解説

語句整序

(1)（2番目）— d　（6番目）— f

Actually, (it is very difficult to master English in) a year.

　形式主語構文であり，it が to master English in a year という真主語を受けた形。in a year は「一年で」という意味の前置詞句。2番目は d．is，6番目は f．master となる。

(2)（2番目）— e　（6番目）— h

It seems that the (first question has no relation to the next) one.

　have no relation to ～「～とは関係がない」というイディオムを見抜く必要がある。the first question「最初の質問」を受けて，「次の質問」が the next one というように代名詞の one を用いる点に注意する。この one は省略することも可能。2番目は e．question，6番目は h．to となる。

(3)（2番目）— h　（6番目）— a

It is (high time that I bought a pair of) new shoes.

　It is high〔about〕time〔that〕S V（仮定法過去時制）は「もうSが～する（～しなければならない）時間だ，もうSが～すべき頃だ」という意味の構文となっている。靴のように2つでセットになるものは a pair of ～ のように pair を用いて数える。2番目は h．time，6番目は a．a となる。

(4)（2番目）— a　（6番目）— b

Tomorrow, I will have a date (with a girl who I believe is very) sweet.

　まず，have a date with a girl「女の子とデートする」をつなぐ。「（私が）とても素敵だと思っている女の子」は I believe a girl is very sweet という文の a girl が先行詞となり，それを関係代名詞節で修飾する形になる。a girl は believe の目的語である that の省かれた名詞節の主語であり，関係代名詞は主格を用いる点がポイント。2番目は a．a，6番目は b．believe となる。

(5)（2番目）— c　（6番目）— e

You should (have someone stay with you until your mother) gets her health back.

　「誰かに（きみと）一緒にいてもらう」という表現は，使役動詞の have を用いて，have someone stay with you となる点がポイント。2番目は c．someone，6番目は e．until となる。

---

(1)（2番目）— d　（6番目）— f　　(2)（2番目）— e　（6番目）— h
(3)（2番目）— h　（6番目）— a　　(4)（2番目）— a　（6番目）— b
(5)（2番目）— c　（6番目）— e

解　答

48

目標解答時間　10 分　**配点**　30 点

次の日本文（1 ～ 5）に相当する意味になるように，それぞれ下記（a ～ h）の語句を並べ替えて正しい英文を完成させたとき，並べ替えた語句の最初から 3 番目と 7 番目に来るものの記号をマークしなさい。

⑴　平凡な日常生活の中にも，意外な発見をして驚くことが私にはよくあります。

I am often（　　　）life.

a．my　　　　　b．discovery　　　c．to　　　　　　d．surprised
e．make　　　　f．even in　　　　g．uneventful　　h．an unexpected

⑵　最近鉄道事故が相次ぎ，関係者達の気のゆるみが批判されている。

Recently railway accidents have happened one after another,（　　　　）.

a．been　　　　　b．concerned　　c．criticized　　d．has
e．carelessness of　f．and　　　　g．the　　　　　h．those

⑶　手足を上下に動かすだけで立派な運動になるので，その気なら誰にでもできる。

It（　　　　）hands and feet move up and down, which anybody can do if one wishes.

a．a good　　　b．be　　　　　c．exercise　　　d．if only
e．let　　　　　f．will　　　　g．you　　　　　h．your

⑷　彼女は学生時代にはよく旅行したが，今の会社に勤めるようになってからは，一度も旅に出たことはない。

She often traveled in her student days, but（　　　　）in her company.

a．all　　　　　b．began　　　　c．chance at　　d．has had
e．no　　　　　f．she　　　　　g．since she　　h．to work

⑸　自然について語っている多くの人たちのことばを読むと，それを賛美したものがほとんどである。

When（　　　　）nature, you will find them admiring it in most cases.

a．many　　　　b．people　　　c．are　　　　　d．about
e．read　　　　f．saying　　　g．what　　　　h．you

解 説

語句整序

⑴ （3番目）－e （7番目）－a ─────────────────

I am often (surprised to **make** an unexpected discovery even in **my** uneventful) life.

　I am often surprised の後には，驚きの原因を表す「意外な発見をして」という部分が to 不定詞の形で続く。また，「意外な発見」にあたる an unexpected discovery という名詞は，動詞の make の後に続く。「平凡な日常生活の中にも」は「平凡な生活の中でさえ」と考えると，even in を my uneventful life の前に置けばよいことがわかる。3番目は e . make，7番目は a . my となる。

⑵ （3番目）－e （7番目）－a ─────────────────

Recently railway accidents have happened one after another, (and the **carelessness of** those concerned has **been** criticized).

　空所の最初は2つの文をつなぐための接続詞の and が入る。「関係者達の気のゆるみ」という部分は，「関係者」を those concerned とつなげるかどうかがポイント。この those は「人々」という意味の代名詞だが，代名詞の that や those はその前に形容詞を置くことはできないので，concerned「関係している」という過去分詞も後ろから修飾する形となっている。「批判されている」は現在完了時制の受動態で，主語は the carelessness「不注意，気のゆるみ」なので，has been criticized と続く。3番目は e . carelessness of，7番目は a . been となる。

⑶ （3番目）－a （7番目）－e ─────────────────

It (will be **a good** exercise if only you **let** your) hands and feet move up and down, which anybody can do if one wishes.

　問題の日本文を「たとえあなたが手足を上下に動かすだけでも，それは立派な運動になるだろう」と解釈するとわかりやすい。if only はここでは「たとえ～するだけでも」という意味で，文頭の It は if only 以下の節の内容を受けたもの。使役動詞の let は let A do の形で用いるので，「手足を動かす」という部分は let A move の語順になるようにすればよい。3番目は a . a good，7番目は e . let となる。

⑷ （3番目）－e （7番目）－b ─────────────────

She often traveled in her student days, but (she has had **no** chance at all since she **began** to work) in her company.

　but の後の主節は「（彼女は）一度も旅に出たことはない」という部分なので，まずこの部分から始める。since S V「Sが～してからは」という副詞節があるために，she has had というように現在完了時制となっている。「一度も旅に出たことはない」は「（旅の）機会がまったくなかった」と考えるが，has had の部分が否

定形ではないので，目的語の部分を no chance at all というように続ければよいことがわかる。since の後は過去時制を用いるので「勤めるようになってからは」という部分は since she began to work と表現する。3番目は e. no，7番目は b. began となる。

(5) （3番目）－g （7番目）－f ―――――――――――――――――

When (you read **what** many people are **saying** about) nature, you will find them admiring it in most cases.

　選択肢にある関係代名詞として使える what に注目して，「自然について語っている多くの人たちのことば」という部分を「多くの人たちが自然について語っていること」と考えて，what many people are saying about nature と表現する点がポイントとなる。この名詞節が read の目的語となっており，3番目は g. what，7番目は f. saying となる。

―――――――――――――――――――――――――――――――――――

(1) （3番目）－e　（7番目）－a　　(2) （3番目）－e　（7番目）－a
(3) （3番目）－a　（7番目）－e　　(4) （3番目）－e　（7番目）－b
(5) （3番目）－g　（7番目）－f

49

目標解答時間　10 分　配点　16 点

　　次の日本文（1～4）に相当する意味になるように，それぞれ下記（a～g）の語群を並び替えて正しい英文を完成させたとき，並び替えた語群の最初から4番目と6番目に来るものの記号をマークしなさい。

⑴　人びとは，日々の暮らしにおいて，新しい科学技術の恩恵を多く享受している。

　　People（　　　　）their daily lives.

　　a．brings　　　　b．benefits　　　　c．enjoy　　　　d．many

　　e．new　　　　f．technology　　　　g．to

⑵　天然ガスは，今後数十年におけるエネルギー需要の高まりに対応するうえで，ますます重要な役割を担うことになるだろう。

　　Natural gas will（　　　　）the growing demand for energy in the coming decades.

　　a．an　　　　b．crucial　　　　c．in　　　　d．increasingly

　　e．meeting　　　　f．role　　　　g．play

⑶　法律は「疑わしきは罰せず」と定めている。

　　The law（　　　　）guilty.

　　a．are　　　　b．innocent　　　　c．people　　　　d．provides

　　e．proven　　　　f．that　　　　g．until

⑷　7 月 10 日予定の年次大会について，確認したくお電話しています。

　　I'm calling to（　　　　）is scheduled for July 10th.

　　a．annual　　　　b．conference　　　　c．of　　　　d．remind

　　e．the　　　　f．which　　　　g．you

解 説

語句整序

(1) （4番目）－e　（6番目）－a ───────────────────

People (enjoy many benefits **new** technology **brings** to) their daily lives.

　「新しい科学技術の恩恵を多く」という部分を，「新しい科学技術がもたらす多くの恩恵」と解釈する点がポイント。many benefits「多くの恩恵」を先行詞，「新しい科学技術がもたらす」を関係代名詞の目的格が省略された関係代名詞節として，many benefits (which) new technology brings とつなぐ。4番目はe．new，6番目はa．brings となる。

(2) （4番目）－b　（6番目）－c ───────────────────

Natural gas will (play an increasingly **crucial** role **in** meeting) the growing demand for energy in the coming decades.

　play a role「役割をはたす」と，in *doing*「～する際に」というイディオムの存在に気づくことがポイント。increasingly crucial「ますます重要な」を，role の前に修飾語句として加える。meet には「～（必要など）を満たす，～に対応する」という意味がある点にも注意。4番目はb．crucial，6番目はc．in となる。

(3) （4番目）－a　（6番目）－g ───────────────────

The law (provides that people **are** innocent **until** proven) guilty.

　The law という3人称単数形の主語から判断して述語動詞が provides である点と，接続詞の until の後に，主語と be 動詞が省略されており，過去分詞の proven が続くという点に気づくことがポイント。provide「～と定める」の目的語は that 節で，その節の主語が people である。4番目はa．are，6番目はg．until となる。

(4) （4番目）－e　（6番目）－b ───────────────────

I'm calling to (remind you of **the** annual **conference** which) is scheduled for July 10th.

　remind *A* of *B*「*A*（人）に *B* のことを思い出させる」というイディオムの存在に気づいて，「年次大会について，確認したく」という部分を「あなたに年次大会のことを思い出させるために」と解釈できるかがポイント。4番目はe．the，6番目はb．conference となる。be scheduled for ～「～に予定されている」

---

(1) （4番目）－e　（6番目）－a　　(2) （4番目）－b　（6番目）－c
(3) （4番目）－a　（6番目）－g　　(4) （4番目）－e　（6番目）－b

50

目標解答時間 10分　**配点** 30点

次の日本文（1～5）に相当する意味になるように，それぞれ下記（a～i）の語群を並べ替えて正しい英文を完成させたとき，並べ替えた語群の最初から4番目と8番目に来るものの記号をマークしなさい。

(1) 世の中は，その向こうに多くのチャンスを見いだすことができる扉で満ちている。

The world（　　　）many opportunities.

a．doors　　　b．which　　c．find　　　d．can　　　　e．through
f．full　　　　g．we　　　h．of　　　i．is

(2) ジェームズが運営する移動図書館は，ただのトラックではない。太陽光発電を使ったハイテク図書館なのである。

The（　　　）; it is a solar-powered high-tech library.

a．runs　　　b．than　　c．library　　d．is　　　　e．James
f．a truck　　g．mobile　h．more　　i．that

(3) 少し考えてみれば，それはうまくいかないとわかるだろう。

A（　　　）won't work.

a．would　　b．it　　　c．lead　　　d．moment's　e．to
f．realize　　g．you　　h．that　　i．reflection

(4) 哲学者というものは，他の誰もが当たり前だと思っていることに問いを発する人たちである。

Philosophers are the ones who（　　　）.

a．questions　b．everyone　c．ask　　　d．things　　e．takes
f．about　　　g．else　　　h．granted　i．for

(5) もし私たちが自分のしなければならないことを愛するようになれば，人生の質は格段に良くなるだろう。

Our quality of life（　　　）we have to do.

a．learn　　b．greatly　　c．improve　d．what　　e．will
f．love　　　g．if　　　　h．to　　　i．we

解 説

語句整序

(1) （4番目）－a　（8番目）－d

The world (is full of **doors** through which we **can** find) many opportunities.

　主節は「世の中は扉で満ちている」であり，「その向こうに多くのチャンスを見いだすことができる」という部分が「扉」を先行詞とする関係代名詞節という形。主節の中には be full of ～「～で満ちている」というイディオムがある。関係代名詞節の元の形は we can find many opportunities through the doors であり，この the doors が関係代名詞の which となり，前置詞の through と共に節の先頭に移動している。4番目は a．doors，8番目は d．can となる。

(2) （4番目）－e　（8番目）－b

The (mobile library that **James** runs is more **than** a truck) ; it is a solar-powered high-tech library.

　「移動図書館」は The mobile library であり，これを「ジェームズが運営する」という部分にあたる，that が導く関係代名詞節が修飾している。runs が「～を運営〔経営〕する」という意味で用いられている点に注意する。この後に「ただのトラックではない」という述部が続くが，more than ～ には「単に～にとどまらない」という意味があることに気づけば，述部は is more than a truck となることがわかる。4番目は e．James，8番目は b．than となる。

(3) （4番目）－c　（8番目）－h

A (moment's reflection would **lead** you to realize **that** it) won't work.

　文頭のAに注目すると，「少し考えてみれば」を A moment's reflection「一瞬の熟考」と表現して，これを主語とする無生物主語構文を作ればよいことがわかる。lead には lead A to do「A を～する気にさせる」という用法があるが，無生物主語で用いるとSが原因や条件を表し，to 不定詞が結果としての行為を表す形になる。realize that S V は「SがVであることがわかる」という意味であり，この realize が to 不定詞で用いられていることがわかる。4番目は c．lead，8番目は h．that となる。

(4) （4番目）－d　（8番目）－i

Philosophers are the ones who (ask questions about **things** everyone else takes **for** granted).

　「～について問いを発する」は ask questions about ～ となり，この後に「こと」にあたる things が続き，その things を先行詞とする関係代名詞節の形で「他の誰もが当たり前だと思っている」という部分が続く。take A for granted「A を当たり前と思う」というイディオムに気づけば，everyone else takes things for granted

302 第 2 章

という文ができ，things が関係代名詞の目的格となって節の先頭に出て，さらに
それが省略された形とわかる。4番目は d．things，8番目は i．for となる。

⑸ （4番目）— g　（8番目）— f ─────────────────────────

Our quality of life (will greatly improve if we learn to **love** what) we have to do.
　　助動詞の will は条件を表す副詞節の if 節では用いることができないので，主節
に用いる。「格段に良くなる」は「大いに改善する」と考えると greatly improve
または improve greatly となる。「～するようになる」は learn to *do* で表す。love
の目的語が what で始まる名詞節。4番目は g．if，8番目は f．love となる。

⑴ （4番目）— a　（8番目）— d　　⑵ （4番目）— e　（8番目）— b
⑶ （4番目）— c　（8番目）— h　　⑷ （4番目）— d　（8番目）— i
⑸ （4番目）— g　（8番目）— f

第3章

会話文

51

目標解答時間 15分 **配点** 30点

次の会話文を読み，空所（1〜10）に入れるのに最も適当なものを，それぞれ下記
（a〜d）の中から1つ選び，その記号をマークしなさい。

Yuna is sitting on a bench on campus with her laptop open.

Andrew : Hi, Yuna. What are you doing here?

Yuna   : Hi, Andy! Well, I'm just browsing pictures of rooms online.

Andrew : Pictures of rooms? （ 1 ）

5 *Yuna*   : Because I want to reorganize my room and am looking for ideas. I
don't like my room as it is. You stay in your room longer than
before （ 2 ） online learning, you know?

Andrew : Yeah, I bought a big chair to （ 3 ） my back.

Yuna   : Did you? I bought a big seat cushion too. （ 4 ） such comfort, I
10   hate my room because I feel it's messy. Someone told me that our
rooms reflect ourselves. I'm not a messy person, so I want to
change my room to reflect my real self.

Andrew : Wow, （ 5 ）.

Yuna   : What's your room like?

15 *Andrew* : My room? Quite ordinary—I have a lot of books （ 6 ）.

Yuna   : That exactly reflects you! You love learning and you're full of
knowledge.

Andrew : （ 7 ） I just like reading books. What's your room like at the
moment?

20 *Yuna*   : My room is a traditional Tatami room. I laid a Turkish rug on the
Tatami, and put a Swedish table and chair on the rug as my work
place. It has a Chinese table lamp on it. And there is a French
antique chest and a light by the wall.

Andrew : Sounds so beautiful. It seems like your room reflects you too!

25 *Yuna*   : （ 8 ）

Andrew : Well, you are a world citizen. You live in Japan, study the
educational system in Sweden, love Korean pop music, and you are
a martial arts expert too. You have visited many places in Europe
and Asia. You speak English and Chinese fluently. You often chat

with friends in Africa after you attended that global exchange ³⁰
online last year.

Yuna　　: So, you think that my room is not messy but a reflection of my (
　　　　　9　) identity?

Andrew : Exactly.

Yuna　　: Suddenly I feel (　10　) my room. Thanks, Andy! ³⁵

Andrew : No problem!

(1)　a．Good for you!　　　　　　　b．Aren't you?
　　　c．For what?　　　　　　　　d．I love it!

(2)　a．in order to　　　　　　　　b．due to
　　　c．aside from　　　　　　　　d．rather than

(3)　a．no damages　　　　　　　　b．better support
　　　c．have repaired　　　　　　　d．curing

(4)　a．Despite　　　　　　　　　　b．According to
　　　c．In addition　　　　　　　　d．What is called

(5)　a．let's go get a drink
　　　b．let's call it a day today
　　　c．you made my day
　　　d．that sounds like a big project

(6)　a．though　　　　　　　　　　b．in spite of
　　　c．as you like　　　　　　　　d．ever

(7)　a．Rise and shine!　　　　　　　b．Tastes good!
　　　c．No way!　　　　　　　　　d．Go for it!

(8)　a．May I have your name?
　　　b．Keep your fingers crossed!
　　　c．This way, please?
　　　d．In what way?

(9) a．globalized   b．national
     c．selfish   d．domestic

(10) a．sick of   b．proud of
      c．as of   d．weary of

全訳

≪部屋の模様替え≫

　ユナは自分のラップトップコンピュータを開いたまま，キャンパスのベンチに座っている。

アンドルー：やあ，ユナ。ここで何をしているんだい？

ユナ　　　：こんにちは，アンディ！　えぇーと，オンラインで，部屋の画像をちょっと検索しているの。

アンドルー：部屋の画像だって？　なんのために？

ユナ　　　：部屋の模様替えをしたくって，アイデアを探しているからなの。今の状態の部屋はイヤなの。オンライン学習のおかげで，これまで以上に長く部屋の中にいるでしょ？

アンドルー：そうだね，僕は背中をもっとうまく支えてくれる大きな椅子を買ったよ。

ユナ　　　：そうなの？　私も，大きなシートクッションを買ったわ。とても快適なんだけど，私の部屋は散らかっているのでイヤなの。私たちの部屋は私たち自身を映し出すとだれかが私に言ったの。私はだらしない人間じゃないわ，だから，実際の私を反映できるよう部屋を変えたいの。

アンドルー：わー，それって一大企画みたいだよ。

ユナ　　　：あなたの部屋はどんなの？

アンドルー：僕の部屋？　ごく普通だよ，でも本がたくさんあるけど。

ユナ　　　：それが正にあなたを映し出しているのよ！　あなたは学ぶのが大好きで，知識にあふれているわ。

アンドルー：とんでもない！　僕はただ本を読むのが好きなだけだよ。今のところ，君の部屋はどんなの？

ユナ　　　：私の部屋は，伝統的な畳の部屋よ。畳の上にトルコの敷物を敷き，学習の場として敷物の上にスウェーデンのテーブルと椅子を置いているの。その上には，中国のランプを置いている。それから壁のそばにはフランスのアンティークの衣装箱と照明があるわ。

アンドルー：とても美しそうだね。君の部屋も君を映し出しているよ！

ユナ　　　：どんなふうに？

アンドルー：そうだね，君は世界市民だ。君は日本に住み，スウェーデンの教育システムを勉強しているし，韓国のポップスが大好きで，それに，武道の達人でもある。ヨーロッパやアジアのたくさんの場所を旅したことがある。英語と中国語を流暢に話す。去年のオンラインでの国際交流に参加した後，アフリカの友人たちとよくチャットしているし。

ユナ　　　：だから，あなたは私の部屋は散らかっているのではなく，私のグローバル化したアイデンティティの反映だ，と思うわけ？

アンドルー：そのとおり。

ユナ　　　：急に自分の部屋が誇りに思えてきたわ。ありがとう，アンディ！

アンドルー：どういたしまして！

解説

(1)　正解は　c

　　a.「よかったね！」　　　　　　　b.「そうじゃないの？」
　　c.「なんのために？」　　　　　　d.「それが大好きだ！」

　　この直後に，ユナは Because で始まる返事をしていることから，アンドルーは
ユナが部屋の画像の検索をしている理由を尋ねていると推測でき，c. For what?
が正解。他の選択肢はいずれも会話の流れに合わない。

(2)　正解は　b

　　a.「～するために」　　　　　　　b.「～のおかげで，～のせいで」
　　c.「～とは別として」　　　　　　d.「～よりむしろ」

　　空所の直前の「以前より長く部屋にいる」と，直後の「オンライン学習」との関
連を考えると，「オンライン学習」は「以前より長く部屋にいる」理由と判断でき，
「～のおかげで，～せいで」という意味の，理由を表すイディオムである b. due
to が正解。

(3)　正解は　b

　　a.「害がない」　　　　　　　　　b.「もっと上手に支える」
　　c.「治療した」　　　　　　　　　d.「治療すること」

　　「背中を（　　　）ために大きな椅子を買った」という文脈と考えられ，空所の
後が my back という名詞であることから，この形で，文脈上も適切な b. better
support が正解。この better は副詞の well の比較級である。a. no damages は名
詞なので不適。c. have repaired だと，「治療する」という動作が完了しているこ
とになり，文脈上不適。d. curing は to の後に続く語形としては不適。

(4)　正解は　a

　　a.「～にもかかわらず」　　　　　b.「～によると」
　　c.「加えて，さらに」　　　　　　d.「いわゆる」

　　空所の後の such comfort は，この直前で大きなシートクッションを買ったと述
べていることから，それがとても快適だという意味だとわかる。ところがこの後に
「部屋が散らかっているのでイヤだ」と述べており，この2つの内容は相反するこ
とから，2つの表現をつなぐ語としては，逆接の意味を持つ前置詞の a. Despite
が正解。c. In addition は後に名詞が続く場合，to が必要であり，d. What is
called は名詞の前に置き，それを修飾する表現。

(5)　正解は　d

　　a.「一杯飲みに行こう」
　　b.「今日はこの辺で切り上げよう」
　　c.「あなたは私を楽しませてくれた」

d.「それは大きな企画のようだね」

この直前，ユナは実際の自分を反映できるように部屋を変えたいと発言しており，アンドルーの Wow という驚きの表現に続く発言として適切な d. that sounds like a big project が正解。他の選択肢だと，話題がいったん途切れてしまうので不適。sound like 〜 は「〜のように聞こえる」a．go get は go and get の and が省略された形であり，get a drink は「酒を飲む，（酒を）一杯やる」という意味。b．call it a day は「（その日の仕事などを）終わりにする，切り上げる」という意味，c．make *one's* day は「（人を）楽しい気持ちにさせる」という意味の慣用表現。

(6)　正解は　a ────────────────────────────

a.「〜ではあるけれど」

b.「〜にもかかわらず」

c.「お望みどおりに，お好きなように」

d.「これまで，いつも」

空所の直前で，アンドルーは自分の部屋はごく普通だと述べてから，本はたくさんあるとつけ加えており，空所にはその発言につけ足す形で使用できる語か語句が入るはず。though には，副詞として用いて，文を言い出してから，それに軽くつけ加える形で「〜だけどね」という意味になる用法があり，会話の流れからも適切なので，a．though が正解。b．in spite of はその後に名詞または代名詞が必要であり不適。cとdは会話の流れに合わず，不適。

(7)　正解は　c

a.「ほら，起きて！」　　　　　　b.「おいしい！」

c.「とんでもない！　まさか！」　　d.「頑張れ！」

選択肢の英文はいずれも会話で多用される慣用表現である。ユナは直前の発言で，アンドルーが学ぶのが好きで，知識も豊富だと褒めており，アンドルーは空所の直後で，自分は本を読むのが好きなだけだと謙遜するような発言をしていることから判断して，c．No way! が正解。他の選択肢はいずれも会話の流れに合わない。

(8)　正解は　d ────────────────────────────

a.「お名前を教えていただけますか？」

b.「幸運を祈っていなさいね！」

c.「こちらです，どうぞ」

d.「どういうふうに？　どういう点で？」

直前でアンドルーはユナの部屋が美しくて，ユナを映し出していると褒めている。さらに，空所のユナの発言を受けて，そういう発言をした根拠を詳しく説明していることから判断して，その説明を引き出したユナの発言としては，d．In what way? が正解。他の選択肢はいずれも会話の流れに合わない。

(9) 正解は a ────────────────────────

   a.「国際化された」   b.「国の，国民の」

   c.「利己的な」   d.「自国内の」

　　この直前，アンドルーはユナのことを world citizen「世界市民」だと言い，ユナがさまざまな国につながる経験がある点を詳しく述べている。それを受けて，ユナは自分の部屋は自分のどういうアイデンティティを反映したものと述べたかを考えると，文脈上適切な a. globalized が正解。

(10) 正解は b ────────────────────────

   a.「～にうんざりして，～に飽きて」

   b.「～を誇りに思って」

   c.「～現在で」

   d.「～に飽き飽きして，～にうんざりして」

　　ユナは，自分では散らかっていると思っていた自室のことを，アンドルーがユナの国際性を反映する部屋だと褒めてくれたことに対してどう返事したかを考える。この直後に Thanks と謝意を伝えていることからも，前向きな発言となる b. proud of が正解。c. as of は feel に続く語句としても不適。

●語句・構文……………………………………………………………………

□ *l.* 3 browse「～を検索する」

□ *l.* 5 reorganize a room「部屋の模様替えをする」

□ *l.* 6 my room as it is「今の状態の自分の部屋，自分の部屋の現状」

□ *l.*10 messy「散らかった」

□ *l.*14 What's *A* like?「*A* はどういうふう？　*A* ってどんなの？」

□ *l.*18 at the moment「今のところ」

□ *l.*28 martial arts「武道」

□ *l.*30 global exchange online「オンラインでの国際交流」

□ *l.*36 No problem!「どういたしまして！」

(1)―c (2)―b (3)―b (4)―a (5)―d (6)―a (7)―c (8)―d (9)―a

(10)―b

52

目標解答時間 15分　**配点** 30点

次の会話文を読み，空所（1〜10）に入れるのに最も適当なものを，それぞれ下記
（a〜d）の中から1つ選び，その記号をマークしなさい。

Richard and Maki are students at a university in Japan. One day on campus,
Richard notices that Maki is wearing a medical mask.

Richard : Hi, Maki. What's wrong with you?

Maki 　: Hi, Richard. There's（　1　）with me!

Richard : Are you sure? You're wearing a mask.　　　　　　　　　　　　　　5

Maki 　: There's no problem ; I just suffer from hay fever*.（　2　）a mask, I'd
　　　　keep coughing and sneezing.

Richard : Oh, I see. I've noticed that a lot of Japanese people wear masks but I've
　　　　never understood（　3　）.

Maki 　: Many Japanese suffer from hay fever（　4　）I do, especially in　10
　　　　spring. In Japan, there are a lot of trees which cause hay fever.

Richard : Hmmmm, but it also seems that Japanese people wear masks not only
　　　　in spring but also in winter. Why is that?

Maki 　: In（　5　）, they may have a cold. To cough or sneeze in public is
　　　　considered as bad manners. We believe masks can prevent a cold from　15
　　　　spreading.

Richard :（　6　）you wear a mask in consideration of other people?

Maki 　: Yes, we think wearing masks is proper etiquette.

Richard : Are there any other reasons for wearing masks?

Maki 　: We also use masks to avoid catching a cold. Japanese winters are very　20
　　　　chilly and dry. Wearing a mask can stop your throat from drying out.
　　　　Moisture in the throat plays an important（　7　）in the prevention
　　　　of infectious diseases, such as the flu.

Richard : Wow, it's completely practical! I should think about wearing one
　　　　when cold or flu viruses are spreading.　　　　　　　　　　　　　　25

Maki 　: Preventing an illness is better than having to cure one. That's why
　　　　most doctors and nurses nowadays wear masks in hospitals.

Richard : Oh, that（　8　）me, I saw some restaurant staff wearing masks
　　　　while working.

30 *Maki* : Yeah, that's right. A lot of cleaning staff also wear them. The reason depends on the person.

Richard : I know, but personally, I'd (9) see someone's face directly because I want to understand their feelings. A mask hides expressions, and expressions are (10) in judging how someone feels.

35 *Maki* : I agree with you. We should wear masks only when we really need them.

*hay fever : 花粉症

(1) a. anything worse   b. nothing wrong
  c. something better   d. wrong something

(2) a. Apart b. Except c. Unless d. Without

(3) a. what b. whom c. whose d. why

(4) a. like b. because c. but d. since

(5) a. a so case   b. a such case
  c. so a case   d. such a case

(6) a. Though b. So c. Whatever d. As

(7) a. behavior b. scene c. role d. tool

(8) a. refuses   b. remains
  c. reminds   d. remembers

(9) a. hardly b. likely c. more d. rather

(10) a. essential b. harmful c. offensive d. superior

≪マスクの着用が話題の2人の学生の会話≫
　リチャードとマキは日本の大学の学生である。ある日，構内でリチャードはマキが医療用マスクをしているのに気づく。

リチャード：やあ，マキ。どこか具合でも悪いの？
マキ　　　：あら，リチャード。どこも悪くないわよ！
リチャード：ほんとに？　マスクをしてるじゃないか。
マキ　　　：どうってことないわよ。花粉症に悩まされてるだけだから。マスクをつけてないと，咳とくしゃみが止まらないんだもの。
リチャード：そうなんだ。日本人はマスクをつける人が多いなって気づいてはいたけど，なぜなのかさっぱりわからなかったんだ。
マキ　　　：私みたいに花粉症に悩まされる日本人は大勢いるの，特に春はね。日本には，花粉症の原因となる木がたくさんあるからよ。
リチャード：ふーん，でも，日本人は春だけじゃなく冬にもマスクをつけてるようにも見えるよ。それはどうして？
マキ　　　：その場合は，風邪をひいてるのかもね。人のいる所で咳やくしゃみをするのは行儀が悪いと考えられているの。私たちはマスクで風邪が広まるのを防げると思ってるのよ。
リチャード：ってことは，君は他の人たちのことを考えてマスクをしてるわけ？
マキ　　　：そうよ，私たちはマスクの着用が正しいエチケットだと思ってるの。
リチャード：他にもマスクをつける理由はあるの？
マキ　　　：風邪をひかないようにするためにもマスクは使うわよ。日本の冬はとっても肌寒いし乾燥してるの。マスクをつけてると，喉がカラカラにならずにすむわ。喉が潤っているのは，インフルエンザのような感染症の予防に重要な役割を果たすのよ。
リチャード：わあ，それって完全に実用本位なんだね！　僕も風邪やインフルエンザのウイルスが広まっているときはマスクをつけることを考えるべきだな。
マキ　　　：病気の予防は，それを治療しなければならなくなるよりいいわ。だから，今ではほとんどの医師や看護師が病院ではマスクをつけてるのよ。
リチャード：あ，それで思い出したけど，レストランのスタッフにも勤務中にマスクをつけている人がいるのを見かけたよ。
マキ　　　：そう，その通り。清掃スタッフの多くもマスクをつけてるわ。理由は人によるけどね。
リチャード：それはわかるけど，個人的には，どちらかというと人の顔はじかに見たいな。だって，その人の感情を理解したいからね。マスクは表情を隠してしまうし，表情って，人の気持ちを判断するのに欠かせないものだよ。
マキ　　　：あなたの言う通りだと思うわ。私たちも本当に必要なときだけマスクをつけるべきね。

解　説

(1)　**正解は　b**

リチャードに What's wrong with you？「どこか具合でも悪いの？」と尋ねられた後の返事。リチャードはマキの返事の後，Are you sure？と念を押しており，さらにマキがマスクをしていることが念を押した理由とわかるので，マキは自分はどこも悪くないと返事したと判断できる。There's nothing wrong with me！で「私は大丈夫」や「どこも悪いところはない」という意味になるので，b．nothing wrong が正解。a．anything worse と c．something better は文脈上不適。d．wrong something は something wrong が正しい語順。

(2)　**正解は　d**

マキは空所の直前，自分は花粉症だと述べており，マスクがないと咳やくしゃみが止まらないと答えたと考えられるので，d．Without が正解。空所を含む文は，Without a mask が条件節の働きをする仮定法の文となっている。a．Apart は文頭では，Apart from ～「～は別として」の形で用いる。b．Except も文頭では，Except for ～「～を別にすれば，～がなかったら」の形で用いる。c．Unless は接続詞なので，後に名詞だけが続くことはないので不適。

(3)　**正解は　d**

このリチャードの発言を受けて，マキは日本人の多くがマスクをしている理由を答えていることから，リチャードはマスク着用の理由がわからなかったと述べたと判断でき，d．why が正解。

(4)　**正解は　a**

空所の直後の I do の do は直前の suffer from hay fever という内容を受けており，「自分と同じように」と述べていると判断でき，「～のように」という意味の接続詞として用いることのできる a．like が正解。

(5)　**正解は　d**

リチャードは，日本人が春だけでなく，冬にもマスクをつける理由を聞いているので，マキは「その場合は」に続けて理由を述べたと判断でき，d．such a case が正解。so は副詞で，名詞を修飾できないため，a．a so case と c．so a case は不適。b．a such case は語順が不適切。

(6)　**正解は　b**

マキはマスクをするのは風邪が広まるのを防ぐためだと述べており，リチャードはその理由に納得して次の発言をしたと考えられるので，b．So が正解。a．Though や d．As は従属接続詞であり，1 文だけ（S＋V が 1 つしか含まれていない文）の前では使わず，文脈上も不適。c．Whatever は複合関係代名詞か複合関係形容詞として用いるが，後続文は完全文なので不適。

(7) **正解は c**

　　a.「行動」　　　b.「景色」　　　c.「役割」　　　d.「道具」

　　直前の plays an important という語句に注目する。喉が潤っていることは，感染性疾患の予防に役立つはずであり，play an important role で「重要な役割を果たす」という意味になる c．role が正解。

(8) **正解は c**

　　a.「〜を断る」　　　　　　　b.「〜のままでいる，留まる」

　　c.「〜に思い出させる」　　　d.「〜を思い出す，〜を覚えている」

　　リチャードはこの後，直前の話題に関連する他の話題を述べている点に注目する。that reminds me は「それで思い出した」という表現であり，文脈上適切なので，c．reminds が正解。他の選択肢はいずれも会話の流れに合わない。

(9) **正解は d**

　　リチャードは空所の後に続く発言で，because I want to understand 〜とその理由を述べており，相手の表情を見たいと述べていると判断できる。空所の直後の動詞 see の語形から，I'd は I would の省略形だと考えられ，would rather *do* の形で「〜する方がよい，むしろ〜したい」という意味になる d．rather が正解。

(10) **正解は a**

　　a.「絶対必要な，不可欠の」　　b.「有害な，ためにならない」

　　c.「不快な，攻撃的な」　　　　d.「まさった，優れた，上にある」

　　直前の発言から，リチャードは相手の表情を見ることは，相手がどう思っているかを判断する上で必要不可欠だと考えていると判断できるので，a．essential が正解。他の選択肢はいずれも会話の流れに合わない。

●語句・構文‥‥‥‥‥‥‥‥‥‥‥‥‥‥‥‥‥‥‥‥‥‥‥‥‥‥‥‥‥‥‥‥‥‥‥

□ *l.* 7　cough「咳をする」

　　　　sneeze「くしゃみをする」

□ *l.*17　in consideration of 〜「〜のことを考えて，〜を意識して」

□ *l.*21　stop *A* from *doing* は prevent *A* from *doing* と同様に「*A* が〜するのを妨げる」という意味。

　　　　dry out「乾く」

□ *l.*23　infectious disease「感染症，感染性疾患」

□ *l.*31　depend on 〜「〜による，〜次第だ」

┌───┐
│ (1)─b　(2)─d　(3)─d　(4)─a　(5)─d　(6)─b　(7)─c　(8)─c　(9)─d │
│ (10)─a │
└───┘

53

次の会話文を読み，空所（1〜10）に入れるのに最も適当なものを，それぞれ下記
（a〜d）の中から 1 つ選び，その記号をマークしなさい。

Sarah is a French student studying at a university in the UK. Ben is one of her close friends.

Ben　　: Good afternoon, Sarah! Can you guess what I have brought for you to try today ?

5 Sarah : No, but I hope it's not one of those… errr, disgusting pies you always make.

Ben　　: Hey, come on Sarah, (　1　). I know you like Asian food a lot, so I have made these pork and vegetable dumplings* especially for you! One of my friends from Japan taught me how to cook these fried dumplings

10 called *gyoza*.

Sarah : You're talking about Akane, aren't you ?

Ben　　: Yes, I am. (　2　) She lives on the same floor in my dormitory.

Sarah : Yes, I know her, because I've talked with her before. If I'm not wrong, she (　3　) English literature.

15 Ben　　: That's right. Akane told me she likes to read Ishiguro's works. In fact, she likes to cook, too. She was so kind to share with me some of the *gyoza* she had made for herself the other day. Luckily, I could learn how to cook it from her, so I (　4　) a try for myself this morning.

Sarah : Fried dumplings ? *Gyoza*, did you say ? They look (　5　) burnt

20 dumplings.

Ben　　: Just try one — I'm sure you'll like it.

Sarah : Ben, they just don't look (　6　).

Ben　　: Trust me Sarah, the proof is in the pudding.

Sarah : In the pudding ? Aren't these (　7　) dumplings ?

25 Ben　　: Yes, these are dumplings. But I used the phrase 'the proof is in the pudding' to mean you can only judge the quality of something after you've tried it or used it.

Sarah : I see. So 'the proof is in the pudding' is actually a real saying ?

Ben　　: Yes, it is. In the old days, people used to say 'the proof of the pudding is in the eating'—which means you have to eat the pudding to (　8　) it. ₃₀

Sarah : I like that saying. It makes sense.

Ben 　: Then, just try some—(　9　). Errr, you have to put them first in this special sauce, made with soy sauce and vinegar, before eating.

Sarah : OK, OK. I'll try some. (*Sarah chews away.*) Mmm, yes, yes...

Ben 　: So, Sarah, do you like it ? What do you say ? ₃₅

Sarah : Yes, I do, Ben. I really like the combination of pork and chive** filling with a lot of garlic flavor. I guess you spent a lot of time chopping them up. I think I can eat these up.

Ben 　: (　10　)! I'm proud of myself, ha ha! The compliment you just made makes me feel that my efforts have paid off. ₄₀

Sarah : Actually, I'll now consider you a good cook. Well done! As you say, 'the proof is in the pudding!'

*dumplings : 肉の入った団子状の蒸し料理
**chive : ニラ

(1)　a．I'm flattered　　　　　　　b．have some faith in me
　　　c．it makes me get overjoyed　　d．you should laugh at me

(2)　a．Do you hate her ?　　　　　b．Have you sung about her ?
　　　c．Do you know her ?　　　　　d．Have you argued with her ?

(3)　a．is interesting in　　　　　b．majors with
　　　c．is majored in　　　　　　d．is majoring in

(4)　a．gave it　　　　　　　　　b．considered it
　　　c．called it　　　　　　　　d．gathered it

(5)　a．most alike　　　　　　　　b．more like
　　　c．less likely　　　　　　　d．better likened

(6)　a．that appetizing　　　　　　b．this appetizing
　　　c．so good of appetizer　　　　d．so much of appetite

(7)　a．changed into　　　　　　　b．turned into

c. unbelievable to be   d. supposed to be

(8) a. check what's done for   b. check what's expected from
     c. know the quality of   d. know what's made of

(9) a. you won't be disappointed b. you'll be disappointed
     c. I'll be discouraged as well d. I'll have to try, too

(10) a. I've finally made something you like
     b. I'll be unhappy unless you like it
     c. You're not the best judge for taste
     d. You'll let me down by trying something new

全訳

≪料理の味は食べてみてから≫

　サラはイギリスの大学で勉強しているフランス人の学生である。ベンは彼女の親しい友達の一人である。

ベン：こんにちは，サラ！　今日，君に試食してもらうために持ってきたものが何だかわかる？

サラ：わからないわ。でも，あの，うーん，あなたがいつも作るうんざりするようなパイじゃないといいんだけど。

ベン：ちょっと，サラ，お願いだから，少しは僕を信じてよ。君がアジア系の食べ物がとても好きなのを知ってるよ。だから，特別に君のために，このポークと野菜のダンプリングを作ったんだ！　日本から来た僕の友達がこの餃子という焼きダンプリングの作り方を教えてくれたんだ。

サラ：アカネのことを言ってるのね。

ベン：そうだよ。君は彼女と知り合いなの？　彼女は，寮の同じ階に住んでるんだ。

サラ：彼女とは知り合いよ，前に話をしたことがあるから。もし私が間違っていないなら，彼女は英文学を専攻しているわよね。

ベン：そうだよ。アカネはイシグロの作品を読むのが好きだと言ってたよ。実のところ，彼女は料理をするのも好きなんだ。彼女は親切にも，先日，自分が作った餃子のいくつかを僕に分けてくれたんだ。うれしいことに，僕は彼女から餃子の作り方を学ぶことができたんだ。だから，僕は今朝自分で試しに作ってみたんだ。

サラ：焼きダンプリング？　餃子って言ったっけ？　むしろ焦げたダンプリングのように見えるけど。

ベン：ちょっと一つ食べてみてよ。きっと気に入るよ。

サラ：ベン，ちょっと食欲がわきそうなものには見えないわよ。

ベン：サラ，僕を信じてよ。証拠はプディングの中にあるさ。

サラ：プディングの中って？　これって，ダンプリングのはずじゃないの？

ベン：そうだよ，ダンプリングだよ。でも，「証拠はプディングの中にある」って言葉を，何かの品質は試したり使ったりした後でのみ判断できるという意味で使ったんだ。

サラ：わかったわ。ということは，「証拠はプディングの中にある」というのは，本当にあることわざなのね？

ベン：そうだよ。昔，人々は「プディングの証拠は，食事中にある」と言っていたんだ。それは，その品質を知るためにはプディングを食べてみなければならない，という意味なんだ。

サラ：私，そのことわざ好きだわ。道理にかなってるもの。

ベン：じゃあ，ちょっと少し食べてみてよ。がっかりさせないから。えっとね，まず食べる前に，醤油と酢で作ったこのスペシャルソースに浸けなくちゃいけないんだ。

サラ：わかった，わかった。やってみるわ。（サラがかじって食べる。）うーん，そ

うね，そうね。

ベン：どう，サラ，気に入った？　どう？

サラ：ベン，おいしいわ。ガーリックの香りが効いたポークとニラの具の組み合わ
　　　せがとても好きだわ。それを細かく刻むのに，たくさんの時間をかけたんで
　　　しょ。全部食べてしまうわよ。

ベン：僕はやっと君の好きなものを作ったね！　自慢したいよ，ハッハッ！　君が
　　　さっき言ってくれた誉め言葉で，僕は努力が報われたと思うよ。

サラ：実のところ，今は，あなたはとても料理がうまいと思うわ。お見事！　あな
　　　たが言うように，「証拠はプディングの中にある！」のよね。

解　説

(1)　正解は　b

　a．「そう言ってもらえてうれしい」

　b．「少しは僕を信じて」

　c．「それで僕はうれしくてたまらなくなる」

　d．「僕のことを笑うといい」

　直前のサラの発言から，彼女はベンがいつも作ってくるパイがおいしくないと嫌
がっていることがわかる。それでも，ベンはサラに試食してほしいものを持ってき
ているという状況で，選択肢の中で適切なのは，b．have some faith in me であ
り，これが正解。他の選択肢はいずれも会話の流れに合わない。

(2)　正解は　c

　a．「君は彼女が大嫌いなの？」

　b．「君は彼女のことを歌ったことがあるの？」

　c．「君は彼女と知り合いなの？」

　d．「君は彼女と議論したことがあるの？」

　直後に，サラは Yes, I know her. と答えていることから判断して，c．Do you
know her?が正解。他の選択肢はいずれも会話の流れに合わない。

(3)　正解は　d

　サラはアカネと知り合いだと述べた後，彼女のことを話題にしている。空所の後
の English literature「英文学」という語とのつながりから判断して，major in 〜
「〜を専攻する」という表現が現在進行形となっている，d．is majoring in が正
解。a．is interesting in は is interested in なら正しい。b．majors with は前置詞
の with が不適切。c．is majored in は major は自動詞で，受動態にはならないの
で不適。

⑷　**正解は　a**

a．「それに与えた」　　　　　　b．「それを考慮した」

c．「それを呼んだ」　　　　　　d．「それを集めた」

　空所の後の a try とのつながりを考える。この直前，ベンはアカネから餃子の作り方を教えてもらったと述べており，so「だから」に続けて今朝，自分でどうしたかを考えると，a．gave it であれば，give it a try で「試しにやってみる」という意味になり，会話の流れに合うので，これが正解。b．considered it だと「それを挑戦と見なした」という意味に，c．called it だと「それを挑戦と呼んだ」という意味になり，いずれも不適。d．gathered it は gather を第 4 文型や第 5 文型で用いることはできないので，語法上も不適。

⑸　**正解は　b**

　サラは Fried dumplings？「焼きダンプリングですって？」と述べてから，この発言をしている。空所の直前の look と，直後の burnt dumplings「焦げたダンプリング」とのつながりを考えると，b．more like であれば「（焼きダンプリングというより）むしろ焦げたダンプリングのように見える」となって，会話の流れに合うので，これが正解。a．most alike だと，alike は「似ていて」という意味の形容詞で，この後に名詞は続かないので不適。c．less likely も likely は「ありそうな，ふさわしい」という意味で，look とつながらず，文脈上も不適。d．better likened は，look likened という表現はないので不適。

⑹　**正解は　a**

　空所を含む文の主語である they は餃子のことであり，空所の直前の look という動詞から，この部分は，餃子がどのように見えるかに関する発言とわかる。a．that appetizing であれば「それほど食欲をそそるような」となって，会話の流れに合うので，これが正解。この that が so と同様，「そんなに，それほど」という意味の副詞である点がポイント。b．this appetizing だと this が不適。c．so good of appetizer は，appetizer が「前菜」という意味，d．so much of appetite も appetite が「食欲」という意味で，いずれも文意がつながらないので不適。

⑺　**正解は　d**

a．「～に変えられて」

b．「～に変えられて」

c．「～であることが信じられなくて」

d．「～であると考えられていて，～のはずで」

　直前で，ベンが急にプディングのことを言い出したので，サラが驚いているという状況。Aren't these の these は餃子を指すので，d．supposed to be であれば「これってダンプリングのはずじゃないの？」となって，会話の流れに合うので，これが正解。他の選択肢はいずれも会話の流れに合わない。

⑻　正解は　c ─────────────────────────

　a.「～にどんなことがなされているのかをチェックする」

　b.「～にどんなことが期待されているのかをチェックする」

　c.「～の品質を知る」

　d.「～から何が作られているのかを知る」

　ベンは空所を含む発言の前の発言で，'the proof is in the pudding' という表現の意味を「何かの品質は試したり使ったりした後でのみ判断できる」と説明している。空所の前に to があることから，to 以下の部分でプディングを食べなければならない目的を述べていると考えられ，c. know the quality of が会話の流れとして適切。他の選択肢はいずれも会話の流れに合わない。

⑼　正解は　a ─────────────────────────

　a.「君はがっかりしないだろう」

　b.「君はがっかりするだろう」

　c.「僕も同様にがっかりするだろう」

　d.「僕も試食しなければならないだろう」

　直前のサラの発言から，彼女がようやくベンの作った餃子を食べる気になってきているのがわかるので，just try some と勧めた後のベンの発言としては，a. you won't be disappointed が会話の流れとして適切であり，これが正解。他の選択肢はいずれも会話の流れに合わない。

⑽　正解は　a ─────────────────────────

　a.「僕はやっと君が気に入ってくれるものを作ったね」

　b.「君に気に入ってもらえない限り，僕は不幸だよ」

　c.「君は味を判定するのが一番うまいというわけじゃない」

　d.「君は，何か新しいものを試して，僕をがっかりさせようとしている」

　サラはこの直前に，I think I can eat these up.「全部食べられると思うわ」と述べており，餃子が気に入ったことがわかるので，a. I've finally made something you like が会話の流れとして適切であり，これが正解。他の選択肢はいずれも会話の流れに合わない。let A down「A をがっかりさせる，A の期待を裏切る」

●語句・構文‥‥‥‥‥‥‥‥‥‥‥‥‥‥‥‥‥‥‥‥‥‥‥‥‥‥‥‥‥‥‥‥

☐ *l.* 5　disgusting「うんざりするような，非常に不快な」

☐ *l.* 7　come on は会話の途中で「お願いだから」や「おいおい」，「冗談じゃない」，「まさか」などの意味で用いる。

☐ *l.* 12　dormitory「寮」

☐ *l.* 31　make sense「道理にかなう，当然である」

☐ *l.* 37　spend a lot of time *doing*「長時間かけて～する」

□ *l.*38　eat *A* up「*A* を食べつくす，*A* を残さず食べる」

□ *l.*40　pay off「（努力などが）効果を生む，利益をもたらす」

(1)— b　(2)— c　(3)— d　(4)— a　(5)— b　(6)— a　(7)— d　(8)— c　(9)— a
(10)— a

54

次の会話文を読み，空所（1～10）に入れるのに最も適当なものを，それぞれ下記
（a～d）の中から1つ選び，その記号をマークしなさい。

*Akira and his friend Fiona work for the same company, and are now sitting at a
table in a restaurant.*

Akira : This is a great restaurant, Fiona. I'm glad we could finally come here and
　　　try out their menu.

5 *Fiona* : I agree! Thanks for inviting me here. This dish tastes so good... To be
　　　honest, I haven't been able to relax and enjoy a nice meal in the last few
　　　weeks.

Akira : Oh really? Why's that?

Fiona : Well... I'm（　1　）next month, back to Tasmania.

10 *Akira* : Oh really? Sorry to hear that. I know it's difficult living away from your
　　　family.

Fiona : It's true. My mother has been complaining that I don't visit her very
　　　often, and she misses me...

Akira : Yes, I know that our parents want us to visit them（　2　）.

15 *Fiona* : And this new project at work...

Akira : I've noticed that you've been working late recently.

Fiona : I simply have too much on my plate right now!

Akira : Is that so? Ha-ha, if you have too much on your plate, can I help you?

Fiona : Yes,（　3　）.

20 *Akira* : Leave it to me. Let me take some of this lovely chicken from you.

*Akira takes a slice of chicken Fiona has cut for herself, and pops it into his
mouth.*

Akira : Mmm... very tasty.

Fiona : Hey, Akira,（　4　）You're taking food from my plate without asking
25　　　me!

Akira : Mmm... I must find out how they cook this chicken. It's so yummy!

Fiona : Akira, I didn't mean for you to take food from my plate. You know, the
　　　idiom "to have a lot on your plate" or "too much on your plate" means

having a lot of work to do or a lot of problems to deal with.

Akira : Problems ? That doesn't sound good.　　　　　　　　　　　　30

Fiona : Right, it's not about food, but about work and family problems.

Akira : Oh, so this expression (　5　) the delicious food you have on your
plate ?

Fiona : Come on, Akira. You knew the expression already—you just wanted to
steal my chicken... like a thief.　　　　　　　　　　　　　　　35

Akira : I know. It was a bad joke. (　6　), Fiona. Of course, I know the meaning
of the idiom. I sometimes use it, too. Well, I just wanted to share our food
because your chicken looks nice.

Fiona : I know, I was joking, too, pretending to be angry with you. (　7　) to
share my meal with you.　　　　　　　　　　　　　　　　40

Akira : Thanks, Fiona. And you can share your heavy workload as well if you
like. I can help you with your new project so you'll have time to prepare
your return to Tasmania. I can't believe you're leaving... You know what,
there's a saying (　8　). We've had a lot of fun at work and we'll miss
you.　　　　　　　　　　　　　　　　　　　　　　　45

Fiona : Akira, (　9　). Here, have some more chicken. And I like the look of
that potato mash you have on your plate...

Akira : Here, have some lamb steak as well. It's really good ! We'll have clean
plates (　10　) at all.

(1)　a . moving a house　　　　　　　　b . moving home
　　c . changing a house　　　　　　　d . changing mansion

(2)　a . every now and then　　　　　　b . once for all
　　c . once upon a time　　　　　　　d . less frequently

(3)　a . I'm against the idea　　　　　　b . you shouldn't do that
　　c . we've agreed on that　　　　　　d . that would be nice

(4)　a . how nice of you to say so !　　　b . what are you doing ?
　　c . what a nice word you make !　　d . how did you notice it ?

(5)　a . is somewhat related to　　　　　b . is somehow connected to
　　c . has nothing to do with　　　　　d . has something to do with

(6)　a. Don't get overjoyed
　　　b. You'd better be crazy about yourself
　　　c. Don't get so mad at me
　　　d. I'm concerned about the payment

(7)　a. I'm happy　　　　　　　　　b. I'm too generous
　　　c. I should have felt happy　　d. I would have felt happy

(8)　a. "seeing is believing"
　　　b. "when in Rome, do as the Romans do"
　　　c. "birds of a feather flock together"
　　　d. "all good things must come to an end"

(9)　a. I've been very envious of you
　　　b. I've been so naive
　　　c. I've never liked working with you
　　　d. I'm grateful to you

(10)　a. in no time　　　　　　　b. in fewer than 30 minutes
　　　c. very soon　　　　　　　d. so early

≪同僚との別れ≫

全訳

　アキラと友人のフィオナは同じ会社に勤めており，今レストランのテーブルに着いている。

アキラ　：ここはすごいレストランだね，フィオナ。ようやくここにやって来て，ここのメニューを食べてみることができてうれしいよ。

フィオナ：そうね！　ここに招待してくれてありがとう。この料理は本当に美味しいわ…。正直に言って，この数週間，リラックスして素敵な食事を楽しむことなんてできていないの。

アキラ　：え，本当？　それはまたどうして？

フィオナ：ええと…私は来月故郷のタスマニアに帰るの。

アキラ　：え，本当？　それを聞いて残念だよ。確かに家族と遠く離れて暮らすのは難しいね。

フィオナ：そうなの。私の母が，私があんまり帰ってこないし，私がいなくて寂しいってずっと愚痴を言っているのよ…。

アキラ　：ああ，確かに両親って僕らに時々帰ってきてほしいって思っているもんね。

フィオナ：そして，今進めているこの新しいプロジェクト…。

アキラ　：最近，君が遅くまで仕事をしていることに気づいてたよ。

フィオナ：私は今，あまりに多くのものが私のお皿にのっているの（あまりに多くの仕事を抱えているの）！

アキラ　：そうなの？　はは，もしお皿の上にのっているのが多すぎるなら，手伝ってあげようか？

フィオナ：ええ，それはありがたいわ。

アキラ　：僕に任せてよ。君のこの美味しそうな鶏肉を僕にちょうだいね。

　アキラはフィオナが自分のために切っておいた鶏肉をひと切れ取って，自分の口の中にひょいと放り込む。

アキラ　：うーん…とっても美味しいね。

フィオナ：ちょっと，アキラ，何してるのよ。私に聞きもしないで私のお皿から食べ物を取ってるのよ，あなた！

アキラ　：うーん…この鶏肉の料理の仕方を調べないと。とっても美味しいよ！

フィオナ：アキラ，私はあなたにお皿から食べ物を取ってほしいと頼んだ覚えはないわ。あのね，「to have a lot on your plate」とか「too much on your plate」っていう熟語はね，やるべき仕事が多いとか，解決しないといけない問題が多いっていう意味なの。

アキラ　：問題？　それはいい響きじゃないね。

フィオナ：そうよ，それって食べ物のことじゃなくて，仕事と家庭の問題のことなの。

アキラ　：ああ，だからこの表現は，君のお皿の上にある美味しい食べ物とは何の関係もないんだね？

フィオナ：もう，アキラったら。その表現は前から知っているでしょ。要するに，あなたは私の鶏肉を盗みたかっただけ…泥棒みたいに。

アキラ　：知ってるよ。悪い冗談だった。そんなに怒らないでよ，フィオナ。もちろん僕は，その熟語の意味は知っているよ。僕も時々使うしね。ほら，食べ物を分け合いたかっただけなんだよ，君の鶏肉が美味しそうだからさ。

フィオナ：わかってるわよ，私も冗談で，あなたに怒ったふりをしていたのよ。あなたと料理を分け合えてうれしいわ。

アキラ　：ありがとう，フィオナ。そして，君が望むなら，君の大変な仕事もまた分けてくれたらいいんだよ。僕は君の新しいプロジェクトを手伝うことができるから，タスマニアに帰る準備をする時間もできるよ。君が去っていくなんて信じられないけどね…。いいかい，「全てのよいことには必ず終わりがある」っていうことわざもあるからね。僕らは仕事で多くの楽しいことを経験してきたからね，きっと君がいなくなると寂しくなるよ。

フィオナ：アキラ，あなたには感謝しているわ。ほら，もっと鶏肉を食べて。あなたのお皿にのっているマッシュポテトも美味しそうね…。

アキラ　：ほら，ラム肉のステーキも食べて。本当に美味しいから！　きっとあっという間に食べ切ってしまうね。

解　説

(1)　**正解は　b** ─────────────

　a．「家を動かす」　　　　　　　　b．「引っ越す」

　c．「家を変える」　　　　　　　　d．「大邸宅を変える」

　この後，back to Tasmania と述べていることから，move home とあわせれば「故郷のタスマニアに帰る」という意味になることがわかり，b．moving home が正解となる。a．moving a house は moving house であれば「引っ越す」という意味。c．changing a house では家に変更を加えることになり不適。d．changing mansion は同様に意味的に不適で，しかも mansion には a が必要。

(2)　**正解は　a** ─────────────

　a．「時々，時折」　　　　　　　　b．「今回限りで，一度だけ，これっきり」

　c．「昔々」　　　　　　　　　　　d．「もっと回数を少なく」

　離れた所に住む両親を訪ねる頻度が話題になっていることから，文脈上，「時々」という意味の a．every now and then が正解となる。

(3)　**正解は　d** ─────────────

　a．「私はその考えに反対よ」　　　b．「あなたはそれをすべきじゃないわ」

　c．「私たちはそれに同意してるわ」　d．「それはありがたいわ」

空所の直前で Yes と述べていることから，アキラの「手伝おうか？」という申し出を受け入れ，感謝の言葉を伝えたと考えられる。that would be nice には「それはありがたい」という意味もあるので，文脈上適切であり，d．that would be nice が正解となる。

(4)　正解は　b ───────────────────────────

a．「そんなこと言うなんて優しいのね」

b．「あなた，何してるの？」

c．「なんて素敵なことを言うの」

d．「どうやってそれに気づいたの？」

自分が食べようとして切り分けておいた鶏肉のひと切れをアキラが口に放り込んだのを見たフィオナの発言であり，この後，非難していることから，b．what are you doing？が正解となる。他の選択肢は会話の流れに合わない。a．how nice of you to *do*!「～するなんて優しいのね」は「～してくれてありがとう」という意味にもなる。

(5)　正解は　c ───────────────────────────

a．「～にいくらか関係している」　　　b．「どういうわけか～に関係がある」

c．「～とは何ら関係がない」　　　　　d．「～と何か関係がある」

この会話の前に，フィオナは have too much on my plate「お皿の上にあまりにも多くのものがのっている」を「あまりにも多くの仕事を抱えている」という意味で使っているのに，アキラはその発言を言葉通りに受け取ったふりをして，フィオナのお皿から鶏肉を取って食べた経緯がある。したがって，アキラはフィオナにその表現は食べ物とは関係のない意味で使ったのかを尋ねていると判断でき，c．has nothing to do with が正解となる。

(6)　正解は　c ───────────────────────────

a．「喜びすぎないで」　　　　　　　　b．「自分に夢中になるほうがいいよ」

c．「そんなに僕に怒らないでよ」　　　d．「僕はお勘定のことが心配だ」

直前のフィオナの発言から，彼女がアキラに対して腹を立てていることがわかるので，c．Don't get so mad at me が正解となる。他の選択肢はいずれも会話の流れに合わない。

(7)　正解は　a ───────────────────────────

a．「私はうれしいわ」

b．「私は寛大すぎるわ（気前がよすぎるわ）」

c．「うれしいと感じるべきだったのに」

d．「うれしいと感じただろうに」

直前の発言から，実はフィオナも怒ってはいなかったことがわかるので，空所に続く to share my meal with you「あなたと料理を分け合えて」という表現から，そ

のことをうれしく思ったという流れと判断でき，ａ．I'm happy が正解となる。他の選択肢はいずれも会話の流れに合わない。

(8)　**正解は　d** ─────────────────────────

ａ．「百聞は一見に如かず」

ｂ．「郷に入っては郷に従え」

ｃ．「類は友を呼ぶ」

ｄ．「全てのよいことには必ず終わりがある」

　　空所の直後の発言から，アキラはフィオナと楽しく仕事をしてきており，別れを寂しく思っているのがわかるので，ｄ．"all good things must come to an end" が正解となる。他のことわざはいずれも会話の流れに合わない。

(9)　**正解は　d** ─────────────────────────

ａ．「あなたにずっとすごく嫉妬していたの」

ｂ．「私はずっとほんとに世間知らずだったわ」

ｃ．「私はあなたと一緒に仕事をするのが好きだったことは一度もない」

ｄ．「あなたには感謝しているわ」

　　空所の直後，フィオナはアキラにさらに鶏肉を勧めており，彼女がアキラによい感情を持っていることがわかるので，ｄ．I'm grateful to you が正解となる。他の選択肢はいずれも会話の流れに合わない。

(10)　**正解は　a** ─────────────────────────

ａ．「あっという間に」　　　　　　　ｂ．「30分以内に」

ｃ．「とてもすぐに」　　　　　　　　ｄ．「そんなに早くに」

　　二人とも料理が美味しいと何度も述べており，料理を分け合ってもいることから，食べ終わるのに時間はかからないはずであり，ａ．in no time が正解。空所の後に no を強調する at all があることから，それをつけて用いることができない ｃ．very soon は不適。ｄ．so early は時間帯が早いという意味なので不適。

●語句・構文‥‥‥‥‥‥‥‥‥‥‥‥‥‥‥‥‥‥‥‥‥‥‥‥‥‥‥‥‥‥

□ *l.* 4　try out ～「～を（試しに）やってみる」

□ *l.* 5　to be honest「正直に言うと」

□ *l.*13　miss「～がいなくて寂しく思う」

□ *l.*15　at work「進行中で」

　(1)─ b　(2)─a　(3)─d　(4)─ b　(5)─c　(6)─c　(7)─a　(8)─d　(9)─d

(10)─ a

55

目標解答時間 15 分　**配点** 30 点

次の会話文を読み，空所（1 〜 10）に入れるのに最も適当なものを，それぞれ下記
（a 〜 d）の中から 1 つ選び，その記号をマークしなさい。

Date : Some time in the future.
Location : On a university campus.

Sandy : What's the matter with you ?

Frank : This stupid electronic pencil makes me furious !

Sandy : What could a pencil possibly do to （　1　）?　　　　　　　　　　5

Frank : You know my brother John taught his car how to drive itself to school.

Sandy : Yeah, I heard that. These days you just drive your car to some place a
few times and then the car learns and remembers how to get there （
2　）.

Frank : That's right. Now John can do his homework on his way to school while　10
his car （　3　） itself.

Sandy : That's awesome ! I wish I （　4　） a car like that. Then I wouldn't have
to stay up late every night.

Frank : Yeah, these days we've got smart houses and all kinds of smart
appliances, like automatic lights and home monitors, so when I saw the　15
ad for this electronic pencil, I thought, "Hey, here's an idea ! I can train it
to do lots of things for me at school."

Sandy : Oh no, （　5　） of your ideas ! Every time you say "Hey", something
always goes wrong. What happened this time ?

Frank : The other day Annie asked me to take notes in Prof. Schmidt's class for　20
her, because she suddenly had to go to the dentist.

Sandy : Really ? The dentist ? （　6　）?

Frank : I guess she bit on something hard at lunch time and chipped a tooth.
Poor Annie ! So of course, I said OK, and she took off.

Sandy : But I saw you in Prof. Connor's class that period ! You came in late and　25
left early.

Frank : Yeah, I remembered too late that I had to go to his class. Annie （　7　）.

Sandy : So, what did you do ? Find somebody else to take notes for her ?

Frank : Well, sort of...

30 *Sandy* : What's that supposed to mean ?

Frank : I left her notebook and my electronic pencil, and programed it to take notes for her. And the pencil said, "Sure, no problem. Just leave it to me !"

Sandy : That was fast thinking. Good for you ! Annie (8) the way you
35   stepped in for her.

Frank : Actually, (9). She told me to get lost.

Sandy : Wow, that bad ? You must have really done (10).

Frank : It wasn't me. It was this stupid pencil !

Pencil : *Hey, don't blame me !*

40 *Frank* : I used you in my classes many times. You were supposed to learn what to do in a class !

Pencil : *I did exactly what you always do : I drew cartoon faces for the first ten minutes, and then fell asleep until the bell rang...*

(1) a. keep you less busy   b. keep you that lazy
     c. make you more comfortable   d. make you so annoyed

(2) a. at large   b. by far   c. in itself   d. on its own

(3) a. drives   b. driving   c. drove   d. had driven

(4) a. had   b. had been   c. have   d. must have

(5) a. not another one   b. not each
     c. not others   d. not the other one

(6) a. What always happens to her
     b. What happened to her
     c. What won't happen to her
     d. What would've been happening to her

(7) a. had already left campus
     b. is still on campus
     c. must have already come back from the dentist
     d. will be on her way to the dentist

(8) a. could be really appreciated
  b. must have been really appreciated
  c. must have really appreciated
  d. will be really appreciated

(9) a. she couldn't have been happier
  b. she was pretty upset
  c. she was very happy
  d. she wished she could have been more helpful

(10) a. anything helpful b. everything good
  c. nothing bad d. something terrible

≪「賢すぎた」電子鉛筆≫

全訳

　時：未来のいつか
　場所：ある大学のキャンパス

サンディ：どうしたの？

フランク：このバカな電子鉛筆には本当に腹が立つよ！

サンディ：電子鉛筆が何をしたからってそんなに腹を立てているの？

フランク：兄のジョンが自分の車に学校までの行きかたを教えたのは知ってるよね。

サンディ：うん，そのことは聞いたよ。最近ではある場所に何回か車で行けば，車が学習して自分でどう行けばいいかを覚えるんだよね。

フランク：そうなんだよ。だからジョンは車が自動運転している間に，学校に通う途中で宿題ができるんだ。

サンディ：それはすごいよね！　そんな車を持ってたらなあ。そうすれば毎晩遅くまで起きていなくてもすむのに。

フランク：そうだよね。最近ではスマートハウスや自動点灯する照明や家庭モニターみたいにあらゆる種類のスマート家電があるから，この電子鉛筆の広告を見たときに，「そうだ，いい考えがあるぞ！　学校でぼくの代わりにいろんなことをやってくれるように訓練すればいいんだ」と思ったんだよ。

サンディ：ほら，また。君のいい考えなんて，もうたくさんだよ！　君が「そうだ」と言うたびに，いつも何かがうまくいかなくなるんだから。今回は何が起こったの？

フランク：先日，アニーがぼくに，急に歯医者に行かなきゃならなくなったから，シュミット教授の授業のノートを代わりにとってほしいって頼んできたんだ。

サンディ：本当に？　歯医者？　彼女はどうしちゃったんだろう？

フランク：たぶんお昼に何か硬いものを噛んで歯が欠けちゃったんだよ。かわいそうに！　だから，もちろんいいよと言って引き受けて，彼女は出かけていったわけさ。

サンディ：でもその時間，君をコナー教授の授業で見かけたよ！　遅刻してきて早退したじゃない。

フランク：そうなんだ。教授の授業に出なきゃいけないのを思い出したときにはもう遅かったんだよ。アニーはもう大学にはいなかったし。

サンディ：でも，どうしたの？　彼女の代わりにノートをとってくれる別の人でも見つけたの？

フランク：いや，まあそんなところかな…。

サンディ：それはいったいどういうこと？

フランク：彼女のノートとぼくの電子鉛筆を置いておいて，彼女の代わりにノートをとるようにプログラムしたんだ。で，鉛筆は「わかったよ，問題ない。任せてよ！」と言ったんだよ。

サンディ：それはうまいことを考えたね。よかったね！　アニーは君に代わりをしてもらって本当に感謝してたんじゃないの。

フランク：実は彼女，かなり怒っちゃってさ。ぼくに，消えてなくなれとまで言ったんだよ。

サンディ：えっ，そんなにひどかったの？　君は本当にひどいことをしちゃったんだねえ。

フランク：ぼくじゃないよ。この鉛筆のバカ野郎が！

鉛筆　：おい，私のせいにするんじゃないよ！

フランク：ぼくは授業で何度もおまえを使ってるじゃないか。授業ですべきことはわかってるだろうに！

鉛筆　：君がいつもしていることをきちんとしたじゃないか。最初の 10 分間はマンガの顔を描いて，それからチャイムが鳴るまで居眠り…。

解 説

(1)　正解は d

　　a．「あなたをあまり忙しくないようにしておく」

　　b．「あなたをそれほど怠惰にしておく」

　　c．「あなたをもっと快適にする」

　　d．「あなたをそれほど腹立たせる」

　　直前のフランクの発言から，彼が電子鉛筆にとても腹を立てていることがわかるので，サンディは電子鉛筆がフランクを立腹させた原因を尋ねていると判断でき，d．make you so annoyed が正解となる。この annoyed は「イライラして，腹を立てて」という意味。この発言は直訳すると「あなたをそんなに腹立たせるなんて，電子鉛筆は一体何ができたの？」だが，内容的には「そんなに腹を立てるなんて，電子鉛筆が一体何をしたというの？」というような意味。

(2)　正解は d

　　a．「全体として，逃走して」　　　　b．「はるかに，ずっと」

　　c．「本来，それ自体」　　　　　　　d．「自分で，自力で」

　　サンディは，発言の前半部分で，車の自動運転の話をしているとわかるので，「自力で」という意味を持つ d．on its own が文脈的にも適切で，正解となる。

(3)　正解は a

　　空所を含む部分は従属節であり，主節が John can do … というように現在時制で，現在の事実を述べている発言と判断できるので，この部分も現在形の a．drives が正解となる。

(4)　正解は a

　　空所の直前の I wish ～「～であればなあ」に注目すると，後続文は仮定法の時

制のはずであり，ここでは「自分もそんな車を持っていればなあ」という願望だと
わかるので，仮定法過去時制のa．had が正解となる。

⑸　正解は　a

　　サンディはこの後，フランクが "Hey" と言うたびに何かがうまくいかなくなる
と述べていることから，フランクがこの前の発言で，"Hey, here's an idea!"「そう
だ，いい考えがあるぞ」と述べたのを受けて，「またいい考えなんて言わないで。
そういうのはもうたくさん」という意味の発言をしたはずであり，a．not
another one が正解となる。b．not each や c．not others だと，今回のアイデア
に対する発言とはならないので不適。d．not the other one は2つのいいアイデア
のうちのもう片方になるので不適。

⑹　正解は　b

　　この直前のフランクの発言から，アニーが突然，歯医者に行かなければならなく
なったことを聞いたサンディは，アニーのことを心配したはずであり，「彼女に何
があったの？　彼女はどうしたの？」という意味になる b．What happened to
her が正解。他は時制が不適切。

⑺　正解は　a

　a．「もうすでに大学を出ていた」
　b．「まだ構内にいる」
　c．「すでに歯医者から戻っていたに違いない」
　d．「歯医者に行く途中だろう」

　　フランクは前の発言で，アニーからシュミット教授の授業ノートをとるように頼
まれたのを自分が了解して，彼女は出かけていったと述べている。空所の直前で，
コナー教授の授業に出なければいけなかったことを思い出したが遅すぎたと述べて
おり，アニーはもう大学にいないから断れなかったという状況を述べたと判断でき，
a．had already left campus が正解となる。

⑻　正解は　c

　a．「本当に感謝されることもあるだろう」
　b．「本当に感謝されたに違いない」
　c．「本当に感謝したに違いない」
　d．「本当に感謝されるだろう」

　　サンディはこの直前，Good for you!「よかったね」と言っており，フランクが
電子鉛筆にノートをとらせたことで，アニーに感謝されたと思っていることがわか
るので，appreciate「～を感謝する」という他動詞を must have *done*「～したに違
いない」という形で用いている c．must have really appreciated が正解となる。
　b．must have been really appreciated は空所の後に目的語となる the way … があ
ることから受動態は不適。

⑼　正解は　b

a．「彼女はこの上もなくうれしかっただろう」

b．「彼女はかなり腹を立てた」

c．「彼女はとてもうれしかった」

d．「彼女は自分がもっと役に立てていたらよかったのにと思った」

　空所の直後の発言から，アニーはフランクにとても腹を立てたことがわかるので，b．she was pretty upset が正解となる。upset は「動揺して，混乱して，腹を立てて」という意味であり，後続文中の get lost は命令文で使うと「うせろ，消えてなくなれ，どこかへ行ってしまえ」などの意味になる表現。

⑽　正解は　d

a．「何であれ役に立つこと」　　　b．「いいことはどれも」

c．「悪いことは何もない」　　　　d．「何かひどいこと」

　サンディはこの直前に，「えっ，そんなにひどく？」と驚いており，アニーに消えてなくなれとまで言われたフランクは，かなりひどいことをしたはずだと考えていると判断できるので，d．something terrible が正解となる。

●語句・構文⋯⋯⋯⋯⋯⋯⋯⋯⋯⋯⋯⋯⋯⋯⋯⋯⋯⋯⋯⋯⋯⋯⋯⋯⋯⋯⋯⋯⋯⋯⋯⋯

□ *l.* 4　furious「激怒して」

□ *l.* 6　drive itself「自動運転する」

□ *l.* 14　smart house「スマートハウス」（家の設備がコンピュータで集中管理された家のこと）

　　　　　smart appliance「スマート家電」

□ *l.* 18　something go wrong「何かうまくいかない，どこか故障する」

□ *l.* 23　chip a tooth「歯を折る」

□ *l.* 24　take off には「離陸する，〜を脱ぐ」などさまざまな意味があるが，ここでは「出かける」という意味で用いられている。

□ *l.* 27　remembered 〜 too late「〜を思い出したが遅すぎた」

□ *l.* 31　take notes for 〜「〜の代わりにノートをとる，メモをする」

□ *l.* 34　fast thinking の fast は「（頭の回転が）速い」という意味で，That was fast thinking. で「それはうまいこと考えたね」というような訳になる。

□ *l.* 42　draw cartoon faces「マンガの顔を描く，マンガの顔をいたずら描きする」

(1)— d　(2)— d　(3)— a　(4)— a　(5)— a　(6)— b　(7)— a　(8)— c　(9)— b

(10)— d

56

目標解答時間 15 分　**配点** 30 点

次の会話文を読み，空所（1〜10）に入れるのに最も適当なものを，それぞれ下記
（ a 〜 d ）の中から 1 つ選び，その記号をマークしなさい。

College students Paul and Julie are talking on the campus.

Julie：Hi, Paul. How are you?

Paul：Hi, Julie. Fine, thanks. How are you doing?

Julie：Pretty good, thank you. So, when are we going to prepare for our
　　　　presentation for Professor Donald's class? Our presentation day is（　1
　　　　）soon. It's on Friday next week.

Paul：Oh, I totally forgot about that. I've been quite busy these days, and my
　　　　schedule has been（　2　）.

Julie：But I really want to spend enough time on the preparation since this is for
　　　　one of my favorite courses.

Paul：Yes. I'm with you there. That's one of my favorite courses, too, and
　　　　Professor Donald is fascinating.

Julie：How about this Tuesday evening?（　3　）?

Paul：I'm sorry. I have to finish reading two chapters for my psychology class
　　　　this Tuesday evening. The paper is（　4　）Thursday.

Julie：Oh,（　5　）. How about Friday afternoon? My third period is open.

Paul：Let's see… Friday third period… Oh, that's fine with me. I can definitely
　　　　make it. Why don't we reserve a study room at the Learning Support
　　　　Center? We can borrow a computer, and there's a whiteboard, and all
　　　　that.

Julie：That sounds good. I'll go and book it. Oh, I can probably book it online. Are
　　　　we going to use any software for our presentation?

Paul：（　6　）. Actually, I have a suggestion for that. I recently found new
　　　　presentation software we can run online while presenting. I forgot the
　　　　name of the software program, but…

Julie：Paul, I don't really care what kind of program we're going to use since I'm
　　　　not a tech-person like you, so I'll（　7　）you.

Paul：I'll check how to use it by Friday. By the way, did you attend the lecture
　　　　given by Professor Henderson?

Julie : Of course, (　8　), right ? I've never skipped his lectures, and I never 30
　　　want to. His unique way of looking at the Meiji Restoration completely
　　　changed my perspectives on the modernization of Japan.

Paul : That was the best lecture I've ever attended ! Oh, actually, he's giving a
　　　special seminar soon. The information was going around on social media.
　　　It's about Japanese modernization in the late 19th century. 35

Julie : Oh, that's something we shouldn't miss. When will it be held ?

Paul : Let me check my memo... it actually starts from 3:00 this afternoon. What
　　　time is it ?

Julie : Quarter to 3:00. Where will it be held ?

Paul : It's at the Fraser Hall, Room 301. It's on the other side from where we are 40
　　　now. It will easily take 30 minutes (　9　). I don't want to miss it, though.

Julie : Hey, there's a bus right there. Let's get on ! We can probably make it then.

Paul : Yes, you're right. Only 30 students can join the seminar. (　10　).

Julie : Let's give it a try anyway.

(1)　a . coming　　　　b . going　　　　c . offering　　　　d . closing

(2)　a . put off　　　　b . sorted out　　　c . filled up　　　　d . cleared up

(3)　a . Do you need the time　　　　b . Are you good enough
　　　c . Are you available　　　　　　d . Are you convenient

(4)　a . due for　　　　　　　　　　　b . due on
　　　c . expected under　　　　　　　d . expecting on

(5)　a . that's awesome　　　　　　　b . that's too bad
　　　c . that doesn't make sense　　　d . it's better than nothing

(6)　a . That's too late　　　　　　　b . That's a good question
　　　c . That's exactly what I mean　　d . That's not possible

(7)　a . leave it to　　　　　　　　　b . give it to
　　　c . catch up with　　　　　　　d . take care of

(8)　a．you do your best　　　　　　b．you do me a favor

　　c．you miss it　　　　　　　　　d．you know me

(9)　a．on foot　　　b．on feet　　　c．by walks　　　d．on walks

(10)　a．It's very kind of you　　　　b．It's first come, first served

　　c．Let's take our time　　　　　d．We shouldn't get a taxi

≪勉強熱心な大学生のポールとジュリー≫

全 訳

大学生のポールとジュリーがキャンパスで話している。

ジュリー：あら，ポール。元気？

ポール　：やあ，ジュリー。元気だよ，ありがとう。君はどう？

ジュリー：とっても元気よ，ありがとう。で，ドナルド教授の授業の発表の準備は
　　　　　いつにする？　発表の日ももうすぐよ。来週の金曜日だから。

ポール　：おっと，そのことはすっかり忘れていたよ。最近とても忙しくて，予定
　　　　　もいっぱいだったんだよ。

ジュリー：でもね，この授業は私の好きなもののうちの１つだから，準備には十分
　　　　　時間をかけたいと本当に思っているの。

ポール　：そうだね。それはぼくも同感だよ。ぼくも好きな授業の１つだし，ドナ
　　　　　ルド教授は本当に授業がおもしろいからね。

ジュリー：今度の火曜日の夕方はどう？　空いてる？

ポール　：ごめん。今度の火曜日の夕方は心理学の授業のために本を２章分読み終
　　　　　えないといけないんだ。レポートの締め切りが木曜日だから。

ジュリー：あら，それは残念。金曜日の午後ならどう？　私は３時間目が空いてる
　　　　　わ。

ポール　：ええっと。金曜日の３時間目だよね。ああ，それなら大丈夫だよ。まっ
　　　　　たく問題ないね。学習支援センターの学習室を予約しない？　コンピュ
　　　　　ータも借りられるし，ホワイトボードなんかもあるからね。

ジュリー：それはいいわね。私が行って予約するわ。ああ，たぶんオンラインで予
　　　　　約できるわよね。発表のためにソフトは何か使う？

ポール　：よくぞ聞いてくれたね。実は提案なんだけど。発表しているときにオン
　　　　　ラインで実行できる新しいプレゼンテーション用ソフトを最近見つけた
　　　　　んだ。ソフトの名前は忘れちゃったんだけど…。

ジュリー：ポール，私はあなたみたいにパソコンに詳しくないから，どんなソフト
　　　　　を使うかはまったく気にならないわ。だからあなたに任せちゃう。

ポール　：金曜日までに使いかたを確認しておくよ。ところで，ヘンダーソン教授
　　　　　の講議には出た？

ジュリー：もちろんよ，私のことはよく知っているはずよね。先生の講議は聞き逃
　　　　　したことはないし，聞き逃したくないの。先生の明治維新に対する独特
　　　　　の見かたをうかがって，日本の近代化に対する私の考えはがらりと変わ
　　　　　ったわ。

ポール　：いままで聞いたなかで最高の講議だったよ！　おっと，実は，先生の特
　　　　　別セミナーがもうすぐあるんだ。ソーシャルメディアで情報が出回って
　　　　　たよ。19世紀後半の日本の近代化についてだってさ。

ジュリー：あら，それは聞き逃せないわ。いつあるの？

ポール　：メモを確認するよ。実は今日の午後３時に始まるんだね。今何時？

ジュリー：３時15分前よ。どこであるの？

ポール　：フレイザーホールの301番教室だって。ここからだと反対側だね。歩いて行けば30分はゆうにかかっちゃうなぁ。でも，聞き逃したくないな。

ジュリー：ほら，あそこにバスが来てるわ。乗りましょうよ！　そうすれば間に合うんじゃない。

ポール　：たしかにそうだね。セミナーに出席できる学生は30人だけなんだ。先着順なんだよ。

ジュリー：とにかく行ってみましょうよ。

解　説

(1)　正解は　a ───────────────

a．「近づいている」　　　　　　　b．「進んでいる」

c．「提供している」　　　　　　　d．「閉まりかけている」

　　ジュリーはこの直後に，発表の日は来週の金曜日だと述べており，空所を含む部分では，発表日が近づいているという内容を述べたと考えられ，a．coming が正解となる。この進行形は，往来発着を表す動詞が進行形で確定した未来の予定を表す用法。

(2)　正解は　c ───────────────

a．「延期されて」　　　　　　　　b．「整理されて，分類されて」

c．「いっぱいになって」　　　　　d．「きれいになって」

　　ポールは空所の直前に最近はとても忙しいと述べており，スケジュールがつまっている状況を説明したものと判断できるので，c．filled up が正解となる。この filled up は fill A up または fill up A の形で「A をいっぱいにする」という意味の表現が受動態になったもの。

(3)　正解は　c ───────────────

　　ジュリーはこの直前，二人が会う日程として今週の火曜の夕方を提案しており，相手の都合を尋ねたものと判断でき，「時間は空いてる？，都合はつく？」という意味の，c．Are you available が正解となる。d．Are you convenient は，convenient「便利な，都合がよい」が物，事，場所などを主語にするので不適。Is it convenient to you なら正しい。

(4)　正解は　b ───────────────

　　ポールはこの直前，火曜の夕方は心理学の授業のために本を2章分読み終えなければならないと述べており，空所の後には曜日が続いていることから，ここではレポートの締め切り日を話題にしていると判断でき，「締め切りで」という意味の形容詞の due と，曜日の前に用いる前置詞の on が使われている b．due on が正解となる。

⑸　**正解は　b**

　a.「それは素晴らしい」　　　　　b.「それは残念だ」

　c.「それでは筋が通らない」　　　d.「それは何もないよりましだ」

　ジュリーは，この発言の前に，ポールから火曜の夜は都合がつかないと返事されていることから判断して，「それは残念だ」という意味のb.that's too bad が正解となる。

⑹　**正解は　b**

　a.「それでは遅すぎる」　　　　　b.「それはいい質問だ」

　c.「それはまさに私の真意だ」　　d.「それは不可能だ」

　この直前に，ポールはジュリーから発表用のソフトを使用するかを尋ねられている。空所の後に積極的にその提案に乗る発言をしていることから，直訳すると「それはいい質問だ」となり，「いいところに気がついたね」とか「よくぞ聞いてくれた」という意味に用いられるb.That's a good question が正解となる。

⑺　**正解は　a**

　a.「それは～に任せる」　　　　　b.「それを～にあげる」

　c.「～に追いつく」　　　　　　　d.「～の世話をする」

　ジュリーはこの直前，自分は発表用のソフトはどれでもいいし，その方面はポールほど詳しくないことを述べていることから，選択はポールに任せると述べたものと判断でき，a.leave it to が正解となる。

⑻　**正解は　d**

　a.「あなたは全力を尽くす」　　　b.「あなたは私に手を貸してくれる」

　c.「あなたはそれを聞き逃す」　　d.「あなたは私を知っている」

　直前にポールからヘンダーソン教授の講義に出たことがあるかを尋ねられ，ジュリーは空所の後に続けて，ヘンダーソン教授の講議は聞き逃したことがないと述べている。d.you know me であれば，「あなたは私のことをよく知っているから，自分がヘンダーソン教授に心酔していることもわかるはずだ」という意味で述べていると解釈でき，文脈上も適切なので，これが正解となる。

⑼　**正解は　a**

　選択肢はいずれも「徒歩で」という意味を表現しようとしていると判断でき，正しい表現であるa.on foot が正解となる。この foot は手段として体の部位を用いているだけなので不可算名詞扱いとなるため，b.on feet は不適。cとdは walk にこのような表現はないので不適。

⑽　**正解は　b**

　a.「ご親切に（どうもありがとう）」　　b.「それは先着順だ」

　c.「ゆっくりやろうよ」　　　　　d.「タクシーに乗るべきではない」

　セミナーの開始時刻まで15分しかないという状況。First come, first served. は

「早い者勝ち，先着順」という表現であり，空所の直前，セミナーには 30 人しか参加できないとも述べていることから， b ．It's first come, first served が正解となる。

●語句・構文‥‥‥‥‥‥‥‥‥‥‥‥‥‥‥‥‥‥‥‥‥‥‥‥‥‥‥‥‥‥‥‥‥‥‥‥‥
□ *l.* 3　How are you doing?「元気？，調子はどう？」
□ *l.* 11　I'm with you there.「その点では君に賛成だ，私も同感だ」
□ *l.* 12　fascinating「魅力的な，鮮やかな」
□ *l.* 17　Let's see.「ええっと，どれどれ」
　　　　I can make it.「それでうまくいく，それで調整がつく」
□ *l.* 24　run *A* online「*A* をオンラインで実行する，起動する」
□ *l.* 27　tech-person「技術者」　ここでは「パソコンに詳しい人」という意味。
□ *l.* 32　perspective「考えかた，見かた，視点」
□ *l.* 42　can make it はここでは「間に合う」という意味。
□ *l.* 44　give it a try「試しにやってみる」

(1)—a　(2)—c　(3)—c　(4)—b　(5)—b　(6)—b　(7)—a　(8)—d　(9)—a　(10)—b

57

次の会話文を読み，空所（1〜10）に入れるのに最も適当なものを，それぞれ下記
（a〜d）の中から 1 つ選び，その記号をマークしなさい。

James : I'm sure I recognize that person over there. I (　1　) his face somewhere before.

Sophia : Who do you mean ? The man in the red tie ?

James : No, not that one, the younger guy just to his left with the black briefcase.　5

Sophia : Who is he ?

James : I'm not (　2　), but I think he might be someone I met a couple of years ago on holiday. That cycling tour in Italy.

Sophia : Oh yes, you rather enjoyed that. Well, why don't you go up and say hello ?　10

James : No, I can't even remember his name.

Sophia : That doesn't matter. There's (　3　) in introducing yourself.

James : Okay, well if you say so.

James goes over to introduce himself to the man with the black briefcase.

James : Excuse me, my name's James Walker. I was wondering whether (　4　15) you might be someone I met in Italy a few years ago.

David : Why, of course I know you ! You're the one who had the nasty accident on the second day. I'm David, by the way … David Price.

James : Well, it was nothing really, David. The tour guide drove me on to the hotel, where I swam in the swimming pool, and then lent me a new bike　20 as the first one had got broken, and I was able to finish the ride without any problem after that.

David : So how are you doing now ? Are you still cycling ?

James : Yes, I joined a club, and we go out somewhere usually once a month, at least if the weather's not too cold. This August we're going to France,　25 which should be fun. By the way, I remember you (　5　) me then that you'd just quit your job and were going to start your own business.

David : That's why I joined the tour. To (　6　) from it all for a few weeks.

James :I'm sorry I forgot, but what is it your company does？Nothing to do
30   with bicycles, I suppose.

David :In fact, I run a small business making shampoo and stuff for luxury
        hotels, so every time you stay in a smart hotel in London or wherever,
        it's quite likely you'll be washing your hair with one of my products.

James :（　7　）you must be doing well. Not that I stay in smart hotels very
35   often.

David :Well, it was hard to start with－hiring good staff, getting ourselves
        known and so on－but business has really started to improve in the last
        few months, and we're even talking of expanding.

James :I'm glad to hear that. I'm in my same old office job（　8　）. Anyway,
40   you must meet my wife. She didn't come with me to Italy.

　　James introduces David to Sophia.

James :Sophia, I'd like you to meet my friend, David. He's done very well for
        himself making shampoo and selling it around all the hotels in London.

Sophia:Sounds（　9　）！Nice to meet you.

45 *David* :Very nice to meet you too.

Sophia:I don't suppose you sell shampoo to ordinary people like me, do you？

David :Huh, we haven't（　10　）that far yet. The shampoo market's a tough
        one to get into. Anyway, I've got a load of the stuff in the back of my car,
        which I'm happy to give you for free if you like.

50 *Sophia*:How extremely generous of you！

(1)　a. always know　　　　　　b. had often watched
　　c. know I've seen　　　　　d. sometimes see

(2)　a. exactly sure　　　　　　b. really uncertain
　　c. totally correct　　　　　d. very responsible

(3)　a. a lot of meaning　　　　b. no harm
　　c. no point　　　　　　　　d. some risk

(4)　a. accidentally　　　　　　b. by no means
　　c. by any chance　　　　　　d. unexpectedly

(5) a．reminding   b．showing   c．teaching   d．telling

(6) a．fall away   b．take a break
     c．jump away   d．take a step

(7) a．I recalled   b．I guess   c．I said   d．I propose

(8) a．as usual   b．overall
     c．in the end   d．without exception

(9) a．awful   b．convincing   c．impressive   d．realistic

(10) a．run   b．got   c．made   d．achieved

全訳

≪夫婦と知人との会話≫

ジェイムズ：向こうのあの人，確か，見覚えがある。きっと，以前どこかで顔を見かけたことがあると思うんだ。

ソフィア　：誰のこと？　赤いネクタイをした男性？

ジェイムズ：いや，その人じゃなくて，その人のすぐ左側にいて，黒の書類鞄を持っているもっと若い男だよ。

ソフィア　：彼は誰なの？

ジェイムズ：僕もはっきりとはわからないけど，2，3年前，休暇を取ってたときに出会った人かもしれないな。あのイタリアの自転車旅行だよ。

ソフィア　：ああ，そう，結構楽しんできたという，あれね。じゃ，行って，挨拶したらどうなの？

ジェイムズ：いや，名前さえ思い出せないんだよ。

ソフィア　：そんなこと問題じゃないわよ。自分の名前を言うのは差し支えないじゃない。

ジェイムズ：わかった，じゃ，君がそう言うならね。

　　ジェイムズは自分の名前を言うために，黒い書類鞄を持った男性のところへ行く。

ジェイムズ：ちょっと失礼します。僕の名前はジェイムズ=ウォーカーです。ひょっとして2，3年前にイタリアで出会った方じゃないかと思ったものですから。

デイビッド：わあ，もちろん，わかりますよ！　あなたは2日目にひどい事故に遭った人ですよね。ちなみに，僕はデイビッド…デイビッド=プライスです。

ジェイムズ：あの，それが，実はたいしたことじゃなかったんですよ，デイビッド。ツアーガイドがホテルまで車で送ってくれて，そこのプールで泳いで，それから，最初の自転車が壊れたから，新しい自転車を僕に貸してくれましてね。だから，その後何の問題もなくサイクリングを終えることができたんですよ。

デイビッド：それでは，今はどうしているんですか？　まだサイクリングをしているとか？

ジェイムズ：ええ，クラブに入って，たいていは月に一度，どこかに出かけてましてね。少なくとも，天気が寒すぎない場合ですがね。この8月にはフランスへ行くんですが，楽しいものになるはずです。ところで，思い出しましたが，あの時，君は仕事を辞めたばかりで，自分で事業を始めると言ってましたよね。

デイビッド：それで，あの旅行に参加したんです。2，3週間，そのことすべてから離れて一休みするためにね。

ジェイムズ：忘れていて申し訳ないんだけど，君の会社がしているのは何なの？　自転車とは関係ないんだろうね。

デイビッド：実は，高級ホテル用のシャンプーなどを作っている小さな会社を経営

　　　　　しているんですよ。だから，あなたがロンドンやその他どこかの立派
　　　　　なホテルに泊まるときはいつも，うちの製品の一つを使って，髪を洗
　　　　　っているってことが大いにありそうですよ。

ジェイムズ：順調にやっているようだね。僕はしょっちゅう立派なホテルに泊まる
　　　　　ってわけじゃないけどね。

デイビッド：ええ，それは初めは大変でしたよ――優秀な職員を雇ったり，会社
　　　　　を知ってもらったりとかね――でも，この2，3カ月で事業が実際，
　　　　　うまく進み始めて，拡張話まで出ているんですよ。

ジェイムズ：それを聞けてうれしいよ。僕のほうは相変わらず前と同じ事務仕事を
　　　　　やってるんだけどね。それはそうと，僕の妻に会ってくれなくちゃ。
　　　　　妻はイタリアへは一緒に行かなかったので。

　ジェイムズはデイビッドをソフィアに紹介する。

ジェイムズ：ソフィア，君に友達のデイビッドに会ってもらいたいんだけど。彼は
　　　　　自力でシャンプーを作って，ロンドン中のホテルに売り回って，成功
　　　　　しているんだよ。

ソフィア　：たいしたものね！　お会いできてうれしいわ。

デイビッド：僕もお会いできてうれしいですよ。

ソフィア　：あなたは私のような一般人にシャンプーを売らないと思うけど？

デイビッド：まだそこまではいっていないのです。シャンプー市場は参入するのが
　　　　　大変な市場なので。とにかく，僕の車の後ろに品物を山ほど積んでい
　　　　　るので，もしよければ，無料でもらってくれればうれしいのですが。

ソフィア　：何て気前がいいの！

解　説

(1)　**正解は　c**

a．「常に知っている」　　　　　　b．「しばしば見張っていた」
c．「きっと見たことがある」　　　d．「時々見る」

　文末の before「以前に」に注目すると，この部分は経験を表していると判断で
き，現在完了時制の c．know I've seen が正解となる。この know は「きっと～
だと思う」という意味で用いられている。

(2)　**正解は　a**

a．「まさに確信して」　　　　　　b．「本当に不確かな」
c．「まったく正しい」　　　　　　d．「非常に責任がある」

　直後に，I think he might be ～「彼はひょっとして～かもしれないな」と述べて
いることから，確信がもてていないことがわかり，I'm not に続ける語句としては
a．exactly sure が正解となる。not exactly「必ずしも～というわけではない」

(3)　正解は　b ───────────────────────
　a．「多くの意味」　　　　　　　　b．「無害」
　c．「無意味」　　　　　　　　　　d．「何がしかの危険」
　　直前に That doesn't matter.「そんなことどうでもいいじゃない」と述べており，ソフィアは名前が思い出せなくても，その男性に名前ぐらい名乗ってもよいと考えていることがわかるので，There is no harm in *doing* の形で「～しても問題はない，～しても悪くはない」という意味の b．no harm が正解となる。c．no point だと There is no point in *doing*「～しても無駄だ」という表現になるが，文脈上不適。

(4)　正解は　c ───────────────────────
　a．「偶然に」　　　　　　　　　　b．「決して～ない」
　c．「もしかして，ひょっとして」　d．「不意に，意外に」
　　この後に you might be ～「あなたは～かもしれない」と，確信のない言い方をしていることから，「ひょっとして」という意味の c．by any chance が正解となる。

(5)　正解は　d ───────────────────────
　a．「～を思い出させる」　　　　　b．「～を示す」
　c．「～を教える」　　　　　　　　d．「～を言う，～を話す」
　　ジェイムズは初めてデイビッドに会ったとき，彼が自分で事業を始めるという話をしていたのを思い出した，という文脈。この後に続く me と that 節という2つの目的語があることから d．telling が正解となる。a．reminding は2つの目的語をとらないので不適。b．showing も目的語が that 節の場合は，単独で用いるのが普通であり，しかも何かで示したわけではないので不適。c．teaching も学問や教訓を教えるわけではないので不適。

(6)　正解は　b ───────────────────────
　a．「剝がれ落ちる」　　　　　　　b．「一休みする」
　c．「跳びのく」　　　　　　　　　d．「一歩進む」
　　ツアーに参加した目的を述べている箇所であり，from it の it は直前のジェイムズの発言にある「仕事を辞め，自分で事業を始める」という状況を指している。したがって，その状況から離れて一息つくという話の流れだと判断でき，b．take a break が正解となる。

(7)　正解は　b ───────────────────────
　a．「私は思い出した」　　　　　　b．「私は思う」
　c．「私は言った」　　　　　　　　d．「私は提案する」
　　直前のデイビッドの発言内容から，ジェイムズは事業が順調だと思ったと判断でき，(that) you must be doing well「君は順調にやっているに違いない」という that 節を目的語とする表現としては，b．I guess が文脈上適切。

⑻　正解は　a ────────────────

　　a.「相変わらず，いつものように」　　b.「概して」

　　c.「結局は」　　　　　　　　　　　　d.「例外なく」

　　　直前に I'm in my same old office job と述べており，ジェイムズが置かれている状況は変わっていないと考えられるので，a. as usual が正解となる。

⑼　正解は　c ────────────────

　　a.「恐ろしい，ひどい」　　　　　　　b.「説得力のある」

　　c.「印象的な，素晴らしい」　　　　　d.「現実的な」

　　　ジェイムズがソフィアに対して，デイビッドの事業がうまくいっている話をしていることから，ソフィアはそのことに対して好意的な発言をしたはずであり，c. impressive が文脈上適切。

⑽　正解は　b ────────────────

　　a.「走った」　　　　　　　　　　　　b.「達した，至った」

　　c.「作った」　　　　　　　　　　　　d.「達成した」

　　　直後に「シャンプー市場は参入するのが難しい市場だ」と述べているのがヒントになる。空所の後の that が「それほど」という意味の副詞で，far の意味を強めていることに気づくかどうかがポイント。get far には「うまくいく，成功する」という意味があり，we haven't got that far yet で「まだそこまではうまくいっていない」という意味になって，文脈上も適切なので，b. got が正解となる。

●語句・構文………………………………………………………………………………

□ l. 3　The man in the red tie「赤いネクタイをした男性」

□ l. 9　why don't you *do*?「〜したらどう？」

□ l.28　That's why 〜「そういうわけで〜，それで〜」

□ l.34　Not that 〜「〜というわけではない」

□ l.48　a load of 〜「多量の〜」

⑴─c　⑵─a　⑶─b　⑷─c　⑸─d　⑹─b　⑺─b　⑻─a　⑼─c　⑽─b

58

目標解答時間 10 分　**配点** 30 点

次の会話文を読み，空所（ 1 ～10）に入れるのに最も適当なものを，それぞれ下記（ a ～ d ）の中から 1 つ選び，その記号をマークしなさい。

Hikari　: What do you think about the coming rise in consumption tax ?

Tsubasa : I am totally against it. I think I won't be able to afford to buy things that are not absolutely necessary. This country is （　1　） all of its citizens.

5　*Hikari*　: Maybe so. But I support it. The government debt is getting out of （　2　）, and raising tax is necessary to keep the country from going bankrupt. Higher taxes are certainly better than turning into a financial disaster.

Tsubasa : I was thinking of buying a new car, so I have to buy it before the tax

10　　　　　rate goes up. I also have to cut （　3　） on my travel after the rise in consumption tax.

Hikari　: Well, maybe you won't feel as rich because you won't be able to buy everything you want. （　4　）, you may feel more secure if the rise in tax helps the national health insurance system and social welfare.

15　*Tsubasa* : Yes, but I （　5　） get sick, and I plan to take care of myself when I'm old. Anyway, I think they should （　6　） where everyday necessities are tax-free.

Hikari　: Like what ?

Tsubasa : Food and clothing are examples of things we need every day.

20　*Hikari*　: I think all goods should be taxed, and the tax money be used to help the socially （　7　） groups such as the elderly.

Tsubasa : Well, I support my parents, who are retired. The government will not support them further （　8　） I pay more tax.

Hikari　: I am sorry to hear that. Perhaps the increase in tax will enable the

25　　　　　government to help you support your parents.

Tsubasa : I certainly hope so. （　9　）, I can't save enough money until retirement. As I said before, the rise in consumption tax will definitely discourage me from buying anything. It will cost me a lot to buy anything. It is also a problem for a healthy economy.

Hikari : This new law will certainly be an opportunity for all of us to think ₃₀ about our lifestyle. Don't you think modern lifestyles have become quite wasteful and even thoughtless?

Tsubasa : You are right. Perhaps our generation will find new meaning for happiness. Looking on the bright side, we may have something to gain from this (　10　) negative change. ₃₅

Hikari : That's a good point. You've given me some food for thought.

(1)　a. creating opportunities for　　b. distributing benefits to
　　 c. putting more pressure on　　　d. suffering disadvantages from

(2)　a. contact　　　　　　　　　　　b. consideration
　　 c. context　　　　　　　　　　　d. control

(3)　a. away　　　　b. back　　　　　c. through　　　　d. up

(4)　a. As a result　　　　　　　　　b. Because of that
　　 c. On the other hand　　　　　　d. Therefore

(5)　a. always　　　　　　　　　　　b. hardly ever
　　 c. often　　　　　　　　　　　　d. on occasion

(6)　a. hold an election　　　　　　　b. prevent measures
　　 c. set up a system　　　　　　　d. survey citizens

(7)　a. advantaged　　　　　　　　　b. deprived
　　 c. forced　　　　　　　　　　　d. overestimated

(8)　a. as if　　　　b. even if　　　　c. how　　　　d. why

(9)　a. By the way　　　　　　　　　b. Consequently
　　 c. Generally　　　　　　　　　　d. Otherwise

(10)　a. definite　　　b. hopefully　　c. seemingly　　d. ultimate

≪消費税増税に対する賛否≫

全訳

ヒカリ：これから消費税が上がるのについてどう思う？

ツバサ：全面的に反対だよ。絶対に必要なもの以外は買えなくなっちゃうと思うから。この国は国民全員にもっと負担を押しつけるんだよ。

ヒカリ：そうかもしれないね。でも，私は賛成なの。政府の借金はもうどうしようもないくらいになっていて，国家の財政が破綻しないようにするためには増税が必要だわ。財政が大変なことになるくらいなら増税のほうが絶対にましでしょ。

ツバサ：新しい車を買おうと思ってたから，増税前に買わないと。消費税が上がったら旅行も控えないと。

ヒカリ：そうね，欲しいものが何でも買えるわけじゃなくなるから，今ほど余裕があるとは感じなくなるかもね。でも，増税が国民健康保険制度と社会福祉のためだとすれば，今より安心できるかも。

ツバサ：それはそうだけど，めったに病気にならないし，年をとったら自分のことは自分でどうにかするつもり。とにかく，生活必需品は免税にするしくみを作るべきだと思うな。

ヒカリ：例えばどんな？

ツバサ：食料品や衣料品なんかは毎日必要だよね。

ヒカリ：私は，すべてのものに課税して，その税収を高齢者のように社会的に弱い立場の人を援助するのに使うのがいいと思う。

ツバサ：そうかなぁ。ぼくは退職した両親の面倒を見ているんだ。税金をもっと払ったからって政府が今以上に彼らの面倒を見てくれるわけじゃないよね。

ヒカリ：残念だけどね。ひょっとしたら，増税によって政府が親の面倒を見るのを援助してくれるかもしれないわよ。

ツバサ：ぜひそうしてほしいもんだね。そうじゃないと，退職するまでに十分貯金ができないよ。さっきも言ったけど，消費税が上がると買い物をする気が失せるのは間違いないよね。買い物をすると高くつくようになるんだから。それは健全な経済にとっても問題だよ。

ヒカリ：新しい法律ができれば，私たちみんなが生活のしかたについて考える機会にきっとなると思うの。今の生活のしかたって，とても無駄が多くなって，何も考えてないとさえ思わない？

ツバサ：そのとおりだね。ぼくらの世代が幸福の新しい意味を見つけるのかもしれない。楽観的な見方をすれば，この一見，悪いとも思える変化から得られるものもあるかも。

ヒカリ：本当よね。考えるいい機会になるわ。

解　説

(1) 正解は　c

a.「~のために機会を創り出している」

b.「~に利益を分配している」

c.「~にもっと負担をかけようとしている」

d.「~から不利益を被っている」

　増税する側の国が主語であることから，それが国民にどういう行為をしているかを考えると「~にもっと圧力をかける，~にもっと負担をかける」という意味の c. putting more pressure on が正解となる。この進行形は未来に予定された確定的な行為を表す用法と考えられる。

(2) 正解は　d

a.「接触」　　　　　　　　　　　　　b.「考慮，思いやり」

c.「文脈，状況」　　　　　　　　　　d.「制御，抑制」

　財政が破綻しようとしている状況なので，get out of control で「収拾がつかなくなる，手のつけられない状態になる」という意味の d. control が正解となる。

(3) 正解は　b

　増税に対してどういう対策をたてようとしているかを考えると，cut back on ~ で「~を削減する」という意味の b. back が正解となる。

(4) 正解は　c

a.「結果として」　　　　　　　　　　b.「そのために」

c.「その一方で」　　　　　　　　　　d.「したがって」

　直前の文で増税のマイナス面を，空所の後ではプラス面を対比しながら述べているので，「その一方で，他方」という意味の c. On the other hand が正解となる。このイディオムは On one hand「一方では」と組み合わせて用いることも多い。

(5) 正解は　b

a.「いつも」　　　　　　　　　　　　b.「ほとんど~ない，めったに~ない」

c.「しばしば」　　　　　　　　　　　d.「時々」

　直前の健康保険制度や社会福祉の維持が必要だという趣旨のヒカリの発言に対して，ツバサはこの後，自分のことは自分でなんとかすると述べていることから，「めったに病気にはならない」と発言したと判断でき，seldom「めったに~ない」とほぼ同じ意味をもつ b. hardly ever が正解となる。

(6) 正解は　c

a.「選挙をおこなう」　　　　　　　　b.「対策を回避する」

c.「制度を作り上げる」　　　　　　　d.「市民を調査する」

　これ以前の会話の流れからツバサが増税に反対の立場であることは明らか。

where 以下は空所中の名詞を先行詞とする関係副詞節と考えられ，「生活必需品が免税になる」という内容は何を説明したものかを考えると，system「制度」が先行詞となることがわかる。よって c ．set up a system が正解。

(7)　正解は　b ────────────────────

a ．「恵まれた，豊富な」　　　　　b ．「貧しい，困窮した」

c ．「強制された」　　　　　　　　d ．「過大評価された」

　ヒカリが社会的にどういう人たちを救済すべきだと述べているかを考えると，「貧しい，困窮した」という意味をもつ b ．deprived が正解となる。

(8)　正解は　b ────────────────────

a ．「まるで～かのように」　　　　b ．「たとえ～だとしても」

c ．「どのようにして」　　　　　　d ．「なぜ」

　空所の後には「もっと税金を払う」という文が続いており，直前の「政府は今以上には社会的弱者を支援しないだろう」という主節に対して文脈上適切な副詞節とするには「たとえ～だとしても」という譲歩の意味をもつ b ．even if が正解となる。

(9)　正解は　d ────────────────────

a ．「ところで」　　　　　　　　　b ．「結果的に」

c ．「一般的には」　　　　　　　　d ．「そうでなければ」

　空所の前では，両親の老後の面倒を見ているツバサを政府も援助してくれるというヒカリの発言に同意しており，空所の後では「退職までに十分なお金がたまらない」と述べていることから，この2つの内容をつなぐ語としては「そうでなければ」という逆接の意味をもつ副詞の d ．Otherwise が正解となる。

(10)　正解は　c ────────────────────

a ．「明確な」　　　　　　　　　　b ．「願わくば，できれば」

c ．「一見したところ」　　　　　　d ．「最終的な」

　空所の前には「何か得るものがある」という楽観的な見方を述べており，空所の後では negative change「悪い変化」という否定的な語が続いていることから，選択肢の中で文脈上適切な語は「一見したところ」という意味の副詞である c ．seemingly が正解となる。

●語句・構文……………………………………………………

□ l. 1　coming「来るべき，次の」
　　　　 rise in consumption tax「消費税の増税」

□ l. 2　be against ～「～に反対である」

□ l. 6　go bankrupt「破産する」

□ l. 8　financial disaster「財政危機」

☐ *l.* 14　national health insurance system「国民健康保険制度」
　　　　　social welfare「社会福祉」
☐ *l.* 28　discourage *A* from *doing*「*A* が〜するのをやめさせる，*A* が〜する気をそぐ」
☐ *l.* 34　Looking on the bright side「物事の明るい面を見れば，いい方に考えると」
☐ *l.* 36　That's a good point.「それはもっともだ，いい指摘だ」
　　　　　food for thought「考える材料，きっかけ」

(1)―c　(2)―d　(3)―b　(4)―c　(5)―b　(6)―c　(7)―b　(8)―b　(9)―d
(10)―c

第4章

英作文

和文英訳

59

目標解答時間 5分 **配点** 14点

次の日本文に相当する意味になるように英文の空所を埋めなさい。答えは，空所に入れる部分のみを記述式解答用紙の所定欄に記入しなさい。

トイレの標識は世界的にほぼ共通だから，どの国へ行っても迷うことはない。

Because signs indicating a restroom（　　　　　　　　　　　　　　　　）.

解　説

「トイレの標識は世界的にほぼ共通だから，どの国へ行っても迷うことはない」

・Because signs indicating a restroom に続く「世界的にほぼ共通」という部分を「ほぼどの国でも共通」と考えると common in almost all (the) countries となるが，ここでは「ほぼ同じ」という意味と考えられ，much the same や almost the same というように表現できる。「世界的に」は「世界中で」と考えて，all over the world や across the world (globe) とする。「世界的に共通」を「普遍的な，万国共通の」と考えて universal という語を用いてもよいだろう。

・「どの国へ行っても」という部分は，途中に挿入しても文末に置いてもよいが，複合関係形容詞を用いて，whichever country you (may) go to や，whichever country you are in としたり，whichever を no matter which に置き換える形で表現できる。なお，whichever か whatever かで迷うかもしれないが，世界の国のように選択肢がある場合は whichever の方がよいだろう。この部分を「世界のどこへ行こうと」と考えて wherever you go in the world としてもよい。また，「あなたが行くどの国でも」と考えて，in any country you visit のように前置詞句で表現してもよいだろう。

・「迷うことはない」は「（その標識がどういう意味か）迷うことはない」という意味に解釈すると you will never wonder what they〔the signs〕mean とすることができる。また，「（トイレは）道に迷わず難なく見つかる」と考えて，you won't have any trouble〔difficulty〕finding one としてもよいだろう。この one は不特定のトイレを指す。また，you can easily tell where the restrooms are などと表現することも可能。

〈解答例1〉 are much the same all over the world, you will never wonder what they mean, whichever country you (may) go to
〈解答例2〉 are common in almost all countries, wherever you (may) go in the world, you won't have any trouble finding one
〈解答例3〉 are almost universal, you can easily tell where the restrooms are in any country you visit

60

目標解答時間　5 分　**配点**　14 点

次の日本文に相当する意味になるように英文の空所を埋めなさい。答えは，空所に入れる部分のみを記述式解答用紙の所定欄に記入しなさい。

　ライト教授の学生は，実験をすることと，その進み具合を週 2 回報告することを課されたものだった。

Professor Wright's students (　　　　　　　　　　　　　　　　　　　　).

解 説

「ライト教授の学生は，実験をすることと，その進み具合を週2回報告することを
課されたものだった」

・Professor Wright's students が主語として与えられており，全体としては受動態
　となる。「～することを課されたものだった」の，「ものだった」という部分は過
　去における反復的な行為を表すので，助動詞の used to や would を用いる。「～
　することを課される」は「～することを求められる」と考えて，be required to
　do の形で表現する。この表現が浮かばない場合は，「～することを指導される」
　と考えて，be instructed to *do* の形で表現することも可能。
・「実験をする」は，そのまま do experiments とするか，conduct experiments と
　する。make experiments という表現を利用してもよい。
・「その進み具合を週2回報告する」の，「その進み具合」という部分は，「実験が
　どう進んでいるか」と考えると，疑問詞節の形で how they（the experiments）
　are going とするか，their progress のように，名詞を使って表現することもで
　きる。また，主語を学生たちにして，「彼らが実験をどう進めているか」と考え，
　how they are getting on with them（the experiments）としてもよいだろう。
・「～を週2回報告する」は report ～ twice a week とするが，report の目的語を
　疑問詞節で書いた場合，修飾関係があいまいにならないよう，twice a week を，
　report の直後に置き，その後に疑問詞節を続けてもよいだろう。

〈解答例1〉 used to be required to conduct experiments and report twice a
　　　　　 week how they were going
〈解答例2〉 would be required to do experiments and report their progress
　　　　　 twice a week
〈解答例3〉 used to be instructed to make experiments and report twice a
　　　　　 week how they were getting on with them

61

次の日本文に相当する意味になるように英文の空所を埋めなさい。答えは，空所に入れる部分のみを記述式解答用紙の所定欄に記入しなさい。

私の高校の先生が非常に大きな影響力を持っていたので，私も教師になると決めた。

My high school teacher（　　　　　　　　　　　　　　　　　　　　　　　）.

解　説

「私の高校の先生が非常に大きな影響力を持っていたので，私も教師になると決めた」

・My high school teacher で始めるよう指示されており，接続詞がないことから，「非常に大きな影響力を持っていたので」という理由を表す部分は，so ～ that … や such ～ that … の形で「非常に～なので…」という意味の構文を用いるとよいだろう。so の後ろは形容詞か副詞，such の後ろは通常，形容詞のついた名詞を用いることになる。形容詞としては，influential「影響力の大きい」を利用することも可能。

・「影響力を持つ」という部分を have an influence〔impact〕on ～ と表現すると，「大きな」という部分は strong，great，profound などの形容詞を influence の前に置き，such ～ that … の構文を用いるとよい。

・「教師になると決めた」という部分は，「～すると決める」を，decide to *do* や resolve to *do* とするか，make up *one's* mind to *do* というイディオムを利用するとよい。

・「私も」の「も」は，主語の I の直後に also を加えることでも，myself を加えて意味を強めることでも表現できる。too を用いる場合は，主語の後にコンマで挟む形で使用するか，文末にコンマを置いてその後に too を加える。ただし，この文では特に表現しなくても文意としては伝わるだろう。

〈解答例1〉had such a strong influence on me that I myself decided to become a teacher

〈解答例2〉had such a great impact on me that I also made up my mind to be a teacher

〈解答例3〉was so influential that I, too, resolved to be a teacher

62

2020 年度　学部個別日程 2 月 4 日実施分　〔Ⅴ-B〕

目標解答時間　5 分　**配点**　15 点

次の日本文に相当する意味になるように英文の空所を埋めなさい。答えは，空所に入れる部分のみを記述式解答用紙の所定欄に記入しなさい。

二郎は以前は毎朝 7 時に家を出て，歩いて会社に行っていた。

Jiro （　　　　　　　　　　　　　　　　　　　）.

解説

「二郎は以前は毎朝 7 時に家を出て，歩いて会社に行っていた」

・「以前は〜していた」は過去における規則的な習慣を表すので，used to *do* で表現する。would にも「よく〜したものだ」という意味はあるが，過去における短期的な習慣や反復行為を表すのでここでは不適。

・「毎朝 7 時に」という部分は，「毎朝」は「歩いて会社に行く」という行為に及ぶので，文末に every morning や each morning の形で置くとよい。「7 時」は家を出る時間であり，その直後に置くか，時間の単位としては every morning より小さいので，その直前に置く。

・「家を出る」は leave home だが，leave the house や leave his house としてもよい。〈解答例 2〉では，仕事に行くためには当然家を出ているはずなので，この部分は省略した形となっている。

・「歩いて会社に行く」は文字通りだと，walk to work とするのが一般的だが，「徒歩で会社へ行く」と考えて，go to work on foot や get to work on foot などとしてもよい。

〈解答例 1〉 used to leave home at seven and walk to work every morning
〈解答例 2〉 used to go to work on foot at seven every morning
〈解答例 3〉 used to leave the house at seven and walk to work each morning

63

目標解答時間　5分　配点　12点

次の日本文に相当する意味になるように英文の空所を埋めなさい。答えは，空所に入れる部分のみを記述式解答用紙の所定欄に記入しなさい。

なぜ授業中にスマートフォンを使用することが禁止されているのですか。

Why is （　　　　　　　　　　　　　　　　　　　　　　　　　　　　）?

解　説

「なぜ授業中にスマートフォンを使用することが禁止されているのですか」

・「授業中に」は，in class や during (the) class, during school hours のように前置詞句で表すと，すっきり表現できる。「学校では」と考えて at school としたり，「授業の途中に」と考えて，in the middle of a class としてもよい。

・「スマートフォンを使用すること」は，問題文で Why is で始めるよう指定されていることから，文全体は受動態で，この部分が主語となる。そのまま using smartphones のように動名詞句で表現するとよいが，the use of smartphones のように，名詞を使って表現してもよい。

・「禁止されている」は「〜を禁止する」を受動態で表現することになる。動詞としては prohibit や forbid を使うとよい。ban や place a ban on 〜は主に法律で禁止する際に用いるので，ここでは避けた方がよいだろう。

〈解答例1〉 using smartphones in class prohibited

〈解答例2〉 using smartphones during (the) class prohibited

〈解答例3〉 the use of smartphones at school forbidden

64

目標解答時間　5 分　**配点**　16 点

　次の日本文に相当する意味になるように英文の空所を埋めなさい。答えは，空所に入れる部分のみを記述式解答用紙の所定欄に記入しなさい。

　日曜日の朝に遅くまで寝ていると，その晩になかなか寝付けなくなる。

　Sleeping（　　　　　　　　　　　　　　　　　　　　　　）.

解 説

「日曜日の朝に遅くまで寝ていると，その晩になかなか寝付けなくなる」

- 文頭に与えられた Sleeping を動名詞と考えると，問題文を「日曜日の朝に遅くまで寝ていることが，その晩に寝付くのを難しくする」というように，無生物主語構文で書く必要がある。
- 「遅くまで寝ている」は sleep late とする。
- 「日曜日の朝に」は on Sunday morning や on the morning of Sunday のように，前置詞が in ではなく on になる点に注意が必要。
- 「寝付く」は fall asleep, go to sleep, get to sleep などで表す。
- 「～を難しくする」は無生物主語構文では形式目的語の it を用いて，make it difficult (for us) to *do* の形を利用するとよい。また，cause *A* to *do* の形を利用して書いてもよいだろう。この場合，have difficulty *doing* や have a hard time *doing* の形で「～するのに苦労する」という意味のイディオムを用いて，cause us to have difficulty *doing* などとする。
- 「その晩に」は that night で前置詞は不要。

〈解答例１〉 late on Sunday morning makes it difficult for us to fall asleep that night

〈解答例２〉 late on the morning of Sunday causes us to have difficulty falling asleep that night

65

2017 年度　学部個別日程 2 月 3 日実施分　〔Ⅴ-B〕

目標解答時間　5分　**配点**　17点

次の日本文に相当する意味になるように英文の空所を埋めなさい。答えは，空所に入れる部分のみを記述式解答用紙の所定欄に記入しなさい。

二人は互いにおはようと挨拶し，前日に何が起こったか思い出そうとした。

The two （　　　　　　　　　　　　　　　　　　）.

解 説

「二人は互いにおはようと挨拶し，前日に何が起こったか思い出そうとした」

- 「〜におはようと挨拶する」はそのまま，say good morning to 〜 でよいが，これ を wish 〜 (a) good morning のように表現することも可能。「〜と朝の挨拶を交 わす」と考えて，exchange morning greetings with 〜 という表現を利用しても よいだろう。

- 「互いに」はこの問題文では二人の間なので，三人以上に対して用いる one another より each other を用いる。each other は代名詞なので，前置詞が必要な 場合は，それを書き落とさないように注意すること。

- 「思い出そうとした」はそのまま，tried to remember でよい。「〜を思い出す」 は，他にも recall という動詞や，bring 〜 back to memory というイディオムを 利用してもよい。なお，bring 〜 back to memory のようなイディオムを利用す る場合，目的語が代名詞であれば，bring it back to memory とするが，目的語が 長い語句や名詞節の場合は，memory の後に置くとよい。

- 「前日に何が起こったか」という部分は「思い出そうとした」の目的語にあたる ので，間接疑問文の形で書く。その際，「思い出そうとした」という述語動詞が 過去時制なので，時制を一致させ，過去完了時制を用いる点に注意する。

- 「前日」は yesterday ではなく the day before や the previous day とすること。

〈解答例1〉 said good morning to each other and tried to remember what had happened the day before

〈解答例2〉 wished each other (a) good morning and tried to recall what had happened the previous day

〈解答例3〉 exchanged morning greetings with each other and tried to bring back to memory what had happened the day before

66

目標解答時間　5分　**配点**　14点

次の日本文に相当する意味になるように英文の空所を埋めなさい。答えは，空所に入れる部分のみを記述式解答用紙の所定欄に記入しなさい。

先日，飛行機が遅れて着いたので，私はスケジュールの変更を余儀なくされました。

The other day, I was （　　　　　　　　　　　　　　　　　　　　　　　）.

解 説

「先日，飛行機が遅れて着いたので，私はスケジュールの変更を余儀なくされました」・

- 出だしが The other day, I was と指定されていることから，「～を余儀なくされました」で始め，「飛行機が遅れて着いたので」という部分は，because や since という接続詞を用いて，その後につけ足す形となる。

- 「～（すること）を余儀なくされました」は I was につなげなければならないので，be forced to *do* や be obliged to *do*，be compelled to *do* などの表現を用いるとよい。使役動詞の make を受動態で用いて be made to *do* とすることも可能。

- 「スケジュールの変更」は「スケジュールを変更すること」と考えて，to 不定詞の部分に続けるとよい。「スケジュールを変更する」は change my schedule でよいが，make a schedule change や make a change in my schedule のように名詞を用いて表現することも可能。

- 「遅れて着いた」は自動詞の arrive「遅れる」の直後に副詞の late「遅れて」を続けるとよい。

- 「飛行機」はこの場合，自分の乗る飛行機のことなので，my plane とするとよい。

- 「飛行機が遅れて着いたので」を「飛行機の遅延のために」と考えて，because of the tardy arrival of my plane，due to the delay of my plane のように前置詞句で表現することも可能。

〈解答例 1〉 forced to change my schedule because my plane arrived late
〈解答例 2〉 obliged to make a schedule change due to the delay of my plane
〈解答例 3〉 made to change my schedule because of the tardy arrival of my plane

67

目標解答時間　5分　**配点**　12点

次の日本文に相当する意味になるように英文の空所を埋めなさい。答えは，空所に入れる部分のみを記述式解答用紙の所定欄に記入しなさい。

私たちの顔は，どのような人生を送ってきたかを端的に表すと言われる。

Our face is said（　　　　　　　　　　　　　　　　　　　　　　　）.

解 説

「私たちの顔は，どのような人生を送ってきたかを端的に表すと言われる」

・「～と言われる」は，It is said that ～ や They say（that）～ などで始めることも多いが，この問題では Our face is said で始めるよう指定されているので，be said to *do* の形を利用する。

・「～を表す」という動詞は，文字通りには express だが，ここでは顔が示している，という意味なので，show を用いてもよい。

・「端的に」は straightforward や straightforwardly だが，単に clearly「はっきりと」や vividly「鮮やかに」というような副詞で代用してもよい。

・「どのような人生を送ってきたか」という部分は「人生をどのように送ってきたか」と考えると，how we've lived our lives となるが，what kind of life we've lived としたり，live の代わりに lead や「～を経験する」という意味のイディオムである go through ～ を利用することも可能。なお，「送ってきた」という述語動詞は現在完了時制で表現することが適切。「これまで送ってきた」と考えて，このあとに so far を追加してもよいだろう。

〈解答例1〉to show straightforwardly how we've lived our lives（so far）
〈解答例2〉to express clearly what kind of life we've gone through

68

目標解答時間 5分　**配点** 16点

次の日本文に相当する意味になるように英文の空所を埋めなさい。答えは，空所に入れる部分のみを記述式解答用紙の所定欄に記入しなさい。

14 歳の時，自分なりに大変特別な目標を立てました。友達のものとは大変違っていたので，そのことについては，以来，誰にも言いませんでした。

When I was fourteen years old, I set for myself a very special goal.
It was （　　　　　　　　　　　　　　　　　　　　　　　　　　　）.

解 説

「友達のものとは大変違っていたので，そのことについては，以来，誰にも言いませんでした」

・「大変違っていたので，～」という部分は so … that ～ の構文を用いるとよいが，(and) so ～「だから～」という接続詞でつないでもよいだろう。

・「～とは違っていた」は was different from ～ を用いると so … that ～ の構文につなげやすいが，differed so much from ～ のように動詞として用いることも可能。

・「友達のもの」とはここでは「友達の目標」という意味だが，goal の繰り返しを避けるため，所有代名詞の形の my friends'（アポストロフィの位置に注意）とするか，those of my friends とするとよい。

・「そのことについては誰にも言わなかった」は「誰にも言ったことがない」ということなので，never を用いた否定形の現在完了時制にすることが望ましいが，単に過去時制で表してもよい。

・「言う」は speak，say，talk，tell などいろいろあるが，speak は言語を話したり，声に出してしゃべるというとき，say は話し言葉や，返事，挨拶などを口にするとき，talk は人に話しかけるとき，tell は誰かに用件や情報を伝えるときに用いる。ここでは tell が適切だが，人を先に目的語の位置に置いた場合は，「そのことについて」は about it とすること。逆に it を先に置いた場合は人の前に to を置くこと。

・「以来」は「そのとき以来」という意味なので，since then，since that time，after that としたり，「そのとき以来ずっと」という意味の from that time on，ever after，ever since などの表現を用いるとよい。

〈解答例１〉 so different from my friends' that I have never told anybody about it since then

〈解答例２〉 so different from those of my friends that I didn't tell it to anyone ever since

〈解答例３〉 very different from those of my friends, so I haven't told it to anybody after that

69

2014 年度　学部個別日程 2 月 3 日実施分　〔V-B〕

目標解答時間　5 分　**配点**　15 点

次の日本文に相当する意味になるように，英文の空所を埋めなさい。答えは，空所
に入れる部分のみを記述式解答用紙の所定欄に記入しなさい。

日本のビジネス界では，初対面の人と名刺を交換するのが習慣として定着している。

In the Japanese business world,（　　　　　　　　　　　　　　　　　）.

解 説

「初対面の人と名刺を交換するのが習慣として定着している」

・まず，全体の構成を考える。it is ～ to *do*「…するのは～だ」という形の形式主語構文を利用するなら，「初対面の人と名刺を交換するのが」までが to 不定詞の内容となる。この部分を動名詞を用いてそのまま主語にすることも可能。さらに，問題文を「名刺を交換するという習慣が定着している」と考えて，the custom を主語にして書くこともできる。

・「初対面の人」は「あなたが初めて会った人」と考えて，someone you've just met for the first time とするとよい。someone を「人々」という意味の those や people で置き換えてもよい。また new people や a stranger のように，シンプルに表現することもできる。

・「名刺を交換する」は exchange business cards であるが，cards と複数形にする点や「交換する」を change としないという点に注意する。「名刺」は business card や name card であるが，name plate などとしないこと。

・「習慣として定着している」の「習慣」は common practice や custom とする。habit は個人の習慣や癖を表すので避けること。「定着する」は establish を受動態で用いるとよいが，単に become を用いてもよい。時制としては現在完了時制が望ましいが，現在形で表すことも可能。文字どおりに訳すと，has been established as a common practice などとなるが，「定着した習慣となっている」と考えると，has become a well-established〔fixed〕custom などとすることができる。

〈解答例1〉 it has become a well-established custom to exchange business cards with someone you've just met for the first time
〈解答例2〉 exchanging business cards with those you meet for the first time has become a fixed common practice
〈解答例3〉 the custom of exchanging business cards with new people has already been established

70

2013 年度　学部個別日程 2 月 6 日実施分　〔V-B〕

目標解答時間　5 分　**配点**　15 点

次の日本文に相当する意味になるように，英文の空所を埋めなさい。答えは，空所に入れる部分のみを記述式解答用紙の所定欄に記入しなさい。

ある社会の中では文字が生まれて広まっていったのに，別の社会では生まれなかったのはなぜだろう。

I'm just wondering why in some societies writing (　　　　　　　　　　).

解 説

「（文字が）生まれて広まっていったのに，別の社会では生まれなかった」

・「生まれて広まっていったのに」の「生まれて」は直訳すると was born だが，ここでは「発明されて」や「作り出されて」の意味だと考えられるので，born の代わりに invented，created などの動詞を用いる方がよいだろう。「広まっていった」という部分は，今もその状態が続いていると考えると，has spread のように現在完了時制で表す方が望ましい。形容詞の widespread「広まって」を用いて，became widespread のように表現することもできる。「のに」という部分は，but でつなぐか，「一方」という対比を表す接続詞の while を用いて後の文につなぐとよい。

・「別の社会では」という部分は in other societies だが，この前の部分に，in some societies という表現があるので，in others というように代名詞の others を用いることもできる。another は後に単数形の名詞が続くので使わないこと。

・「生まれなかった」という部分は主語である writing を代名詞の it で表すとよい。この前に「生まれて」という文があり，そこで was invented〔created〕と述べてあるので，過去分詞の部分を省略して，was not で止めるとよい。in other societies を最後に回した場合は，主語の it も省略して，but was not in other societies とすることも可能。

〈解答例1〉 was invented and has spread but in other societies it was not

〈解答例2〉 was created and became widespread while in others it was not

難関校過去問シリーズ

難関大の過去問を徹底研究。

科目ごとに重点対策！

出題形式・分野別に収録した「入試問題事典」

国公立大学

- 東大の英語25カ年
- 東大の英語リスニング20カ年 DL
- 東大の英語 要約問題 UNLIMITED
- 東大の文系数学25カ年
- 東大の理系数学25カ年
- 東大の現代文25カ年
- 東大の古典25カ年
- 東大の日本史25カ年
- 東大の世界史25カ年
- 東大の地理25カ年
- 東大の物理25カ年
- 東大の化学25カ年
- 東大の生物25カ年
- 東工大の英語20カ年
- 東工大の数学20カ年
- 東工大の物理20カ年
- 東工大の化学20カ年
- 一橋大の英語20カ年
- 一橋大の数学20カ年
- 一橋大の国語20カ年
- 一橋大の日本史20カ年
- 一橋大の世界史20カ年
- 筑波大の英語15カ年 NEW
- 筑波大の数学15カ年 NEW

- 京大の英語25カ年
- 京大の文系数学25カ年
- 京大の理系数学25カ年
- 京大の現代文25カ年
- 京大の古典25カ年
- 京大の日本史20カ年
- 京大の世界史20カ年
- 京大の物理25カ年
- 京大の化学25カ年
- 北大の英語15カ年
- 北大の理系数学15カ年
- 北大の物理15カ年
- 北大の化学15カ年
- 東北大の英語15カ年
- 東北大の理系数学15カ年
- 東北大の物理15カ年
- 東北大の化学15カ年
- 名古屋大の英語15カ年
- 名古屋大の理系数学15カ年
- 名古屋大の物理15カ年
- 名古屋大の化学15カ年
- 阪大の英語20カ年
- 阪大の文系数学20カ年
- 阪大の理系数学20カ年
- 阪大の国語15カ年
- 阪大の物理20カ年

- 阪大の化学20カ年
- 九大の英語15カ年
- 九大の理系数学15カ年
- 九大の物理15カ年
- 九大の化学15カ年
- 神戸大の英語15カ年
- 神戸大の数学15カ年
- 神戸大の国語15カ年

私立大学

- 早稲田の英語
- 早稲田の国語
- 早稲田の日本史
- 早稲田の世界史
- 慶應の英語
- 慶應の小論文
- 明治大の英語
- 明治大の国語
- 明治大の日本史
- 中央大の英語
- 法政大の英語
- 同志社大の英語
- 立命館大の英語
- 関西大の英語
- 関西学院大の英語

全73点／A5判
定価 **2,310** ～ **2,640** 円（本体 **2,100** ～ **2,400** 円）

akahon.net でチェック！
赤本 検索